KB016005

공정이란 무엇인가
TO BE FAIR

TO BE FAIR

Copyright © Ben Fenton, 2021 All rights reserved.
Korean translation copyright © (2023) This translation of TO BE FAIR is published
by ICOMMA CO.,LTD.
by arrangement with Bloomsbury Publishing Plc. through EYA Co.,Ltd.

이 책의 한국어판 저작권은 EYA Co.,Ltd를 통해 Bloomsbury Publishing Plc사와
독점계약한 주식회사 아이콤마에 있습니다.
저작권법에 의하여 한국 내에서 보호를 받는 저작물이므로
무단 전재와 복제를 금합니다.

공정이란 무엇인가

TO BE

우리 시대 공정성에 대한 모든 궁극적 질문의 해답

FAIR

The Ultimate Guide to Fairness in the 21st Century

벤 펜턴 지음 | 박정은 옮김

아이콤마

공정이란 무엇인가
TO BE FAIR

1판 1쇄 발행 2023년 10월 16일

지은이 │ 벤 펜턴   옮긴이 │ 박정은
펴낸이 │ 이동국   편집 │ 박찬송   디자인 │ 기민주
펴낸곳 │ (주)아이콤마

출판등록 │ 2020년 6월 2일 제2020-000104호
주소 │ 서울특별시 서초구 사평대로 140, 비1 102호(반포동, 코웰빌딩)
이메일 │ i-comma@naver.com
블로그 │ https://blog.naver.com/i-comma

ⓒ 벤 펜턴, 2023
ISBN 979-11-93396-00-1 03300

신저작권법에 따라 보호받는 저작물이므로 무단 전재와 복제를 금합니다.
이 책의 내용을 이용하려면 반드시 저작권자와 (주)아이콤마의 서면 동의를 받아야 합니다.
잘못되거나 파손된 책은 구입하신 서점에서 교환해 드립니다.
가격은 표지 뒷면에 있습니다.

어떤 상황에서도 공정을 잃지 않은
라일라, 앨릭스, 소피, 줄리어스에게
이 책을 바칩니다.

차례

| 일러두기 |

1. 독자의 이해를 돕기 위한 각주는 옮긴이 주이며 ◆로 표시하였다. 지은이의 후주
   는 숫자로 표시하였다.

2. 외국 인명, 지명 등은 외래어 표기법에 의해 표기하는 것을 원칙으로 하되 일부 통
   용되는 용어는 그에 따랐다.

3. 원어 병기를 원칙으로 하였으나, 국내 독자들에게 널리 알려진 지명이나 인명 같
   은 고유명사여서 굳이 병기의 의미가 없는 경우 예외적으로 원어를 생략하였다.

4. 일반적인 도서명은 『 』, 단편적인 글이나 논문 제목, 작품명이나 방송 프로그램,
   영화 제목은 「 」, 정기간행물(신문, 잡지 등)은 〈 〉로 표기하였다.

42조와 궁극적인 해답

몇 년 전, 나는 크리켓◆ 규칙 42조가 페어플레이에 관한 규정 'Fair and Unfair Play'임을 알게 되었다. 또 내가 좋아하는 작가 중 한 명인 더글러스 애덤스Douglas Adams는 자신의 저서 『은하수를 여행하는 히치하이커를 위한 안내서』에서 '삶, 우주, 그리고 모든 것에 대한 궁극적 질문'의 해답으로 숫자 42를 이야기했다. 애덤스는 숫자 42를 선택한 것이 완전히 우연이었다고 밝혔지만, 그는 크리켓을 열성적으로 좋아하던 사람이었다.

나는 증거가 있든 없든 숫자 42와 페어플레이 규칙, 그리고 우주의 모든 문제에 대한 해답 간의 연관성이 결코 우연은 아닐 거라 믿었다. 하지만 시간이 흐르면서(특히 2017년 크리켓 규칙이 개정되면서 페어플레이 규칙이 41조 1항이 된 후) 우연인지 아닌지는 그리 중요하

◆　영국에서 전통적으로 즐겨 내려오는 스포츠로, 야구와 비슷하게 두 팀이 교대로 공격과 수비를 하면서 공을 배트로 쳐 득점을 겨룬다.

지 않다는 결론에 이르렀다. 해답으로서 공정성 fairness만큼 적절한 개념이 없다는 것만은 분명한 사실이었기 때문이다.

내 생각은 이렇다. 인간의 사회는 ('오직'이라고도 말할 수 있다) 협력을 통해 가장 효과적으로 형성되고 번영한다. 협력은 신뢰를 기반으로 하고, 신뢰는 공정성을 기반으로 한다. 따라서 공정성은 우리와 우리가 하는 모든 행동의 토대다.

어떤 사람들은 이런 내 생각이 순진하고 비현실적이고 너무 단순하다고 폄하한다. 심지어 나와 매우 친밀한 사람들도 그런 의중을 드러낼 때가 있다. 하지만 솔직히 말해서 나는 잘못 생각하고 있는 건 내가 아니라 그들이라고 생각한다. 삶에서 일어나는 작용들이 복잡할 뿐이지 삶 자체는 단순하기 때문이다. 매 순간이 끝나고 다음 순간이 시작될 때마다 우리는 죽거나 또는 계속 살아간다. 다만 계속 살아갈 확률이 훨씬 더 높고, 살아가는 것이 대체로 더 선호되는 선택지이기도 하다.

죽지 않고 살아간다면 행복한 게 더 좋은 것으로 여겨진다. 행복이라는 것은 일반적으로 안심, 만족, 우정, 성취, 친절, 아름다움, 사랑 등이 다양하게 결합했을 때의 감정이다. 이 특성들 전부는 아니더라도 대부분은 혼자 생활할 때보다 다른 사람들과의 공동체 안에서 얻어질 가능성이 크다(코로나바이러스감염증-19가 이 사실을 뼈저리게 증명해 주었다). 인간의 사회적 행복에 도움이 되는 환경은 혼란스러운 상황보다 질서 있는 상황에서 대체로 잘 조성된다. 그 상황은 암묵적 또는 명시적으로 동의한 행동 규칙들이 공유되는 상황이다. 행동 규칙들은 관습을 만들고 결과적으로 문화를 만든다. 행복의 토대를 만들 수 있는 문화는, 구성원들 사이에 이익(즉, 앞에 언급한 행복을 구성하는 인간의 감정과 특성들)의 공정한 교환을 위한 규칙이 공유되는 문화다.

삶에 대한 윤리 규범 중 최초의 기록은 역설적일 수도 있지만 '사후 세계'에 대한 윤리 규범으로 쓰인 것이었다. 이집트인들은 죽은 사람의 영혼이 선망하던 사후 세계로 넘어가기 전에 반드시 답해야 하는 질문 목록을 만들었고(사실상 좋은 삶을 살기 위한 규칙의 목록이었다) 그것을 '마아트Ma'at'라고 불렀다.

이집트인들은 우리보다 인류 문명 발생 초창기로부터 훨씬 더 가까운 시기에 살았다. 이는 두 가지를 의미한다. 첫째, 그들은 기초적인 정착 생활로 무리를 느슨하게 이뤘던 삶에서 현대 사회와 비슷한 삶으로 전환하는 과정이 실제로 무엇을 의미하는지에 대해 훨씬 더 생생한 기억을 가지고 있었다. 둘째, 마아트 규칙은 실용적인 규칙이었다. 그 규칙은 협력하는 삶에 대한 안내서였다. 사후 세계로 넘어가고 싶은 영혼에게 물었던 질문들은 어쩌면 답을 포함하고 있다고 말할 수 있을 만큼 분명하다.

마아트 규칙에 몇 개의 질문이 있었는지 궁금해할지도 모르겠다. 42개의 질문이 있었다.

TO BE

FAIR

PART 1

왜 공정하기 위해
노력해야 하는가?

◇◇◇

'공정하게 말하면'이라는 말은 사람들이 대화 상대방에게 반박하거나 다른 의견을 말하려고 할 때 운을 떼기 위해 하는 말 중 하나다. 즉 '잠시만요, 이것도 생각해 봐야 합니다' 또는 '이것에 관해서는 생각해 봤어요?'라는 의미다.

하지만 이 말에는 훨씬 더 많은 의미가 있다. 어떤 문장의 어느 부분에서 나오든 경계경보 같은 말이기 때문이다. 우리에게 비판력을 적용하고, 머리를 쓰고, 판단력을 발휘하고, 기억을 되살리고, 의견을 조정하고, 계산하라고 말하는 것이다. 요컨대 우리를 이 행성에서 가장 강력한 생명체로 만드는 행위를 하라고 말하는 것이다.

공정은 우리의 유전자에 포함되어 있다. 공정은 당신과 당신이 아는 모든 사람의 역사에 깊이 새겨져 있고, 당신이 그것을 당연하게 생각하게 함으로써 당신의 삶을 지배한다. 하지만 항상 공정하기란 쉬운 일이 아니다. 심지어 공정하기가 불가능할 때도 있다. 공정성이 우리의 공동체 생활에서 아예 사라진 적도 있었다. 현재에 이르기까지 무려 수십억 명의 인구에게 수천 년 동안이나 존재하지 않았다. 하지만 당신이 태어난 이후부터 줄곧 당신의 이해관계를 보살펴 주고 죽은 후에는 명성과 유산을 지켜주는 것이 공정성이다.

이 책의 1부에서는 공정성이 어디에서 나오고, 무엇을 의미하며, 왜 중요한지를 보여주려고 한다. 2부에서는 스포츠, 세금, 소셜 미디어, 전쟁에 이르기까지 우리 삶의 모든 부분에 공정성이 어떻게 스며들어 있는지 보여주도록 하겠다.

그리고 마지막으로, 공정하기 위한 의지와 능력을 잃으면 우리 모두에게 과연 어떤 일이 일어날지 생각해 볼 것이다.

이 책을
읽어야 하는 이유

공정성의 역할: 경쟁과 협력의 조화

최근 우리가 함께 살아가는 방식이 나쁜 쪽으로 바뀌었다고 생각하는가? 행성을 공유하며 함께 경쟁하고 협력하는 개인들이 공동체 내에서 더 바르게 행동할 수 있다고 생각하는가?

우리가 사는 세상에 대해, 그리고 세상을 공유하고 있는 다른 사람들의 마음에 대해 무엇이 좋고 무엇이 나쁜지 알아내는 능력은 정말 중요하다. 우리 자신의 삶에 만족하기 위해서도 중요하고, 후손들이 우리가 남기는 것을 감사하게 생각할 거라 믿고 안심하기 위해서도 중요하다.

살다 보면, 우리가 계속 소중하게 생각하기 위해서 모르는 편이 나은 사실들이 있다. 소시지가 어떻게 만들어지는지와 법이 어떻게 만들어지는지가 자주 인용되는 두 가지 예다. 하지만 공정성은 그렇지 않다. 오히려 그 반대가 진실에 가깝다. 공정성에 대해 더 많이 알수록 우리는 공정성을 더 소중하게 생각하게 된다. 그리고 본질적으로 공정성을 더 높게 평가하는 사람이 많을수록 좋다. 모두에게 이득이 되기 때문이다.

그러면 무엇이 잘못된 것일까?

오늘날, 디지털과 과학 기술의 세상에서 속도와 복잡성, 즉시성에 노출된 대다수의 사람들은 삶과 정신이 그 어느 때보다 가득 채워져 있으면서도 여전히 뭔가 채워지지 않은 것이 있음을 느낀다. 우리는 정보, 특히 다른 사람들의 의견에 더 쉽게 접근할 수 있게 되자 혼란과 분열을 겪게 되었다. 서로 적의를 품는 일이 많아졌고, 더욱 복잡한 경계선 위에서 서로 분리되어 있는 것처럼 느낄 때도 많아졌다. '사회'가 다른 사람들과 결합하는 개념으로서 당신이 누리고 싶은 것이자 유익한 것이라고 믿는다면 분리는 분명 나쁜 일이다. 인류의 조류를 거스르는 방향으로 헤엄쳐 가는 것이기 때문이다. 인류는 하나의 독립된 종으로서, 엄청나게 성공적인 종으로 부상한 이래 함께 사는 더 효과적인 방법을 끊임없이 찾아가는 과정 중에 있었다. 그와 동시에 우리 개개인은 공간과 자원을 얻기 위한 전투에서 승리함으로써 역사에 우리만의 위치를 새기고자 위대한 정신을 이용해 왔다. 우리 스스로가 초래한 과학 기술의 세상에서 가장 걱정되는 측면은, 그 목적이 무엇이었든 사람들이 디지털로 연결된 결과, 함께 살고자 하는 본능이 약해지고 개인주의가 증대되었다는 것이다.

인류 역사의 거의 모든 기간 동안, 우리는 다른 사람들과 협력해 이익을 얻을 방법을 찾으려고 노력했다. 그렇게 하기 위해 우리는 개인의 자유와 번영을 희생했다. 희생의 대가로 다른 사람들과 모임으로써 안전, 편의, 번영을 얻을 수 있었기 때문이었다.

우리의 본성에서 협력의 반대쪽에 있는 것이 경쟁이다. 경쟁이라는 측면에서는 우리도 지구상의 다른 종들과 다르지 않다. 경쟁력이 있다는 점은 우리가 종으로서 살아남는 데 절대적으로 중요했다. '호모 사피엔스Homo sapiens'는 경쟁에서 유리한 특성들 덕분에 인류의 조상인 호미닌hominin을 이겼다. 특성들 중에서 사냥과 싸움을 할 때 협력하는 능력이 대단히 중요한 역할을 했다. 다른 종들을 상대로 승리를 거둔 후에는 호모 사피엔스 가운데서도 경쟁에 유리한 특성을 이용해 다른 집단보다 더 번영하는 집단이 생겨났다. 어떤 집단은 똑같이 작고 고립되고 자급자족하는 기초적 집단으로 남았고, 어떤 집단은 더 큰 집단에 합세하기를 거듭해 사회를 형성했다. 사회는 점점 커지고 정교해지다가 마침내 오늘날 우리가 알고 있는 공동체의 형태가 되었다. 지금까지도 외딴 정글이나 사막 주변 지역, 얼음으로 뒤덮인 해안에 고립되어 살고 있는 우리의 먼 친척, 수렵채집인들과 달리 우리의 삶은 고도의 과학 기술과 복잡한 관계망으로 가득 채워졌다. 하지만 외딴곳에서 기본적인 도구와 물자만 가지고 살아가는 이들보다 우리가 반드시 더 행복한 것도 아니고, 후대에 우리의 유전자를 더 많이 남길 수 있을 것 같지도 않다. 우리의 삶의 방식은 우리 자신에게는 물론 인류라는 종에 그다지 도움이 되지 않는 듯 보인다.

인류 역사의 배경을 이루는 것은 협력과 경쟁 사이의 '균형'이다. 이 균형은 국가들의 관계에만 영향을 미치는 것(국제 연합, 북대서양 조약기구, 유럽연합 등을 떠올려 보라)이 아니라 한 나라 안에서도 정당 간, 기업 간, 그 밖에 가족을 포함해 지능 있는 인간의 우연한 모임 간에도 영향을 미친다. 그리고 균형을 이루기 위한 과정에서 우리가 그 개념을 알든 모르든, 우리의 유전적 재능인 공정성 감각이 요구된다.

협력과 경쟁의 균형은 주로 선조들의 시행착오를 통해 이뤄져왔는데, 이전 세대와 문명이 얻은 교훈은 온전히 전해 내려오지 않았다. 우리는 다른 사람들이 경험을 통해 이미 배운 것들을 끊임없이 다시 배워야 한다. 그래서 우리는 그들이 했던 실수를 반복하면서도 더 나은 방법을 찾는, 불완전한 메모리를 가진 알고리즘과 같다. 가장 기초적이고 생물학적인 수준에서 알고리즘의 특성은, 유전자를 후대에 남기려는(우리 종의 모든 세대가 해야 했던 것이다) 욕구와 생활 환경에서 더 큰 만족을 얻기 위해 상황을 변화시키려는(개선하려는) 본능이다.

어떤 사람들은 세상을 비틀스The Beatles를 더 좋아하는 사람들과 롤링스톤스The Rolling Stones를 더 좋아하는 사람들로 나눌 수 있다고 믿는다. 하지만 사람을 규정짓는 한 가지 근본적인 관점은 다음과 같은 질문으로 스펙트럼의 어디쯤에 서 있는지 보는 것이다. 인간 사회는 얼마나 협력적이어야 하고 얼마나 경쟁적이어야 하는가? 동료 인간들과 얼마나 격렬하게 싸워야 하고 얼마나 진정으로 공동의 목표를 위해 협력해야 하는가? 우리는 한때 이 질문들에 고상하고 품위 있게 대답할 수 있었다. 그것은 정치적 견해나 담론, 합의라고 불렸다. 그러나 우리의 이해 능력에 문제가 생겼다. 공통점을 찾기가 왜 이렇게 어려울까? 극단적인 생각을 드러내는 사람들이 어쩌다 가장 큰 목소리로 영향력을 발휘하게 되었을까? 전쟁 이후 서구 사회의 상징이었던 공감은 도대체 어디로 갔을까?

경쟁과 협력 질문에 대한 답은 아마도 가장 찾기 쉬운 답으로, 다른 답들을 구할 수 있는 길로 우리를 안내한다. 인류의 초창기부터 인간은 진보하기 위해 경쟁하고, 지속되기 위해 협력하는 진화 과정을 거치며 정신이 형성되어 왔기 때문이다.

경쟁과 협력이라는 두 개념은 아주 오래전부터 존재했으며, 수메르와 이집트 시대 이후 인간 문명이 만들어 낸 거의 모든 창조 신화의 바탕을 이룬다. 하나는 역동적이고 무질서한 것이고 다른 하나는 안정적이고 질서 있는 것으로, 젊음의 힘과 경험의 지혜를 융합한다는 생각을 나타낸다. 오늘날, 세상은 변화의 속도 때문에 너무 무질서하고 혼란스러워서 우리가 이 필수적인 균형을 잃어버렸다는 결론을 피하기 어렵다. 우리는 분열과 새로운 위협 요소들, 질병으로 인한 생존의 불확실성, 사회의 다른 구성원들이 보여주는 행동과 신념에 대한 혼란 때문에 불안하다. 그러다 보니 개인으로서의 자유와 집단에 속해 있을 때의 안도감을 동시에 열망하게 된다. 따라서 우리가 (가족으로서, 집단으로서, 국가로서) 명백하게 상충하는 경쟁과 협력이라는 욕구를 오랜 시간에 걸쳐 어떻게 조화시켜 왔는지 다시 발견하는 것만큼 중요한 일은 없을 것이다.

나는 스스로를 낙관론자라고 생각했지만, 사실은 애거티스트**agathist**임을 최근에 깨달았다. 고대 그리스어로 '좋다'라는 의미인 '애거토스**agathos**'에서 유래된 이 단어는, 모든 일이 다 잘될 거라고 믿지는 않지만 삶의 큰 방향은 발전하고 행복해지는 쪽으로 나아갈 거라고 확신하는 사람을 나타내는 말이다. 대부분의 애거티스트는 우리가 임의의 시간 간격으로 모든 사회를 뒤흔드는 인간 혁명의 주기를 순환하고 있다고 믿는다. 그래서 분열의 시기가 지나면 평온의 시기가 돌아올 거라고 생각한다. 1945년 이후 안정의 시대로부터 혜택을 받아온 사람이라면 아마 이 견해를 기꺼이 받아들일 것이다. 하지만 의료비나 주거비를 감당할 수 없거나 기술적인 변화 때문에 실직 위기에 놓이는 등 그 안정 속에서 궁핍해지고 빈곤해졌다면, 1945년 이후의 기준이 계속 분열되는 것을 더 나은 선택지로 볼 수도 있다. 어느 쪽에 더 가깝든 우리가 기본적인 욕구들 사이에서 균형을 잃은 순간을 경험하게 된다면, 그 순간이 빨리 끝나길, 그리고 변화의 혼란스러운 시기보다 인간 진보의 새로운 시기를 지낼 수 있길 모두가 바라지 않을까? 세상이 50년 전과 같아지기를 원하든, 바로 어제 같기를 원하든, 또는 가상의 미래 모습 같기를 원하든, 우리가 어떻게 거기에 도달하느냐는 강요보다는 협상과 합의의 문제일 것이다. 사회에서 변화 또는 변화에 대한 저항은 지속되기 위해 어느 정도의 합의가 필요하다. 강요된 변화는 일시적인 변화에 그치기 때문이다.

합의에 이르는 방법을 찾기 위한 노력으로 나는 단순한 미덕의 가치를 지지한다. 협력과 경쟁을 동시에 성공적으로 할 수 있게 하는 묘약, 바로 공정성이라는 미덕이다. 나는 우리가 잃어버린 것, 그리고 되찾아야 하는 것이 공정성이라고 생각한다.

이제 공정성에 무슨 일이 일어났는지 조사하려고 한다. 그리고 균형을 되찾기 위해 공감, 관용, 품위라는 인간의 알고리즘을 포함하는 단순한 사고방식 하나를 되살려야 한다고 가볍게 제안하려고 한다. 바로 페어플레이다.

공정성에 무슨 일이 있었나?

'부디 공정하게 판정해 주세요. 저는 착한 사람입니다.' (BBC 방송, 2020년 2월 28일)

2018년 에롤 그레이엄 Errol Graham이 노팅엄에 있는 자택에서 숨진 채로 집행관에게 발견되었을 때 그의 야윈 몸 옆에서 복지 기관의 직원에게 미처 보내지 못한 편지 하나가 발견되었다. 위에 언급한 내용은 그 편지 중 일부다. 그럼 다음 기사를 보자.

'오늘, 중앙 형사 법원이 금융 기업 바클리Barclays의 고위 간부 세 명에게 무죄를 선고함으로써 영국의 은행가가 2008년 금융 위기 당시의 행위로 인해 징역형을 받는 일은 앞으로도 없을 것으로 예상된다.' ((파이낸셜 타임스Financial Times), 2020년 2월 28일)

첫 번째 편지 이야기는 코로나19 팬데믹의 영향력에 대한 공포감으로 세계적 기업들의 가치 수십억 달러가 공중으로 사라져 버린 다음 날 아침 방송에 나왔다. 두 번째 기사는 그 몇 시간 뒤에 보도되었다.

이 사건들은 인간이 불공평한 힘 앞에서 드러낼 수 있는 다양한 유형의 무력함들을 보여준다. 첫째, 복지 수당 청구인, 에롤 그레이엄이 너무 우울하고 아파서 근로 능력 평가에 참석하지 못하자, 수당 지급이 정지되어 굶주림으로 죽었다는 것. 둘째, 전 세계적으로 가난과 불공정의 위기를 초래한 금융 위법 행위에 대해 책임 소재를 따지는 데 국가가 실패했다는 것. 셋째, 너무 작아서 보이지 않고 너무 광범위해서 혼자 싸울 수 없는 미생물의 확산 때문에 안전하다고 생각해 온 기관들의 가치가 극심하게 변동되었다는 것.

첫 번째 이야기만이 공정성의 측면에서 표현되었다. 바클리와 팬데믹 사례는 그렇지 않았다. 팬데믹 사례의 경우는, 바이러스가 공정성에 영향을 미칠 수 없다는 사실을 우리가 알고 있기 때문이다. 공정성은 사람들 사이의 계약이다. 하지만 우리가 잊고 있는 게 있다. 공정성은 무소불위의 권력을 행사하는 보이지 않는 사람들, 또는 사회 계약에 대한 인간 기여의 불균형에 취약하다는 사실이다. 바클리 재판 사례는 복잡한 금융 시장의 영향력에 대해 전체 시스템에 책임을 물을 마지막 기회였지만, 언론에서는 이 사례를 공정성 측면에서 다루지 않았다. 나는 그 이유가 피곤함 때문이 아니었을까 생각한다. 위기 이후 12년이 흘렀고, 금융 기관들을 구제하면서 생겨난 국가 경제의 구멍을 메우기 위해 긴축 정책이 시작된 지 10년이 지났다. 책임을 묻는 일이 더는 중요하지 않았다. 그래서 사람들은 그냥 넘어갔다.

그러나 삶을 무엇이 공정하고 공정하지 않은지의 측면에서 생각하는 우리(우리 모두여야 한다)에게는 그날이 심판의 날이었다.

공정성은 신뢰의 전제 조건이고, 신뢰는 거래의 전제 조건이며, 거래는 문명의 전제 조건이다. 결국 공정성이 문명을 떠받치고 있다고 결론 내려도 지나치지 않다고 생각한다.

공정성, 신뢰, 거래의 관계 각각에는 양 당사자가 있다. 양쪽이 모두 이익을 얻으려면 양쪽 모두 이점이나 소유하는 것 일부를 포기할 준비가 되어야 하고, 그렇지 않으면 양쪽 다 이익을 얻지 못한다. 우리를 화합하게 하는 것은 이타주의가 아니라 절제된 이기심이다. 대부분의 문명에는 지배하는 자와 지배받는 자라는 양 당사자가 있다. 유리한 위치에 있는 사람들이 자신의 위치를 악용해서 불리한 위치에 있는 사람들에게 피해를 주면 계약이 깨진다. 그러면 결국 계약 당사자 간의 관계에 금이 가거나 한쪽이 다른 한쪽에 강제력을 행사하게 된다. 역사를 되돌아봐도 우위를 차지한 사람들이 강제력을 행사한다는 사실을 알 수 있지만, 항상 그런 것은 아니다. 핍박받는 사람들이 저항하는 방법을 찾을 때도 있다. 그럴 땐 끝이 좋을 수 없다. 계약의 양 당사자 간 불균형이 있으면 양쪽이 함께 진보를 향해 나아가기 어려워진다.

양 당사자는 서로의 입장을 이해하고 상대방의 입장에서 생각할 수 있어야 한다. 그것이 상대적인 이익의 균형점을 정할 수 있는 유일한 방법이다. 공정하기 위해서는 공감 능력이 필수적이다. 하지만 공정하기 위한 절차나 계산은 우리 자신의 이익을 생각하고 그것을 주장하게 하므로 공감만으로 공정할 수는 없다. 다른 사람의 관점에 순순히 굴복하는 것은 분노로 이어지는 기회의 불평등을 가져올 뿐이다.

우리가 본능적으로 공정하다고 느끼는 균형점에 도달하기 위해 또 고려해야 하는 게 무엇이든, 분명한 것은 공정한 상태에 도달하는 과정이 절차라는 사실이다. 절차가 실패하고, 계산하는 과정이 불가능하면 근본적인 규칙이 깨졌거나 무시되는 것으로 보이기 때

27

문에 사람들은 신뢰를 잃는다. 절차와 합의, 상호 이익을 신뢰하지 못한다. 또 절차적인 것보다 절대적인 것을 더욱 신뢰하게 된다. 공정과 불공정이 옳고 그름으로 대체되고 함축적인 규칙이 분명한 금지 규정으로 대체된다. 누군가에게 좋은 것이 누군가에게는 나쁘다. 공정성은 사라져 버리고 개인에게는 물론 공동체 전체에도 매우 불편한 상황이 된다. 이 불편함은 인간이 유아기 때부터 공정성을 느끼도록 타고나는 것에서 비롯된다. 인간의 정신에는 공정성이 내재되어 있어서(앞으로 살펴보겠지만, 인간만 그런 것은 아니다) 공정하지 않으면 원시적인 두려움과 분노를 느끼게 된다.

아이들이 공원에서 축구 시합을 할 때는 적절하게 대등한 경기를 펼칠 수 있도록 양 팀 선수를 공정하게 선발해야 한다. 그래야 잘하는 선수들이 한 팀에만 몰려 있을 때보다 경기가 더 오래 지속될 수 있다. 편파적으로 팀원을 배치하면 일시적으로는 더 강한 팀에 만족스러운 승리를 안겨줄 수 있지만, 머지않아 약한 팀의 선수들이 아예 참가 자체를 거부할 것이다. 시합에 참여하는 것과 예상대로 대패하는 것의 교환을 받아들일 수 없게 되기 때문이다.

같은 원리가 다른 단체에도 적용될 수 있다. 정원 애호가 단체, 국제 연합, 크리스마스 쇼핑을 위한 저축 모임, 여자끼리의 우정 모임, 미국의 의회, 골드만삭스 등을 떠올려 볼 수 있다. 다 같이 성공할 수도 있고 다 같이 실패할 수도 있지만, 서로 공정하게 행동하면 다 같이 성공할 가능성이 커진다. 영리 단체는 장기적으로 자신들의 이해관계와 종업원, 주주, 고객의 이해관계를 균형적으로 도모할 때 각 집단에 가장 큰 이익을 돌려줄 확률이 높다.

정치도 마찬가지다. 민주주의는 다수 집단이 소수 집단에 책임과 권력을 위임하는 과정을 가장 확실하게 보여준다. 그것이 균형이다. 한편으로는, 당신은 결집된 힘에서 나오는 이득을 얻기 위해 선출된 집단의 지배를 받는 것에 동의함으로써 민주주의 국가에 참여한다. 다른 한편으로는, 당신이 항상 이기는 쪽에 있을 수 없으므로 선거 때 민주주의적 경기에서 이긴 사람들에 의해 개인적 이해관계와 야심이 항상 충족될 수는 없다는 사실을 받아들인다. 축구 시합에 적용되는 규칙은 민주적 균형에도 적용된다. 한 집단 또는 한 개인의 이해관계가 과도한 조치들로 인해 지속적으로 좌절된다면 그들은 결국 경기에서 빠질 것이다. 한 선수가 빠지는 것은 큰 문제가 안 되지만, 너무 많은 선수가 빠지면 경기가 끝나버린다.

정치인에게 공정성은 유행이다. 필요할 때 공동의 옷장에서 고르는 의상과 같다. 2020년 미국 대통령 선거는 말하는 사람이 어떤 결과를 원했는지에 따라 공정한 선거 또는 불공정한 선거로 지칭되었다. 공정성은 코로나19로 사람들이 고통받을 때도(백신을 배포할 때, 이동을 제한하는 조치로 발생한 큰 손실 비용에 대해 책임을 분담할 때) 회자되었고, 이는 다른 어떤 사안보다 장기간 지속될 것이다. 공정성은 또 서양에서 일어났던 '흑인의 생명도 소중하다Black Lives Matter' 운동의 중심에 있었다. 이는 미니애폴리스의 경찰관이 조지 플로이드George Floyd의 목을 무릎으로 짓눌러 사망케 한 사건 이후 격분한 사람들이 전개했던 흑인 민권 운동이었다.

하지만 공정성은 유행이 아니다. 앞으로 살펴볼 내용처럼, 인간이 숨 쉬는 것만큼 큰 부분을 차지하는 것이다. 공정성은 선거에서 승리를 부르짖던 호흡만큼 중요하다. 또 코로나19의 희생자들이 잃어버린 호흡만큼, 전 세계의 조지 플로이드에게 허락되지 않았던 호흡만큼 중요하다.

이 모든 것에 관심을 기울여야 하는 이유는 당신이 바로 이 경기에서 뛰고 있는 선수이기 때문이다. 규칙을 아는 데에서 그치는 게 아니라 규칙이 나온 배경을 알아야 한다. 규칙이 잘못되었을 때 어떤 징후가 나타나는지도 알아야 한다. 경기에서 뛸지 말지도 스스로 선택할 수 없고, 페어플레이가 이뤄지지 않아서 이기는 쪽에 있을 가능성이 거의 없는 경기라면 아마 참가하고 싶지 않을 것이기 때문이다.

공정성에 대한 많은 연구

공정성에 관해 더 배우고 실행에 옮겨야 하는 설득력 있는 이유 중 하나는, 공정성이야말로 우리 최초의 조상이 사바나에서 먹을거리를 찾아다니고 사냥하면서 어렵게 배운 교훈이기 때문이다. 다른 이들이 주위를 둘러보며 초조한 기색을 보이기 시작하면 당신도 주위를 둘러봐야 한다. 그렇게 하지 않으면 오래 살아남을 수 없을 것이다.

협력하는 능력은 경쟁하는 능력만큼이나 생존에 중요하다. 우리는 지속되고, 번영하고, 번식하기 위해 혈연관계를 훨씬 넘어서는 사람들과도 서로 의지한다. 우리 종의 구성원들을 어떻게 이해하고 그들에 어떻게 반응하고 공감하는지가 개인으로서 얼마나 성공할지를 결정한다.[1] 그 복잡한 협력 관계 중 하나가 가까운 이웃이 환경에 대해 걱정할 때 알아차리는 능력이다. 오늘날 많은 사람이 환경에 대해 걱정하지만, 그만큼 서로 맺은 관계의 상태에 대한 걱정도 많이 한다. 우리는 매일 (꼭 그런 것은 아니지만 주로 정치 영역에서) 그런 우려의 목소리를 듣는다. 마치 포퓰리스트들이 흑백의 언어로만 자신을 표현할 수 있는 것처럼 사람들은 양분된 정치적 견해를 쓰고 말했고(좌파와 우파, 올바른 것과 잘못된 것, 부와 가난, 가진 것과 가지지 못한 것) 지금이 포퓰리즘의 시대임을 분명히 보여줬다.

판카지 미슈라Pankaj Mishra는 『분노의 시대』라는 자신의 책에서 이런 종류의 분열은 단순히 현대성의 피할 수 없는 결과라고 주장했다. 자본주의와 세계화의 산물은 여러 국가에서 진화나 혜택이라기보다 연쇄 반응으로 경험된 것으로, 미슈라가 '부러움과 굴욕감과 무력감의 강렬한 혼합'이라고 부르는 것이다. 그는 사람들이 한때는 인간을 생명과 공동체가 복잡하게 얽힌 것의 일부분으로 봤지만, '계몽'을 통해 '개인의' 역할과 자신을 바라보게 되었고, 자신을 다른 사람들과 경쟁하는 존재로 보게 되었다고 말한다. 미슈라의 주장은 간단하게 말해서 경쟁이 협력을 앞질렀다는 것이다. 분노는 담론과 합의를 대체한다. 협력을 방해하는 분열은 무엇이 공정한지 아닌지에 대해 합의를 이끌어 내는 절차를 무력화시킨다.

우리는 정말 당연하게도 기후 변화 같은 문제에 대해 걱정하고 삶을 유지하는 데 필요한 다른 자원들의 공급에 대해서도 걱정한다. 하지만 우리의 뇌에 새겨져 있는 공정성 또한 자원이고, 특히 지난 세기 전쟁터에서 목숨을 잃은 수천만 명의 희생을 통해 획득한 자원이기 때문에 우리는 공정성에 대해서도 걱정해야 한다.

우리가 공정성을 다루는 학문과 그 실천에 관심을 가지는 데에는 많은 이유가 있다. 지난 30년 동안 나보다 훨씬 똑똑한 사람들이 공정성 이론을 체계적이고 구체적인 이론으로 발전시켰다. 협력과 경쟁 사이의 역학적 균형이 점차 깨지고 있는 현상에 관해 글을 쓴 사람들도 있는데, 나는 그 균형의 중심축 역할을 하는 것이 공정성이라고 생각한다.

하지만 합의 감소(분노 증가)와 공정성 감소를 연결 짓는 사람은 아무도 없었던 것 같다. 그것은 아마도 시기와 관련이 있을 것이다. 이 감소는 냉전 종식 이후 몇십 년에 걸쳐 일어났지만, 서양에서 그 효과가 분명해지기까지는 시간이 좀 걸렸다. 어쩌면 우리는 억압적이었던 세계적 긴장 상태가 해소되자 자기만족에 빠져서, 경쟁과 협력의 균형을 유지할 필요성을 느끼지 못했을 수 있다. 또 어쩌면 핵으로 인한 대재앙의 위협을 느끼며 성장한 세대가 아니기 때문에 이제는 기후 변화나 인종적 편협성과 같은 문제에 초점을 맞추는 것일 수 있다. 전자는 핵으로 인한 문제이고 정치인을 탓할 수 있지만, 후자는 모든 인간에게 책임을 물을 수 있는 문제다. 어쩌면 우리는 공정성을 숨 쉬는 것처럼 당연하게 받아들이는지도 모른다.

포퓰리즘이라는 말의 한 가지 정의는 다음과 같다. 개인의 이익과 국가로 대변되는 다른 시민들의 공동의 이익 사이에서 새로운 균형점을 찾는 사람들이 추구하는 것이다. 그 과정에서 우리는 공정성 개념을 훼손했던 일련의 경험들 때문에(이라크 전쟁, 금융 위기, 행동과 신원의 전통적인 경계를 흐릿하게 하는 것 등. 뒤에서 다루도록 하겠다) 더 이상 균형 측면에서 논의하고 싶지 않았다. 단지 우리는 올바른 쪽에 서서 어느 쪽이 잘못되었는지, 우리가(그리고 우리가 영향을 줄 수 있는 모든 사람들이) 알고 있었다는 사실을 확실히 하고 싶을 뿐이었다.

서양의 문제는 냉전에서 '승리한' 것이 사람들을 자기만족에 빠지게 했다는 사실일 수 있다. 우리는 더 이상 협력과 경쟁의 균형점을 찾을 필요성을 느끼지 못했고, 이미 공정성이라는 최종 목표를 '달성'했기 때문에 무엇이 공정한지 정의할 필요성을 느끼지 못했다(프랜시스 후쿠야마Francis Fukuyama의 명저, 『역사의 종말』 참조2). 우리는 로마인이 했던 실수를 반복했고, 쇠퇴했다. 우리는 우리가 왜 질서를 유지하는지, 그리고 어떻게 그렇게 하는지를 잊어버렸다. 자신의 일에만 집중할 수 있었던 바로 그 순간에, '세계를 연결하는' 기술이라는 기폭제를 투입했다. 그것은 역사의 종말이 아니었다. 하지만 그것이 공정성의 종말은 아니었을까?

공정성의 종말?

www.fairness.com 홈페이지에 들어갔다가 보게 된 임시 페이지의 안내문에 따르면, 공정성에 관한 이 웹사이트는 '2000년부터 2007년까지는 규모가 꽤 컸지만, 그 후에는 비정기적인 업데이트만 이뤄졌고' 지금은 평화롭게 잠들어 있다. 이 사실을 알게 되자 얼마나 가슴이 아팠는지 말로 다 표현할 수가 없다. 내게 공정성은 인류 역사상 가장 중요한 개념 중 하나다. 인터넷에는 보통 어떤 주제에 대해서든 활성화된 공간과 웹사이트가 있지만, 공정성에 대해서는 그런 공간을 찾을 수 없다.

시기가 또한 굉장히 의미 있어 보인다. 공정성은 백인 사회에서 수 세기 동안 정도의 차이는 있더라도 삶의 일부로 존재했다. 그러나 2007~2008년 금융 위기 이후에는 찾아볼 수 없었다. 위기 이후 데이비드 캐머런David Cameron 같은 서방 지도자들은 '우리가 모두 한 배를 탔다'고 주장했지만 금융 기관들을 구제하는 부담을 공정하게 나눠 가졌는지는 분명하지 않다. 또 공정성의 가장 중요한 정의 중 하나가 지켜지지 않았다고 생각하는 사람들이 많다. 그건 바로, 사회 계약의 양 당사자 중 '통치를 하거나 행동 규칙을 정하는 사람들도 통치를 받거나 행동 규칙을 따르는 사람들과 마찬가지로 공정성으로 인한 제한을 받아야 한다'는 원칙이다. 우리는 공정한 사회에 이르는 과정에서 협상 지위를 위임받은 사람들에게 기대하는 것이 있다. 모두를 위한 통치를 하고, 합법적으로 행동하길 바라며, 진실, 그리고 모든 진실을 공개하길 바란다. 약자를 보호하고 권력자를 견제하며, 범죄와 외부의 안보 위협으로부터 우리의 안전을 지키고, 자원을 균형 있게 나누길 기대하며, 그 외에도 수많은 것을 원한다.

특히 통치자와 피통치자 사이에 계약된 합의의 기원을 찾기 위해 적어도 800년은 거슬러 올라가야 하는 영국에서 사회의 본질은, 다수의 이익이 공정한 방식으로 균형을 이룰 때에만 수백만 명 사이의 관계가 긍정적이고 건설적일 수 있다는 것이다.

공정성은 적어도 한 세기 동안, 사람들이 투표를 통해 이루려 했던 사회 유형의 중심축이었다. 권력자를 견제하고(법의 지배), 성인에게 참정권을 줘서 정책 선택에 영향을 미치는 능력을 모든 사람에게 똑같이 부여했다(선거). 그리고 국가의 의무로서 환자나 노인들이 평생동안 비용 부담에 기여한 것에 대한 보상으로 경제적 지원을 한다는 공정한 교환을 시행하고(연금), 이와 비슷하게 공정한 교환 측면에서 비용을 함께 부담한 것에 대한 보상으로 의료 서비스, 기술을 공평하게 분배했다(영국의 NHS와 같은 의료 보험 제도). 또 모든 참여자가 페어플레이 규칙을 적용받을 자격이 있다는 것을 기조로 삼아 다수가 찬성한 것이 시행되고 다수가 반대한 것이 바뀔 수 있게 했다(민주주의).

공정성을 나타내는 또 다른 표현으로 '뿌린 대로 거두리라'라는 말이 있다.[3] 사회를 풍요롭게 하면 공정한 몫으로 보상받아야 하고 사회에 피해를 주면 자유가 제한되어야 한다. 자신이 누리는 부를 (합의된 과세 비율에 따라) 공정하게 나눠야 한다. 그 부는 이익을 얻을 수 있는 안정된 사회가 있어야만 나올 수 있는 것이기 때문이다.

그것이 사회 계약이다. 협상과 합의의 정도가 천차만별로 해석될 수 있지만, 공정성의 중심인 '절차'가 악용되지 않는다는 점을 전제로 유연성과 포용력에 의존한다. 하지만 이제는 절차가 악용되고 있고 자본주의는 공정성이라는 토대를 잃었다. 금융은 인간의 상호작용이라는 절차적 개념에 뿌리를 두고 있었다. 신용, 신탁, 채권, 공정 가치, 교환, 권리금, 자본금, 상호 관계, 주식이라는 개념들은 모두, 때때로 구두상으로만 이뤄지더라도 합의된 규칙에 따라 행해지는 절차들의 예시다. 이 절차들은 비교적 최근에 법으로 제정되었다. 이 절차들의 예시는 공정성이 신뢰의 기반이고, 신뢰는 거래의 기반이며, 거래는 문명의 기반인 관계임을 보여준다.

하지만 금융은 공정성 테스트에서 탈락했다. 금융 계약을 일부러 아주 복잡하게 만들었고 자기 이익만 생각했으며, 모든 절차를 조작함으로써 파산이 속출했고 순수 자본주의의 구조 전체가 무너졌다. 우리가 의지했던 절차들이 실패했다. 금융 시장 조작자들은 장물을 챙겨 도망갔고, 이 절차에 참여한 무고한 사람들은 돈이 어디로 사라졌는지 의아해하며 빈 주머니만 만지작거렸다. 사회 계약이 우롱당했고 공정성이 짓밟혔다. 사람들은 왜 자기가 돈을 잃었는지, 왜 엄청나게 부유한 사람들이 소유했던 회사들을 구제해 그들에게 이득을 주어야 하는지 알 수 없었다. 또 이 조작된 경기에서 무고한 참가자들이 의지했던 지원 시스템(보건, 복지, 경찰, 교육)이 왜 수십억 달러를 쏟아붓고도 수백만 명의 피해자를 만드는 금융 위기에 직면하고 있는지 이해할 수 없었다.

강조하기 위해 다시 말하자면 공정성은 절차다. 절차상의 뭔가(인간의 상호 작용, 합의, 관용에 의존하는 것)가 실패하면 그 결과로 고통받는 사람들은 절차를 탓한다. 그들은 절차가 아닌 '절대적인' 대안을 찾는다. 공정과 불공정은 옳고 그름, 선과 악으로 대체된다. 이는 마치 공정성이라는 연화◆를 대체하는 경화◆◆와 같다. '상대방'이 우리의 삶에 미치는 좋거나 나쁜 영향을 이해하려고 하지 않는다면, 상호 공감을 기반으로 하는 시스템을 신뢰할 이유가 과연 있겠

◆　금이나 다른 나라 화폐와 바꿀 수 없는 한 나라의 화폐를 말한다.
◆◆　언제든지 금이나 다른 화폐로 바꿀 수 있는 미국 달러와 같은 화폐를 말한다.

는가?

전통적으로 절대주의가 아니라 절차를 기반으로 하는 기업의 세계에서 공정성의 평판에 손상을 입힌 일은 특히 유감스러운 일이었다. 그래서 사람들은 그 손상의 영향력을 완화하기 위해 공정성이나 신뢰에 의지할 수 없었다. 공정성이 무너진 결과, 사람들은 절대적인 답을 찾는 과정에서 자신이 옳다고 정의한 것에 근거해 고립주의, 민족주의, 과거의 미화된 안락함에 대한 갈망과 같이 다소 익숙한 영역으로 빠져들게 되었다.

마지막으로 기술이 이 저주스러운 경향들을 더 분명하고 치명적으로 만드는 시대에 살고 있다는 것 또한 불행이었다. 소셜 미디어는 지금까지 드러난 나쁜 생각들을 공유하는 가장 효과적인 통로와 같다.

소셜 미디어가 좋은 생각들을 나누는 유용한 방법일 수도 있을까? 그렇다. 하지만 도시의 모든 깨끗한 물을 하수가 이동하는 관로로 보내면 무슨 소용이 있을까? 문제에 대해 공정한 논의를 하려면 논쟁하고 있는 상대가 누구인지 아는 것이 필수는 아닐지라도 중요하다. 그걸 모르면 내 어떤 이익을 희생하는 게 상대가 제공하는 희생과 대등한지 알 수 없다. 온라인 익명성은 의도와 동기를 숨겨준다. 그리고 나쁜 인간들이 반대 의견을 내면서 분열을 일으키는 동안 숨을 수 있게 한다. 또, 인간의 담론에서 나타나는 가장 나쁜 특성들이 좋은 특성들보다 우세해지는 경향을 심화시키기도 한다.

일반적으로 인터넷, 특히 소셜 미디어는 우리에게 거대한 인간 마을의 지혜로부터 이득을 얻을 기회를 주었다. 하지만 안타깝게도 그 대신 군중 심리를 제공했다. 미국 건국의 아버지 중 한 명인 제임스 매디슨James Madison은 파벌주의에 대해 사람들이 상호 적대감을 가지고 흥분하게 함으로써 공동의 이익을 위한 자신의 의무를 망각하게 한다고 경고했다.4 요즘엔 소셜 미디어의 '좋아요'라는 부채질 기능 덕분에 상호 적대감이 마치 관중이 지켜보는 스포츠처럼 되어버렸다. 깨끗하고 좋은 물이 흐를 때는 더러운 찌꺼기가 거의 눈에 띄지 않기 때문에, 예전에는 분열을 일으키는 데 어려움을 겪던 사람들이 이제는 소셜 미디어의 쉽게 격해지는 분위기를 이용해 목적을 이룬다. 지금 인터넷은 엄청난 소동들을 일으키는 촉매 역할을 하고 있다.

그것이 우리가 공정성을 회복해야 하는 이유다. 관로를 분리하고, 토론과 생각이라는 식수를 되찾아야 한다. 협력과 경쟁이 균형을 이룰 때까지 우리가 계몽주의 시대와 그 이전부터 발달시켜 온 절차적 접근법을 회복해야 한다.

그리고 이 책을 읽지 말아야 할
단 한 가지 이유

반복을 좋아하지 않는다면 이 경우에 해당될 수 있다. 이 책을 내려놓는 게 어떨지 생각해 보는 것이 좋겠다. 아직 잘 모르겠다면 이 책에 공정한fair, 불공정한unfair, 공정성fairness, 불공정성unfairness이라는 말이 매우 자주 나올 거라는 점을 염두에 두길 바란다. 반복 때문에 당신이 고통받는 만큼 나도 똑같이 고통받는다는 점을 분명하게 말할 수 있다. 그 이유는 간단하다. 내가 기자이기 때문이다. 기자들은 초년생 시절, 기사에서 같은 말을 반복하는 건 무슨 수를 쓰더라도 피하라고 배운다. 각 문장마다 다르게 표현하는 방법을 생각하지 않으면 어떤 자연법칙이 이야기를 약화시키기라도 하는 듯이 여겼기 때문이다. 비록 그것이 형상화, 완곡한 표현, 서술 명사라는 고통스러운 옥죔으로 이어졌지만, 그렇더라도 반복보다는 낫다고 생각했다.

그래서 이 용어들이 매우 자주 반복될 거라고 말하는 것은 기자로서의 내 모든 본능을 거스르는 셈이다. 반복에 대해 사과하는 행동이 무의미해 보이지만, 이 또한 공정성의 성질에 대해 뭔가를 이야기하는 것이기 때문에 설명하려고 노력하는 건지도 모르겠다.

내가 공정한fair, 공정성fairness 등의 단어 사용을 반복하는 이유는 'fair'의 동의어가 없기 때문이다. 다음 장에서 말하겠지만 영어 사용자들은 공정을 나타내는 말이 몇 개 있는 건 고사하고 하나라도 있다는 사실을 행운으로 여겨야 한다(다른 언어에는 거의 없다).

내가 그동안 읽었던 이 주제에 관한 많은 책에서 작가들은 공정과 다른 명사를 바꿔가며 사용했다. 정의, 특히 분배 정의도 그중 하나다. 공평이나, 좀 더 어렵게 느껴지는 형평성은 또 다른 표현이다. 하지만 그 단어들은 서로 바꿔 쓸 수 없다.

공정은 공정이다. 다른 말은 없다.

TO BE FAIR

공정성의 원칙

공정성의 진짜 의미는?

상식은 실제로 존재하는 것이 아니다.
그것의 못난 사촌이라 할 수 있는 공정성은
멍청한 사람들이 논쟁에 참여할 수 있도록 만들어 낸 개념이다.
공정성은 우주에 원래 존재했던 것이 아니다.
지극히 주관적인 것이다.

— 스콧 애덤스(Scott Adams, 연재만화 「딜버트Dilbert」의 작가)

'같은 지역에 사는 원시 인류 두 부족이 경쟁할 때 (다른 상황은 같고) 한 부족에 용감하고 동정심이 많고 헌신적이라는 특성을 지닌 구성원이 많다면, 이 부족은 항상 서로 위험을 알리고 도우면서 지켜줄 준비가 되어 있으므로 더 번영하고 다른 부족을 정복할 수 있을 것이다. (⋯)

한편 이기적이고 싸우기 좋아하는 사람들은 단결하지 않을 것이다. 단결력 없이는 무엇도 이룰 수 없다. 따라서 위에서 말한 긍정적 특성이 풍부한 부족은 세력을 넓힐 것이고 다른 부족들과의 싸움에서 승리를 거둘 것이다. 하지만 모든 지나간 역사를 통해 알 수 있듯이, 충분한 시간이 지나면 이 부족은 결국 그러한 특성을 더 많이 지닌 다른 부족을 이기지 못한다. 그래서 사회적, 도덕적 특성은 서서히 진보하는 경향이 있고 전 세계적으로 퍼져나간다.'5

— 찰스 다윈Charles Darwin

공정성이 그토록 중요하다면 공정성이 무엇인지 이해하는 것도 그만큼 중요하다. 사실 공정성은 말로 표현하기 어려운 것이라서 정의를 내리려고 하다가 본질을 놓칠 위험이 있다. 나는 공정성이 우리 뇌에 새겨져 수백만 년 동안 진화를 거쳤다는 사실이 그 이유 중 하나라고 생각한다. 공정성은 사실상 감정으로, 만족, 행복감, 안심, 분노, 두려움과 관련이 있다. 감정은 느끼기 쉽고, 설명하기도 아주 어려운 건 아니지만 정의하기는 매우 어렵다. 공정성은 또한 내재하는 것이다. 경기와 거래와 통치에서의 공정성은 참가자들, 승자와 패자가 모두 선천적으로 아는 것이다. 그래서 본질적으로 설명하기가 어렵다. 선천적으로 아는 것은 보통 쉽게 정의할 수 없다.

하지만 우리가 앞에서 설명한 공정성의 쇠퇴를 살펴보려면 정의를 내리려는 시도는 해봐야 한다. 단, 냉장고에 자석으로 붙여놓을 만한 정의를 내리기는 어려울 수 있다.

정의를 내리는 시도를 하기 위해 나는 호주의 언어 철학자 애나 비어즈비스카Anna Wierzbicka의 말을 차용하곤 했다. 언어학자인 그녀의 주된 관심사6는 공정이라는 말의 기원을 추적하고 영어라는 언어 안에서 그 위치를 밝히는 것이다. 나는 그녀가 내린 공정의 두 가지 정의에서 멈추지 않고 세 번째 정의, 심지어 네 번째와 다섯 번째 정의도 추가했다. 약간 더 나아가서 현대의 위대한 정치 사상가 존 롤스John Rawls도 언급했다. 그의 책『공정으로서의 정의』는 사회(그는 '공정한 협력 체계'라고 정의한다)가 어떻게 통제되어야 하는지를 다루는 권위 있는 책으로 평가되고 있다. 롤스, 팀 스캔런Tim Scanlon, 크리스토퍼 맥마흔Christopher McMahon과 같은 동시대 다른 철학자들이 공정성을 정의하고 분석한 내용을 읽음으로써 그 개념을 철학적으로 이해하기 위한 근본적인 토대를 마련할 수 있다.

롤스는 공정성을 정의하기 위해 이렇게 말한다(심호흡 한 번 하고 나서 읽기 바란다).

(1) 사회적 협력은 단지 사회적으로 조정된 활동(예를 들어 절대적인 중앙 권력의 명령에 따라 조정된 활동)과는 완전히 다르다. 그보다는 협력하는 사람들이 행동을 통제하기 위해 적절하다고 받아들이는 공인된 규칙과 절차를 지침으로 한다.

(2) 협력이라는 개념은 공정한 협력 조건이라는 개념을 포함한다. 이것은 각 참가자가 합리적으로 받아들일 수 있는 조건이고, 때로 다른 모든 사람이 그것을 똑같이 받아들일 때는 받아들여야 하는 조건이다. 공정한 협력 조건은 상호 이익 또는 상호 관계라는 개념을 구체화한다. 공인된 규칙이 요구하는 대로 자신의 역할을 하는 모든 사람은, 대중이 정한 대로 그리고 동의한 기준대로 혜택을 받을 것이다.

(3) 협력이라는 개념은 또한 각 참가자의 합리적인 이점 또는 이익이라는 개념을 포함한다. 합리적인 이점이라는 개념은 협

력에 참여한 사람들이 자신의 이익이라는 측면에서 증진을
추구하고 있는 것이 무엇인지 명시한다.[7]

비어즈비스카는 이 개념들을 다음과 같이 요약한다.

'사람들은 다른 사람들과 어떤 일을 함께 하려고 할 때 자신이 어
떤 일을 할 수 있는지 알고, 동시에 어떤 일은 다른 사람들에게
나쁜 영향을 미칠 수 있으므로 할 수 없다는 것을 안다.'

간결성을 위해, 그리고 나는 학자가 아니라 기자로 생계를 유지
했던 사람이므로 이 장에서는 학계의 똑똑한 사람들이 집중적으로
연구한 내용을 자주 압축시켰다. 그들의 연구에는 그야말로 불공정
한 방식일 수도 있다. 하지만 이렇게 함으로써 그 생각들이 공정성
이라는 개념에 어떻게 접근하는지 이해하는 데에 도움이 될 것이다.
공정성을 일상적으로 사용하기 위해 정의와 함께 살펴보는 것은 중
요하다. 정의를 통해 우리가 공정성이라고 말하는 것을 쉽게 논의할
수 있기 때문이다. 이어서 나올 내가 제안하는 정의는(공정성이 단 하
나의 정의만 있어도 될 만큼 간단했다면 좋았을 것이다) 롤스와 비어즈
비스카에게서 나온 개념으로, 우리가 공정이라고 말하는 것(의 일
부)을 확실히 이해하기 위해 철학적, 언어적 접근을 결합한 것이다.
나는 공정의 의미가 아주 다양하다고 생각하기 때문에 이 정의가 모
든 의미라고 말하지는 않겠다.

그리고 그 목적을 달성하기 위해서는 공정성과 불공정성이 '아

닌' 것을 특정하고 정의를 내리는 게 아마도 가장 쉬운 방법이라고 생각한다.

공정한 것이 정당한 것, 평등한 것, 선한 것, 중립을 지키는 것과 다른(그리고 그 이상인) 이유

공정성은 1) 한 개인이 이익을 얻을 때 다른 개인은 손실을 보는 상황에서 개인이나 집단이 개인 간 또는 집단 간 복지의 교환에 동의할 만큼 서로 충분히 믿기 위해 반드시 이뤄져야 하는 상태다. 다시 말해, 우리가 그 상황을 공정한 환경이라고 믿으면 상황에 따라 개인이 항상 '동등하게' 이익을 얻을 수 없음을 다 같이 받아들인다. 공동체 내에서 양떼를 지키는 역할을 맡은 가장 작은 참여자가 매머드를 잡아온 덩치 큰 사냥꾼과 동일한 양의 고기를 받았다면 사냥의 전리품을 '똑같이' 분배한 것이다. 그렇지만 그 분배가 공정한가? 다른 무엇보다도 평등을 소중하게 여기는 사람들은 사회의 다른 사람들이 공정하다고 여기는 것을 불평등한 것으로 생각할 수 있다. 하지만 강요된 평등은 불공정할 수 있다. 이것은 이론적인 상상이 아니다. 최근 여러 번 반복된 심리 실험에서 사람들이 자연스럽게 평등을 추구하는 듯이 보일 때조차 실제로는 '공정한' 결과를 추구한다는 사실이 밝혀졌다.[8]

이것이 공정성을 평등과 구별 짓는 것이다. 공정성은 평등과 같지 않다. 그 이상이다.

공정성은 또한 2) 공동체 내에서 일부 사람들의 혜택을 위해 다른 사람들을 희생시키는 일의 허용 정도에도 한계가 있다고 사람들이 생각하는 상태다. 이 경우 공정성은 그 한계를 제정된 권력의 강요, 즉 법의 지배에 의해서가 아니라 합의(공유된 생각)를 통해 결정한다. 공정성이 무엇인지 그 정의들을 규정한 것을 일반적으로 규칙이라고 한다. 즉 기관(왕, 의회, 군사 정권)이 지휘권을 가지고 강제하는 제한이 법이라면, 규칙은 참가자들이 동의한 행동 제한이다. '정당하다'는 개념 또한 판단하는 사람과 판단되는 사람 사이의 불평등을 포함하고 공정성이 적용되지 않는다. 롤스가『공정으로서의 정의』에서 말한 것처럼 법은 헌법에는 부합하더라도 불공정할 수 있다. 마찬가지로 개인 또는 집단이 공정하기 위해 동의한 규칙이 공권력에 따르면 불법일 수도 있다.

이것이 공정성을 정당성과 구별 짓는 것이다. 공정성은 정당성과 같지 않다. 그 이상이다.

공정성은 또한 3) 공동체 내에서 가능한 한 모든 사람이 노력에 따라 똑같은 성공 가능성을 가지거나 적어도 그 가능성을 부당하게 박탈당하지 않는다는 합의가 있는 상태다. 이것은 '평평한 운동장' 상태라고 할 수 있다. 하지만 평평한 운동장 개념이 한쪽을 유리하게 하지 않는 운동장만이 공정하다고 암시한다는 점에서 실제 공정성과는 다르다. 사실 스포츠에서 경기장이나 건강 상태 측면에서 양쪽이 똑같이 유리하거나 불리할 때는 페어플레이가 이뤄질 수 있다. 우리가 기울어진 축구장에 직면했을 때 반드시 평평하게 만들 필는 없다. 그저 대회 중간에 양 팀의 진영을 바꾸면 된다. 이것은 1)의 상태와 매우 유사한 점이지만 불평등을 어느 정도 받아들이는 게 아니라 긍정적으로 희망한다는 점에서 다르다.

이것이 공정성을 평평한 운동장 개념과 구별 짓는 것이다. 공정성은 유리하거나 불리한 점을 제거하는 것과 같지 않다. 그 이상이다.

공정성은 또한 4) 다른 사람과의 합의점을 찾으려는 사람이 모든 당사자의 이해관계를 적절히 반영할 입장을 계산하기 위해 불필요한 편견을 버리고 권리, 자유와 같이 인간의 번영과 관련된 삶의 기본 원칙들에 집중하는 상태다. 그것은 모든 신념을 버리도록 요구하는 게 아니다. 그 당사자들이 이전에 동의한 규칙들은 반드시 중립적 입장에 기반하지는 않기 때문이다. 예를 들어 어떤 조직의 규칙은 구성원들이 모두 하나의 종교 집단이나 정치 신념, 온라인 게임 커뮤니티에 속한다고 전제할 수 있으므로, 조직의 이해관계가 특정 성향이나 선호를 당연시할 수도 있다. 그러나 어떠한 개인이나 집단도 단지 그 집단의 구성원인지의 여부나 나이, 성별, 성적 취향, 인종, 종교, 국적 등의 구별 요소로 불이익을 받아서는 안 된다.

이 상태는 공정성을 중립을 지키는 것과 구별 짓는 것이다. 공정성은 중립을 지키는 것과 같지 않다. 그 이상이다.

공정성은 또한 5) 옳고 그름의 절대적인 정의가 공동체에 의해 보류되거나 인정되지 않는 상태다. 이러한 절대적인 상태는 옳고 그름이라는 이상보다 화합, 합의, 번영을 우선시하는 동의로 대체된

다. 따라서 그러한 화합, 합의, 번영을 추구하는 사람들은 종교 또
는 또 다른 원칙을 따르는 기관에 의해 옳다고 정의된 것을 불공정
한 것으로 여길 수도 있다. 또 그와 같은 기관이 사회 전체가 공정하
다고 여기는 잘못된 것을 보유할 수도 있다. 다양한 종교와 다양한
정치적 관점이 용인되는 다원적 사회에서는 '절대적인' 도덕적 규
칙 또는 법률에 동의하기가 점점 더 어려워진다. 롤스는 묻는다. '모
든 사람에게 공정한 규칙에 따라 동의를 얻는 것보다' 더 나은 대안
이 무엇인가? 선이라는 개념은 언어학자들이 '분석할 수 없는, 개념
적으로 가장 좋은 것'이라고 칭하는 데 반해, 공정성은 절대적인 선
이 아닌 공동의 선에 관해 분석과 정의를 요구하는 더 복잡한 개념
이다.

이것이 공정성을 도덕적이거나 윤리적인 것과 구별 짓는 것이
다. 공정성은 선과 같지 않다. 그 이상이다.

공정성이 우세한 다른 상태들도 있을 수 있지만, 이 다섯 가지 상
태는 공원에서 열리는 축구 경기 진행부터 국가 운영에 이르기까지
대부분의 상황에 적용된다. 그리고 공통적으로 한 가지 중요한 요소
를 가진다. 바로 공정성의 '절차적' 접근법(균형, 한도 내에서 행동할
자유, 공공복지의 우선순위 매기기, 동의 우선시하기, 기존의 전제 조건에
순응하기)이 '절대적인' 접근법(강요된 평등, 법의 지배, 옳고 그름이라는
종교적 또는 정치적 신념)을 대체했다는 사실이다. 이러한 상태들은
일반적으로 교리와 절대적 명령으로 유발된 수 세기 동안의 갈등에
대한 반작용으로 발달하고 도래한 것이다.

공정성의 합의된 절차적 상태는 폭력, 불공평, 불평등, 억압적이고 종종 독단적인 도덕적 강요에 시달리던 사회에서 가장 자주 나타났다. 30년 전쟁, 영국 내전, 프랑스 혁명 모두 옳고 그름이라는 절대적 상태를 무력으로 강요(또는 제거)하려 했다. 물론 더 최근의, 더 피비린내 나고, 더 전체주의적인 사례들도 있다. 사람들은 이러한 상황에서 벗어나기 위해, 공동의 노력으로 더 공정한 사회를 만들 수 있도록 절대적 권리와 자유를 서로 교환하기로 결정하곤 했다.

그래서 이렇게 말할 수도 있다.

- 상태 1)을 이루는 것은 대의 민주제(또는 입헌 군주제, 영국에서는 1689년 이후의 형태)의 기능이다.
- 상태 2), 3), 4)를 유지하는 것은 대의 민주제가 잘 돌아가고 있다는 신호다.
- 상태 5)에 이르는 것은 대의 민주제가 열망하는 것이다.

거듭 말하지만, 공정하다는 것에는 이 다섯 가지 외에도 다른 정의들이 있다. 그건 정의를 내릴 수 없다는 의미이기도 하다. 뭔가가 공정한지 공정하지 않은지를 결정해야 하는 상황들이 얼마나 많고 다양할지 상상해 보기 위해서는 공정성이 관여하는 모든 관계에 대해 생각해 보면 된다. 고용주-고용인, 부모-자녀, 배우자-배우자, 형제-형제, 친구-친구, 교사-학생, 소매업자-고객, 성별-성별, 인종-인종 등이 있다. 분명한 것들만 이만큼이다. 공정할(그리고 그 반대일) 기회는 웃거나 찡그릴 기회만큼 많고 다양하다.

공정하다는 것의 의미는 국가마다 다르고 역사의 흐름에 따라 바뀌는 것도 사실이다. 비어즈비스카와 롤스는 모두 17~18세기 영국 계몽주의의 출현과 함께 공정성의 근대적 개념이 출현했음을 발견한다. 내전 이후 혼란 속에서(찰스 1세가 왕권신수설을 주장하며 심화된 불평등은 유혈 충돌과 함께 청교도들의 똑같이 부당한 개념인 신성한 '코먼웰스'◆로 대체되었다) 잉글랜드의 오래된 대의권과 자유 개념이 되살아났고 결국 1689년 권리 장전에 명시되었다.

루소Rousseau, 볼테르Voltaire, 칸트Kant에 영향을 준 존 로크John Locke는 이듬해 『통치론』을 발표했고 거기에 이렇게 썼다.

'누구든지 스스로 천부의 자유권을 버리고 시민 사회에 결속되는 유일한 방법은, 편안하고 안전하고 평화로운 삶을 살기 위해 다른 사람들과 모여 하나의 공동체가 되기로 동의하는 것이다.'

로크는 사회적 규칙을 채택하는 과정을 불가피한 권리 상실이지만 바람직한 뭔가를 달성한다는 명분 안에서 합의와 협상을 거쳐 이뤄지는 과정으로 봤다. 1689년 공정한 상태로 합쳐지는 과정은 군주제의 절대적 권리와 국민의 절대적 자유를 교환하는 과정이었다. 공정성이 '탄생'한 날짜를 특정한다면 바로 이날이라고 생각한다. 사람들은 처음으로 협력(서로 간에 수평적으로)과 경쟁(통치자와 피통치자 사이에 수직적으로) 사이의 균형을 협상하기로 결정했다. 실제로

◆　공공의 복지common-wealth라는 뜻으로 군주제에 대비되는 공화제를 의미한다. 청교도 혁명을 주도한 크롬웰이 찰스 1세를 처형한 후 공화정을 세우고 '코먼웰스'라고 선언했다.

는 단지 소수의 사람이 참여했고, 어떻게 공정한 사회적 합의가 이뤄질 수 있는지, 다음 세대가 무엇을 개선하고, 거부하고, 고쳐 쓸지에 대한 지침을 정하는 것에 그쳤다. 하지만 시작 시점을 편하게 정하고 싶다면 이때로 보는 것도 괜찮다. 물론, 이것은 논리 또는 예술이 시작된 날짜를 정하는 것과 같다. 사고 과정, 본능, 비이성적인 욕구는 모두 우리 안에 있었다. 그러나 역사상 이 시기는 영국에 관한 한, 공정성에 확실히 숨과 생명을 불어넣었다.[9]

왜 공정성이 중요할까?

공정성은 완전히 고통이라고는 할 수 없지만, 감정 이상의 것이다. 그렇지 않은가? 공정성은 '공정'하지 않은 일을 경험할 때 몸과 마음으로 밀려드는 느낌이다. 당신이 운동 경기에 참가한 자녀를 지켜보고 있는데 아무도 아이에게 공을 패스하지 않을 수도 있다. 직장 동료가 심한 비난을 받는 걸 듣고 있는데 당신은 동료에게 잘못이 없다는 사실을 알 수도 있다. 당신이 고속도로 출구로 나가려고 차량 행렬 속에서 기다리고 있는데 누군가 멈춰 있는 차들을 지나쳐가서 행렬 앞쪽에 그냥 끼어들 수도 있다. 당신이 나 같은 사람이라면 그런 경험 중 하나를 겪으면 피가 끓어오를 수 있다. '나 같은 사람'이라는 말은 당신도 '호모 사피엔스'인 경우를 의미한다.

방금 묘사한 상황들은 모두 우리 뇌에서 반응을 일으킨다. 그 반응들은 기어를 바꾸거나 계란 프라이를 하는 것처럼 배운 과정이 아니다. 불공정하다고 느낀 감정은 뭔가 다른 것이다. 그 감정은 타고 나는 것이며, 우리 안에 잠재되어 있다. 뭔가가 불공정하다고 느끼려면 무엇이 공정한지 잘 발달된 개념을 가지고 있어야 한다(공정성과 불공정성이 실제로 반대되는 개념인지는 간단한 질문이 아니다. 뒤에서 다루겠지만, 우선은 이 두 개념이 최소한 상호 의존적이라고 생각하자).

두 본능 모두 우리의 마음속에서 강력하기 때문에 저항할 수 없다. 왜냐하면 두 본능은 우리의 동료 인간들 사이에서 우리의 지위, 성격, 안전, 입장을 정의하는 사고와 반응의 톱니바퀴이기 때문이다.

우리 자신에 대해 알 수 있는 가장 중요한 것은 다른 사람들과의 관계에서 우리가 어디에 서 있는지다. 이건 사소한 질문이 아니다. 특히 우리가 혈연이나 사랑을 통한 유대 관계를 맺지 않은 사람들에 관해 입장을 정할 때 그렇다.

지구에서 인류의 역사가 시작되었을 당시에는 이 질문이 개인의 생존 가능성과 유전자의 생존 가능성을 정의했을 것이다. 그보다 더 중요한 건 없다. 개인이 적대적인 환경에서 혼자 살아남을 수 있을까? 그럴 수도 있지만, 그렇게 오래 살지는 못할 것이고 당연히 번식할 수도 없을 것이다. 번식은 생존보다 강한 욕구다. 인간이 홀로 존재하는 것은 그들 자신의 관점에서나 진화의 관점에서나 소용없는 일이다. 한 가족만 있을 때는 살아남을 수 있을까? 그렇다. 하지만 아이의 번식 기회는 치명적으로 제한될 것이다. 대가족이나 소규모 씨족은 살아남을 수 있을까? 그렇다. 더 쉽게 살아남을 수 있다. 하지만 상호 교배해야 하는 한계 때문에 집단으로 번성할 기회가 제한될 것이므로 더 광범위한 상호 작용이 필요하다.

그래서 인간은 기본적인 수준 이상으로 생존과 번식에 성공하기 위해 직계 가족 또는 씨족 집단 밖에서 관계를 맺어야 했다. 그것은 협력을 의미했고, 우리가 불과 12,000년 전까지 그랬듯 수렵 채집인들은 식량, 물, 장작, 피난처를 구하기 위해 경쟁 관계에 있던 다른 인간 집단과 협력해야 했다.

기본적인 사회 이상의 것을 건설하기 위해서는, 결과적으로 다른 사람들과 경쟁하려는 타고난 본능을 극복하고 협력해야 했다. 인류학자들은 이것이 '호모 사피엔스'가 '호모'의 다른 종들에게 큰 승리를 거둔 이유라고 생각한다. 다른 호미닌과 달리 더 큰 집단에서 협력하는 능력 덕분이었다. 협력함으로써 우리는 협력할 수 없었던 다른 종들과의 경쟁에서 앞설 수 있었다.

수만 년이 지난 지금도 우리는 여전히 다른 사람들과 어떻게 관계를 맺고 있는지 끊임없이 평가해야 하고 자신의 이익을 계산해야 한다. 우리 중 일부는 매우 경쟁심이 강하고 또 일부는 매우 협력적이다. 대부분은 두 가지가 조금씩 섞여 있다. 하지만 의회부터 공원에서 열리는 축구 시합에 이르기까지 곳곳에서 발견되는 증거를 통해, 우리가 개인과 소규모 관련 있는 집단이 추구하는, 대비되는 이익의 복잡성에 대한 반응을 발달시켜 왔음을 알 수 있다. 그 반응은 경쟁과 협력의 균형을 성공적으로 이룰 수 있을 정도로 발달했다. 결과적으로, 결코 만나거나 말을 걸지 않을, 완전히 다른 욕망과 동기를 가진 낯선 사람들 간에 상호 이익의 거대한 구조를 구축할 수 있었다. 의료 보험 제도나 과세 제도, 선거를 생각해 보라. 맨체스터 유나이티드나 '흑인의 생명도 소중하다' 운동, 사회 운동을 조직하는 것, 트위터를 떠올려 보라. 어떤 회사의 주식 하나를 살 수 있는 모든 사람과 소유권을 공유하는 기업을 떠올려 보라. 지분, 주식, 신용, 신탁, 채권 등의 비즈니스 언어를 생각해 보라.

거래에 대한 우리의 이해는 특히 상호 관계에 기반한 언어를 발달시켰다. 이 언어는 공정성이라는 간단한 원칙에 의해 결정된다. 공정 거래, 공정 교환, 공정 가격은 현대의 새로운 개념이 아니다. 이 개념들은 우리 내부의 깊은 곳에서 나온다.

상업에서 얻은 번영은 우리에게 여가 시간이라는 사치를 선사했다. 그래서 삶과 여가의 즐거움을 높이기 위해 우리는 더 많은 시스템을 개발했다. 그 시스템들은 같은 원칙을 기반으로 했다. 미술관이나 박물관, 공공 도서관을 생각해 보라. 예술, 과학, 문학 작품 등의 지식 재산을 모아놓고, 그것들을 살 수도 없고 살 수 있는 사람들의 손님도 될 수 없는 사람들이 이용할 수 있게 했다(영국에서는 근사하게도 세금을 내는 것 말고는 무료로 이용할 수 있다).

공원에서 하는 축구 또는 크리켓 경기를 떠올려 보라. 낯선 사람들도 규칙을 알고, 용인되는 행위와 용인되지 않는 행위를 알기 때문에 참여할 수 있다(시합이 상호 간에 참가할 만한 가치가 있도록 양편의 참가자 수는 반드시 균형을 이뤄야 한다는 기본적인 생각에서 시작한다). 정부를 생각해 보라. 우리가 모두(거의) 기꺼이 준수할 수 있는 법률을 제정하기 위해, 수많은 주제에 대해 엄청나게 많은 다양한 의견들이 차츰 균형점을 찾도록 하고 있다.

모든 경우에, 협력은 경쟁을 가능하게 하고 경쟁은 협력을 필요하게 한다. 이를 가능하게 하는 요소는 무엇일까? 그 요소는 우리가 어떻게 같이 '플레이'할지에 대한 공통된 이해다. 기초적인 상태에서 함께 '플레이'하는 것은 거의 전쟁에 가깝다(중세 시대의 '축구' 경기는 경쟁하는 마을들의 모든 남자가 경쟁하기 위해 협력했으므로 규모가 크고 체계가 없었다). 하지만 우리는 기사도 규칙(아마 최초의 페어플레이 규칙일 것이다)을 적용해도 전쟁에는 승자가 없다는 사실을 안다. 그래서 시간이 흐름에 따라, 상호 간에 정해진 방식으로 경쟁의 긴장감과 협력의 만족감을 추구했다. 어떻게 플레이할지에 대한 규칙을 도입한 것이다.

근대 조상인 빅토리아 시대 사람들은 플레이에 공정한 규제라는 개념을 적용했다. 그들의 조상은 영국 내전의 공포 이후 정부에 질서(그리고 그로 인한 번영)를 가져오기 위해 공정성을 이용했다. 그런 다음 산업 혁명과 국제 무역이 상업에 불을 붙였고, 비즈니스 영역에 질서(그리고 그로 인한 번영)를 가져오기 위해 공정성을 이용했다. 플레이에 규제를 적용하는 것은 행동 규칙에 동의함을 의미했다. 18~19세기 축구나 크리켓 경기를 하면서 극복할 수 없는 문제 중 하나는 사람들이 각기 다른 규칙을 따른다는 것이었다. 조지 왕조 시대와 빅토리아 여왕 시대의 사람들은 계몽주의 시대 이후로 비효율적이라고 생각했던 모든 것에 해오던 방식을 적용했다. 바로 중심 원칙에 따라 규제하는 것이었다. 그들은 정부와 비즈니스에 적용했던 것과 같은 근본적인 목표를 따랐다. (무정부 상태 또는 권력에 대한 두려움 때문에 강제된) 상호 합의에 따른 질서와 참가자들 사이의 신뢰, 한쪽이 절대 이길 수 없음을 의미하는 (참가자 수가 훨씬 더 많거나, 상대편이 항상 힘들게 올라오는 동안 급경사를 내려가며 플레이하는 것과 같은) 엄청난 이점의 희생 등이다. 그러고 나서 협력과 경쟁 사이의 균형을 이루는 방법을 모든 사람이 알 수 있도록 규칙을 기록했다.

이 모든 행위의 기초가 되는 원칙이자 우리 사회의 근본적인 삶의 원칙은, 상호 합의된 규칙이 자신에게 유리하지 않더라도 우리 모두는 그 규칙에 따라 행동한다는 것이다. 왜냐하면 우리는 다른 사람들이 참여하려면 혜택을 느껴야 한다는 사실을 알기 때문이다. 그들이 협력하지 않으면 경기는 열릴 수 없다. 경기는 공원의 축구 시합일 수도 있고 '영국'이나 '미국'으로 불릴 수도 있다.

국가를 구성하는 많은 사람의 정신과 신체의 혼합에서, 우리 대부분이 찬양하는 다양성은 우리가 다양한 방식으로 행동하고 생각하게 한다. 그 혼합은 제2차 세계 대전이 끝난 후 급속도로 다양해졌고, 우리의 상호 동의와 합의 과정이 따라갈 수 없는 속도로 더욱 다양해졌다. 변화 대 안정의 부조화로 인해 나타나는 직접적인 결과로서 서로 다른 생각과 행동은 그 다양성에 아직 확신을 갖지 못하는 이들을 당황하게 하는 만큼이나 또 많은 사람들의 마음을 설레게 했다. 당연히 그들과 그들이 사는 세상에 좋아서일 것이다.

내가 정치, 비즈니스, 언론 영역에서 사람들이 서로를 신뢰하는 방식에 대한 자료를 읽고 알게 된 한 가지는, 결과에 대해 별로 생각하지 않고 변화를 반기는 사람들과, 가능성에 대해 별로 생각하지 않고 변화를 반대하는 사람들 간의 차이를 표현하는 간단한 방법이 있다는 것이다. 바로 이것이다. "'할 수 있을까?'라고 묻는 사람이 되고 싶은가? 아니면 '해야 하나?'라고 묻는 사람이 되고 싶은가? 어떤 질문이 삶에서 더 지배적인 영향력을 미치는가?” 지금쯤이면 내가 어떤 결론을 내릴지 예상할 수도 있을 것이다. 우리는 균형을 이뤄 두 가지 모두가 되어야 한다. 사회 계약에서 공정성의 기능은, 권력자들이 힘없는 사람들을 착취하지 않을 거라고 위에서 아래 방향으로만 보장하는 게 아니다. 힘없는 사람들이 권력자들을 타도하지 않을 것도 보장한다. 또 좌우 방향으로 공통의 노선을 정할 때 서로의 관점과 선호, 다양한 두려움과 욕구를 고려할 거라는 점에 동의하게 한다(내전 없이 동의하는 게 바람직하다).

공정성은 의견 일치를 위한 기반이다. 그리고 공정성은 합의된 규칙 내에서 협력하고 경쟁하도록 강제하며 허용한다. 스포츠에 관심이 있든 없든, 페어플레이라는 개념에서 공정성을 표현하는 것은 문화, 지위, 성별, 나이에 상관없이 우리 모두의 공통점이다.

공정성 → 신뢰 → 거래 → 문명

나는 당신이 이 책을 읽도록 설득하면서 공정성이 문명을 뒷받침한다고 다소 무성의하게 주장했다. 공정성은 신뢰를 뒷받침하고 신뢰는 거래를 뒷받침한다. 무성의하게 보일 수도 있지만 나는 이 주장이 사실이라고 생각한다. 때로는 간단한 것이 복잡한 것보다 더 중요하다.

간단하지 않은 건, 우리가 지금 공정성에 대해 알고 있는 것을 알아내는 것이다. 다음 장에서는 우리 뇌와 심지어 유전자에 어떤 비결이 있어서 무엇이 공정하고 공정하지 않은지를 계산할 수 있는지 살펴보려고 한다. 하지만 여기에서는 내 주장을 처음부터 끝까지 증명하기 위해 노력하겠다. 우선 우리가 문명이라고 불리는 것 안에 살고 있다고 상상해 보자.

당신이 도시나 마을에 살고 있다면 문명이라는 개념은 상호 관계의 놀라운 망으로 구성되어 있음을 알 것이다. 공간, 시간, 들리는 것, 보이는 것이 연결된다. 물리적으로 말하면, 도로는 우리 집과 다른 집 또는 삶의 일반적인 활동을 위해 의존하는 장소를 연결한다. 즉, 아이의 학교, 식품을 사는 상점, 더 넓은 망으로 연결하는 열차나 버스의 정거장, 휴식을 취하는 공원, 휴식을 취하지 않는 직장, 태어난 곳이자 죽을 수도 있는 병원을 연결한다. 이곳들이 모두 목적지(소유하지는 않았지만 방문하고 이용하는 장소)이기 때문에 각 연결은 일종의 교환을 의미한다. 이 교환들은 대부분 이해하기 쉽다.

예를 들어 상점이나 미용실에서 교환이 무엇인지는 분명하다. 돈과 상품 또는 서비스의 교환이다. 학교나 공원에서는 명백한 교환은 없을지 몰라도 교환으로 볼 수 있는 게 있다. 우리는 학교를 짓거나 공원을 관리하는 데 필요한 비용을 지불했거나 우리를 대신해 지불하도록 허용했다. 그 대신 추가 비용 없이 이용할 수 있을 것으로 기대한다. 직장에 출근할 때 교환은 더 뚜렷하게 우리에게 유리하다. 우리에게는 '무료'인 뭔가(우리의 노동, 지적 능력, 기술, 지식 등)를 제공한 것에 대한 가치를 얻을 수 있다. 교환이 공정한지 아닌지는 또 다른 문제다. 이 모든 교환은 거래 개념의 발전으로 본다.

인간관계에서도 우리는 무수히 많은 연결에 관련된다. 그중 많은 연결이 우리가 그렇게 생각하지 않더라도 거래를 포함한다. 누군가 시간을 알려줄 때 웃거나 감사를 표하는 것도 거래의 형태로 볼 수 있다. 물질적 또는 금전적 가치는 없더라도 상대방의 삶에 도움이 되는 재능의 교환이다(진화 심리학자는 그것을 '간접적 호혜성 indirect reciprocity'이라고 부른다).

그러한 종류의 상호 작용은 수없이 많다. 우리는 매일 다른 사람들과 마주치고 대수롭지 않은 생각, 몸짓, 아이디어를 교환한다. 이러한 교환은 모든 인간관계의 기초를 만든다. 교환이 잘될수록 더 많이 교환할 수 있는 기회가 생긴다. 그것이 거래의 본질이다. 좋은 거래는 더 많이 거래할 수 있게 한다. 오늘 누군가를 사랑하고 있다면 사랑을 키우는 것이 거래다. 물론 반대로 작용할 수도 있다.

우리는 공정성이 우리가 하는 모든 행동과 모든 동기의 일부인 이유를 생각하기 위해 사랑을 논하며 조금 시대를 앞서서 달렸다. 이제 진보적이고 현대적이면서 약간 솜털 같은 거래 및 상호 이익 개념에서 물러나 먼 조상들이 살았던 훨씬 덜 솜털 같은 삶을 생각해 보자.

역사학자 유발 하라리 Yuval Noah Harari 는 어떻게 인류가 지구를 지배하게 되었는지를 연구했다. 그는 『사피엔스』에서 인간이 세 가지 개념 덕분에 처음으로 모든 종에 대한 보편적인 질서를 상상할 수 있었다고 말한다. 그 세 가지 개념은 돈, 정치, 종교다.[10] 첫 번째로 돈은 하나의 지어낸 이야기(고대 수메르의 화폐였던 은이나 개오지 조개껍질, 보리와 같은 대상에 가치가 있다는 상상이다)에 대한 믿음에 기댄 것이었다. 돈은 곡물, 옷감, 가죽, 장작, 모피, 도끼, 향수와 같이 생존과 안위에 필요한 다른 물품들의 실질적 가치를 나타낼 수 있다.

그러한 물품들을 소유하고 사용하는 것은 삶을 가능하게 했고, 그다음엔 괜찮아지게 했고, 그다음엔 예측할 수 있게 했으며, 마지막에는 편안하게 했다. '가능해지면' 우리는 생존하고 번식할 수 있고 확장하는 동족의 무리 또는 공동체에 들어갈 수 있다. '괜찮아지면' 공동체 내 다른 사람들과의 관계에서 특정 상태나 지위를 부여받는 몇 가지 선택을 할 수 있다. 그러면 자신과 자식들이 공동체로부터 어떤 혜택(양육과 보호)을 받는 것을 기대할 수 있다. '예측하게 되면' 자식의 생존과 번영의 가능성을 높일 수 있도록 다른 사람들과의 관계에서 지위를 올리는 전략을 개발할 수 있다. '편안해지면' 물품을 얻을 다른 방법을 개발할 수 있는 여가 시간이 생긴다. 그러면 잉여분을 저장하거나 가치를 상징하는 거래 가능한 물건(조가비나 동전, 또는 약속 어음)의 형태로 변환할 수 있다.

돈은 거래가 가능해지고, 괜찮아지고, 예측되고, 편안해지도록 진화했다. 왜냐하면 가죽 한 묶음으로 교환하려고 할 때 장작더미보다 조가비 한 봉지나 동전, 지폐, 스마트폰을 들고 다니는 편이 훨씬 더 쉽기 때문이다.

그러나 모든 형태의 돈은 상호 신뢰에 기반을 둔 지어낸 이야기라고 유발 하라리는 말한다. 돈을 소유한 사람과 물품을 소유한 사람이 각 소유물의 상대적 가치에 합의를 고수할 거라고 서로 믿는 것이다. 공정한 교환 조건 개념이 없으면(나는 조가비에 대한 소유권을 희생하고 당신은 장작더미에 대한 소유권을 희생한다) 거래는 이뤄질 수 없다. 상호 합의한 공정한 교환을 해야 하는 이유는 간단하다. 내가 더 낮은 교환 비율을 공정하게 받아들이면, 내 조가비의 가치는 내가 더 높은 교환 가치를 요구할 때보다 작아진다. 밭에서 하는 노동이나 부싯돌로 화살촉을 만드는 능력의 산물과 교환한 내 조가비가 너무 평가 절하되면, 결국 공동체 내에서의 내 위치가 하락한다. 자식들이 공동체에서 받는 혜택도 줄어들 수 있다. 추위에 떠는 자식들을 보면, 그들이 무사히 겨울을 넘길 확률이 낮다는 것과, 그러면 내 유전자의 생존도 보장할 수 없다는 사실을 알게 된다.

이것이 우리 선조에게 공정성이 중요했던 이유다. 공정을 나타내는 단어가 생기는 데 굉장히 오랜 시간이 걸렸을 뿐이다. 무언가가 중요할 때, 사람들은 그게 무엇을 의미하는지 안다. 당신이 삶이라는 경기의 참가자라면, 공정성은 그 무엇보다도 중요한 문제다.

철학으로서의 공정성: (특히) 롤스와 맥마흔

공정성이 철학적 또는 과학적 연구에서 다뤄진 것은 비교적 최근의 일이다. 공정성은 실험과 사고의 역사에서 논리, 합리성, 정의가 받는 관심 정도도 받지 못했다. 삶에서 무엇이 공정한지 (합의 또는 본능에 의해) 결정하는 일이 논리에 의존하고 부분적으로는 합리성을 규정하며, 정의에 대한 우리의 태도를 뒷받침한다는 사실에도 불구하고 그렇다.

마지막으로 이야기한 정의와 공정성의 상호 작용은 우리를 존 롤스에게로 안내한다. 그는 공정성 연구를 가장 크게 진보시킨 인물로, 20세기의 가장 영향력 있는 정치 철학자라고도 말할 수 있다.

롤스에 대해 무엇보다 먼저 알려주고 싶은 두 가지 사실이 있다. 첫 번째, 그는 메릴랜드에서 자랐다. 두 번째, 제2차 세계 대전 당시 그는 태평양 지역에서 보병으로 참전했다.

첫 번째 사실은 메릴랜드가 남북 전쟁 당시 정책 원칙의 대립(모든 사람의 권리가 동등하다는 주장에 대한 찬성과 반대) 때문에 둘로 나뉜 주였기 때문에 중요하다. 메릴랜드 사람들은 다른 사람의 관점이 자신의 관점과 완전히 다를 때도 양보하는 데 익숙해졌다. 그 외 다른 방도는 끝나지 않는 전쟁뿐이었기 때문이다.[11]

두 번째 사실은 죽음이 누구에게나 언제든 찾아올 수 있다는 걸 롤스가 깨닫는 계기가 되었기 때문에 중요하다. 그는 사람들이 서로를 파괴하기보다는 이해관계를 수용하려고 하는 세상을 추구했다.

롤스가 채택한 철학으로서의 접근은 대단히 실용적이었다. 롤스는 구성원들과 공정하기로 계약을 맺은 사회 내에서 의견 충돌을 해결할 공식을 찾고 있었다. 하지만 공정성을 주로 정의의 맥락에서 생각했고, 올바른 사회를 건설하기 위해 공정성이 할 수 있는 역할에 초점을 맞췄다. 또한 그는 계약들이 모여 평화적이고 생산적인 협력의 기반을 제시한다고 생각해서, 사회를 개인 간 계약의 통합으로 봤다.

롤스는 공동체의 상호 작용이라는 톱니바퀴에 기름칠을 하는 공정성의 역할에 관심이 있었지만, 공정성 그 자체에는 별로 관심이 없었다. 공정성과 정의 또는 평등을 동일시하지는 않았으나, 그는 세계관의 다른 계산 속에서 공정성을 일종의 상수로 생각했다. 롤스가 평생 동안 찾으려고 한 것은 자유와 평등이라는 이해관계의 균형을 유지하는 방법이었다. 사람들이 원하는 대로 살 권리와, 사회의 모든 구성원에게 성공할 기회가 동등하게 주어져야 한다는 기본 원칙 사이의 균형을 유지하는 방법을 찾으려고 했다. 자유방임주의적 자본주의와 분배적 사회주의 사이의 중도, 즉 경쟁과 협력의 중도였다.

롤스는 자신의 첫 책이자 가장 오래 읽히고 있는 책 『정의론』(1971)에서 삶이라는 경기가 최적의 방식으로 진행될 수 있도록 사회가 공정한 규칙을 어떻게 정할 수 있는지에 대한 견해를 제시했다. 그는 자신의 글을 18세기 사상가 제러미 벤담Jeremy Bentham과 존 스튜어트 밀John Stuart Mill의 시대 이후로 정치 철학을 지배해온 공리주의에 대한 강력한 항의로 여겼다. 더 현대적인 감성에 맞게 조정되었음에도 사회를 위해 가장 큰 평균적 행복을 달성하는 데 집중하는 공리주의는 롤스를 화나게 했다. 왜냐하면 공리주의는 사람들 간 차이에 거의 관심을 기울이지 않았기 때문이다.

롤스는 사람들이 사회에서 어떤 규칙을 따를지 결정하는 집단적인 과정이 대립하는 이해관계 때문에 항상 왜곡될 거라고 보았다. 우리는 번영하려는 욕망에서 벗어날 수 없다. 그래서 롤스는 규칙을 찾으려면 '원초적 입장Original Position', 즉 이해관계의 가장 공정한 균형점에 이를 수 있는 중립적인 위치를 찾아야 한다고 주장했다. 그 위치를 찾기 위해, 롤스가 알려지는 데 가장 큰 영향을 미친 '무지의 장막veil of ignorance' 개념을 생각해 냈다. 만약 참가자가 사회에서 자신의 위치(다른 사람들과 비교해 얼마나 부유하거나 가난한지, 얼마나 영리하거나 어리석은지, 얼마나 능력이 있거나 없는지)에 대해 아는 것이 없으면, 공정한 협력 규칙을 선택해 자신과 다른 사람들이 번영할 확률을 최대한으로 높일 수 있다. 만약 당신이 좋은 미래를 구성하는 몇 가지 중요한 요소(돈, 재능, 건강)를 덜 가진 집단에 불이익을 줄 규칙을 만든다고 하면 무지의 장막 뒤에서 언제 나와야 하는지 알 수 있을 것이다. 바로, 당신이 그 집단에 속해 있고 불이익을 받을 때이다. 그러면 당신은 불이익을 가장 덜 받는 삶의 규칙을 제안할 것이다.

원초적 입장의 목표는 무엇이 공정한지 정하는 것이다. 어떻게 정할 수 있을까? 롤스는 밀이나 벤담보다 이마누엘 칸트^{Immanuel Kant}를 더 좋아했다. 칸트는 무지의 장막 뒤에 있는 '이성적이고 합리적인' 집단 사람 들은 공정한 사회 계약 원칙을 만들 거라고 주장했다. 그들이 공유하는 도덕적 가치관이 도덕률을 따르게 하기 때문이다. 칸트는 이를 '정언 명령' 이라고 불렀다.

사회 내 모든 사람의 이익을 대변하는 책임을 맡은 장막 뒤의 사람들은 '최고 이익'으로도 동기 부여가 되었다. 그들은 '좋은 것'(롤스는 물품이 아니라 사회의 모든 사람에게 혜택을 주는 '좋은' 규칙과 생각을 의미한다고 했다)에 대한 공동의 개념을 규정할 수 있고, 그 좋은 것들을 가장 효과적인 방법으로 추구한다. 필요하면 좋은 것의 개념을 바꿀 수 있다. 또한 그들은 '올바른 일을 하기' 위해, 달리 말하면 '정언 명령'을 따르기 위해 행동할 수도 있다.

그렇다면 롤스는 사람들을 지식이라는 짐에서 벗어나게 하여 원초적 입장에 세우는 훈련에서 어떤 원칙이 나온다고 생각할까? 다음은 그가 공정으로서의 정의 원칙이라고 부르는 것이다.

1) 자유의 원칙: 공동체의 모든 구성원은 평등권을 가지거나 '평
   등한 기본권과 자유를 위한 충분한 계획'을 요구해야 한다. 이
   계획은 공동체의 모든 구성원에게 적용될 수 있어야 한다.
2) 차등의 원칙: 사회적, 경제적 불평등은 다음 두 조건을 만족시
   켜야 한다.
   (1) 최소 수혜자에게 최대 혜택을 주고
   (2) 공정한 기회균등 상태에서 모두에게 개방된 직위, 지위와
       결부되게끔 편성되어야 한다.

차등의 원칙은 처음부터 자원과 기회를 동등하게 분배하기 위한
규칙들을 규정하지 않는다. 롤스는 사회의 집단에서 발견되는 다양
한 재능과 능력에 적절한 장려책과 혜택이 있어야 한다고 인식했기
때문이다. 불가피하게 불평등이 있을 것이다. 불평등은 균형의 문제
라고 말할 수도 있다. 롤스는 그의 이상에서, 인간이 달성하고자 하
는 일종의 사회적 협력을 구성하는 요소에 대한 기초적인 설명에 공
정성을 끌어들였다. 이 장의 첫 부분에서 인용한 내용이기도 하다.
여기에 요약하자면, 사람들이 공정한 협력 조건에 따라 이루려고 애
쓰는 균형은 호혜성, 상호 이익과 상호 혜택을 포함하고, 협력의 결
과로 더 잘 살기를 바라는 개인의 합리적인 열망과 합의된 규칙으로
얻어지는 것이다.[12]
   다른 철학자들은 공정성을 철학, 언어학, 생물학 등의 측면에

서 훨씬 더 까다롭게 다뤘다. 캘리포니아대학교 샌타바버라 철학 교수인 크리스토퍼 맥마흔은 여러 책과 글, 특히 『합리성과 공정성 Reasonableness and Fairness』에서 이 개념의 의미에 대해 깊이 연구했다. 그는 공정성과 합리성의 기초를 '도덕적 관심'이라는 영역에 둔다. 도덕적 관심은 주어진 사회에서 모두의 행복에 대한 일반적인 관심이고 그것에 마음을 쓰는 것이다. 맥마흔은 두 개념이 '상호 관심의 도덕성'에서 중심 개념이라고 말한다.

나는 맥마흔의 책에서 다음 문장을 읽으며 이런 유형의 책들이 정말이지 나를 위한 것은 아니라는 사실을 깨달았다.

> '그러면 인지 능력 및 동기 부여 능력이 제대로 기능하는 인간이 관련된 규범적 사실에 인식론적 접촉을 할 수 있을 때, 그리고 인식론적 접촉을 할 때 바람직한 반응(추구 또는 회피)이 따라올 것을 추정할 수 있다.[13]

나처럼 단순한 사람에게는 내 유전자에 깊이 새겨진 공정성 같은 것을 이해하려고 할 때, 이런 글을 읽는 게 마치 내 스마트폰에 첨부된 약관을 읽는 것처럼 느껴진다. 그 약관들은 내가 구매한 서비스에 대한 어떤 사실들을 보장하고, 나는 그 사실들을 어느 정도 안전하고 당연하게 받아들일 수 있다. 비록 나를 위한 일이었는지 확신할 수는 없지만, 엄청난 시간을 들여 그 약관들을 애써 생각해 내고 기록한 누군가에게는 대단히 감사하다. 하지만 삶을 더 잘 이해하고 이 주제에 대해 더 저널리스트적이고 논쟁적으로 접근하는 글을 쓰기 위해 이렇게 말하고 싶다. 우리가 인식론보다 본능에 더 의존할 때 훨씬 더 나은 결과를 얻을 수 있을 거라고.

공정성은 백인만을 위한 것인가?

몇 년 전, 신생 정치 단체에 공정성에 관한 내 생각을 설명해 주면 좋겠다는 요청을 받고 간 적이 있다. 그런데 그들 중에 나 같은 백인 한 명이 공정성 개념이 배타적이라며 이의를 제기했다. 그는 흰 피부를 가지지 않은 사람들은 자신이 그 개념에 포함되지 않는다고 느낄 거라고 말했다.◆ 처음에 나는 이 상황을 공격할 거리를 찾는 누군가에 의해 정신적인 훈련이 시작되는 사례 중 하나라고 생각했다. 그럴 때마다 나는 그냥 자리를 뜨고 싶었다. 그러나 사람들이 아무리 멍청하고 억지스럽고 이기적이고 영악할지라도, 사람에게 결함이 있을 뿐이지 그들의 생각까지 반드시 결함이 있는 건 아니다. 그래서 나는 이 명백한 모순에 대해 더 생각하는 시간을 가졌다.

대부분의 사람들은 내가 서 있는 특권적이고 유리한 위치에서 세상을 바라보는 게 아니다. 나는 기자로서 성공적인 길을 걸어왔고, 비교적 부유하며, 비싼 교육을 받았다. 하지만 다른 사람에게는 없는 불리한 점도 있다. 예를 들면, 아동 심리학자들이 남자아이가 남자 역할 모델을 잃기에 가장 안 좋은 나이라고 말하는 여섯 살 때

◆　fair에는 '공정한' 외에 '살결이 흰'이라는 의미가 있다.

아버지가 돌아가셨고, 어머니는 아직도 그 비극에서 완전히 회복되지 못했다. 수백만 명의 사람들이 매일같이 겪는 가난과 폭력과 억압의 삶에 비하면 아무것도 아니지만, 이 사건이 대중의 편안한 예상을 뒤집을 수도 있다고 생각한다.

그렇기는 하지만 공정성이 '배타적'이라는 비난에 내가 보인 첫 반응은 잘못된 것이었다. 분명히 공정성이라는 개념은 흰 피부를 가지지 않은 사람들이 거부할 확률이 높았다. 나는 공정성을 만병통치약으로 보지만, 편안한 집이 있는 백인 남자의 눈으로 세상을 보기 때문에 그렇다. 또 내가 식민지 건설(그리고 노예제)로 부유해진 나라의 세계적 대도시 중 한 곳에 살면서, 7대양을 건너 상대하게 된 이들에게는 공정성의 어떤 개념도 부정했던 무역과 착취의 역사로부터 함께 혜택을 받은 사람들에 둘러싸여 있기 때문이다.

어쩌면 당신은 자유로운 사회와 백인이라는 안전망 속에서 공정성이라는 사치를 누릴 수 있는 사람들에게만 공정성이 중요하고 의미가 있다고 주장할지 모르겠다. 나는 그렇게 생각하지 않지만 설사 그렇다고 해도 공정성을 무시하고 거부해야 한다는 의미는 아니다. 앞으로 이야기하겠지만, 우리는 삶에서 추가로 선택할 수 있는 것에 관해 이야기하는 게 아니다. 공정성은 당신과 나, 그리고 모든 인간의 일부분이고 우리가 항상 느끼고 생각해 왔던 것이다. 공정성은 인간에게 근본적인 개념이기에 한 단어로 표현해야 한다. 주요 언어 중 '공정'만을 의미하는 단일 단어가 있는 언어는 영어뿐이지만, 그 개념은 우리 모두의 DNA 속에 존재한다. 우리가 아무리 삶을 모든 사람에게 포용적이고 편안하게 만들려고 애쓰고 있더라도, 공정성을 폄하하는 행위는 유색 인종에게 좋지 않으며 정말 무의미하고 해롭다. 그것은 '옳은right 일을 하기' 위해 노력하자고 말하면 정치적으로 좌파left인 사람들이 화가 날 수 있으니 그런 말을 하지 말라고 하는 것만큼 어리석은 짓이다. 단어의 의미에 이의를 제기하는 것은 역사적인 탄압에서 발견되는 편견과 독선적인 억측을 대상으로 할 때 유효하다. 그러나 사회 계약을 개선하려는 노력을 멈추기 위해 모욕을 주려는 행위에는 작은 가능성도 허용하지 말아야 한다. 공통의 의견을 희생시키고 사회의 극히 일부에게 권한을 주는 세태를 바로잡는 것을 방해하게 놔둬서는 안 된다. 또 소수에게 불쾌할 수 있는 방식으로 말하고 생각할 수 있는 자유를 약화시켜서도 안 된다. 모든 사람에게는 누군가 자신에게 좋지 않은 뭔가를 할 때 반대할 권리가 있지만, 그래서 그 누군가에게 보복하는 행동이 허용되지는 않는다. 그것이 우리가 페어플레이 규칙과 법규를 발전시키는 이유다.

다시 말하지만, 명백한 것은 사회 공동체 안에 있는 많은 사람의 이익과 사회 전체의 이익 사이에 균형이 필요하다는 사실이다. 우리의 본성에서 경쟁적인 면을 너무 많이 강조하면 사람들이 편견과 차별적인 생각을 가지기 쉽다. 협력적인 면을 너무 많이 강조하면 개인의 생각이 억눌릴 수 있고, 어려운 도덕적 문제에 대해 논쟁하고 해결하는 능력을 빼앗길 수 있다.

사회의 극히 일부에게 불쾌감을 줄 수도 있는 생각을 논의하거나 표현하는 것을 저지해야 할까? 어쩌면 그럴 수도 있다. 그것은 한 집단에 대한 또 다른 집단의 편견이나 탄압에 우리가 맞서는 방식 중 하나의 선택지여야 한다. 그러나 사회적 협력의 '원칙'이 될 수는 없다. 우리 모두에게 내재한 경쟁과 협력 사이의 균형을 찾는 방법 중 하나는 사고방식과 우선순위의 변화에 적응하는 데 있다. 하지만 우리는 (이의를 제기하는 대신) 반발과 분열을 각오하고 다른 사람들의 불쾌한 본능을 억누른다. 그것이 장기적으로는 공정성과 관용에 훨씬 더 나쁜 영향을 미칠 텐데도 말이다.

확실히 해두고 싶은 건, 모든 인간에게 공정성이 필요하다는 사실이다. 공정성은 백인의 유전자 구조에만 있는 게 아니다. 이성애자나 40세 이상이나 왼손잡이에게만 있는 것도 아니다. 공정성은 인간의 DNA에 있다. 그와 대조적으로, 역사가 주는 교훈은 분명하다. 전 사회에 걸친 공정성의 균형은 일부 사람들에게 불이익을 준다는 것이다. 그게 핵심이다. 롤스가 말했듯이, 우리가 해야 하는 일은 모두가 최선의 삶을 살 수 있는 기회를 동등하게 갖도록 하면서 가장 혜택을 받지 못하는 사람들을 보호할 방법을 찾는 것이다.

공정성이 영국만의 개념은 아니다. 하지만 영국에서, 그리고 영국이 문화적 조상인 국가들에서 다른 국가들보다 오랫동안 고려되어 왔고, 우리의 언어와 관계에서 더 중심적인 역할을 하고 있다. 물론 영국이 공정성에 관해 이야기한다고 해서 다른 국가보다 더 공정하다는 의미는 아니다. 그리고 영국인의 삶은 다른 문화와 국가들에서 나온 많은 철학적 개념(예를 들어, '운명 karma'이나 '선 zen')을 받아들였다. 합리적인 세계인들은 모든 국가와 인종에 가장 도움이 되는 생각을 세계 어디에서든 빌려온다.

그것이 우리가 처음에 다루기 힘든 많은 인원으로 무리를 이룬 이후 해온 일이다. 가장 오래된 첫 사회의 창조 신화(우리가 하나의 종으로서 평등한 수렵 채집인에서 계층적인 농민으로 어떻게 진화했는지를 가장 많이 접한 사람들이 전하는 이야기다)는 역동성과 안정성, 질서와 혼돈, 젊음과 경험 사이의 균형을 찾는 이야기였다. 변화는 좋지만 달라지지 않는 것도 좋다.

사회의 규칙을 정할 때 페어플레이라는 개념이 포함된 곳에서는 그 개념이 모두를 포용하는 한, 모두가 더 나은 사회를 향해 나아간다. 합리적인 세상은, 좋은 생각을 거부할 이유를 찾기 위해 사전적 정의들을 샅샅이 훑는 변호사처럼 행동하기를 멈출 것이다. 그리고 모든 계층의 모든 구성원을 그들이 누릴 수 있는 삶의 가장 높은 수준까지 데려가기 위해 가장 좋은 지식을 선생님처럼 나눌 것이다. 우리는 역사에서의 공정성 부분을 살펴볼 때, 특히 공정성과 제국 부분을 볼 때 모두를 위한 공정성이 무엇인지, 서양의 백인 철학자와 과학자가 마치 학생처럼 답했던 문제들을 살펴볼 것이다.

불공정은 공정의 반의어일까?

당연한 것을 묻는 것처럼 보일 수도 있지만, 이 두 단어가 서로 반의어가 아니라고 말할 수 있는 강력한 논거가 있다.

신경학 연구 결과들을 살펴보면 불공정을 인지했을 때의 반응은, 자신에게는 긍정적이지 않을 수 있지만 대상자에게는 긍정적인 효과를 미치는 결정, 즉 결과가 공정한 결정을 내릴 때 활성화되는 뇌의 보상 기능 영역과 다른 부위가 활성화되는 것이다. 이에 대해 곧 더 자세히 살펴보겠지만, 지금은 배쪽 선조체ventral striatum와 내측 안와 전전두피질orbital and medial prefrontal cortex(뇌의 보상 영역)이 공정성 반응을 일으킨다고 하면 충분하다. 한편 불공정성 반응('도덕적 혐오 감'이라는 유쾌한 이름의 범주로 분류된다)은 전방 뇌섬엽anterior insula이 라는 곳에 나타난다.

반응 위치가 다르다는 사실은 불공정성을 감지하는 것이 무엇 이 공정한지 판단하는 것과 다른 계산임을 시사한다.**14** 신경 과학자 들과 진화 심리학자들에 따르면, 우리가 불공정성을 강하게 느끼는 이유는 그 신호를 무시할 경우 사회적 계층 측면에서 우리의 위치가 위협받게 된다는 신호이기 때문이다. 불공정성을 인지했을 때 원숭 이의 반응은 통제할 수 없는 분노에 가깝다. 집단 내에서 동물의 지 위에 불이익을 주는 처우는 생존 자체를 위협하기 때문이다.

그러나 공정한 결과에 대한 훈훈한 느낌은 삶의 균형에 일부 도 움이 되었음을 나타내기 때문에 비교적 덜 심각하다. 이는 불공정성 과 같은 크기의 반대되는 힘이 아니다. 상호 의존적인 소규모 사회 적 집단에서 불공정한 대우를 받는 것은 생존 가능성뿐만 아니라 배 우자를 찾을 가능성에도 영향을 미치기 때문이다. 10대 또는 청소년 아무에게나 물어보라. 불공정한 대우는 단지 운이 나쁜 하루에 그치 는 게 아니라 삶 자체가 불운해질 수 있다는 경고 신호다.

그러면 우리는 왜 불공정성을 공정한 결과에 느끼는 방식과 다 른 방식으로 느낄까? 뇌가 사건의 본질이나 균형에 대해 논리적 계 산을 하기 전에 찾아오는 더 본능적인 반응 때문이다. 뭔가가 공정 하다는 느낌은 곧바로 느낄 수도 있지만, 본능을 느꼈다기보다 결론에 이른 것처럼 느껴진다. 반면 불공정성은 마음을 어지럽힌다. 이 느낌이 우리의 진화 측면에서 얼마나 오래되었고 뿌리 깊은지는 다음 장에서 살펴보겠다.

우리의 언어 사용은 공정성과 불공정성 사이의 질적 차이를 보여주는 신뢰할 만한 또 다른 지표다. 처음에는 fair의 반의어가 unfair(불공정한)가 아니라 foul(반칙)이었다. 초기 현대어법에서 사전 편찬자가 말하는 페어플레이의 반의어는 불공정한 플레이가 아니라 반칙 플레이였다. 불공정한 플레이가 반의어가 된 것은 페어플레이가 축구 또는 크리켓과 같이 질서 있는 활동의 규칙과 연관되면서부터였다. 크리켓 규칙 42조 또한 우리가 앞에서 본 바와 같이 페어플레이와 불공정한 플레이에 관한 규정이고, 20세기 후반이 되어서야 경기 규칙으로 쓰이기 시작했다.

물론 더 오래전에는 fair가 'fair maiden(아름다운 아가씨)'이나 'fair weather(맑은 날씨)'처럼 사물이나 상태의 모습이나 특성을 묘사하는 단어로 쓰였다. 나는 fair의 반의어로 foul(반칙)이라는 단어를 사용하는 것이, 그 의미를 날씨와는 같은 범주에 넣지만 아름다움과는 다른 범주로 분류한다는 사실에 충격을 받았다.◆ 현대에 들어서는 못생긴 사람한테 '얼굴이 반칙'이라고 말하지 않고(셰익스피어는 그렇게 말하긴 했다[15]) '얼굴이 불공정'하다고도 말하지 않는다.

이 두 반의어는 뇌에서 차지하는 부위도 대조적이라고 할 수 있다. 긍정적인 것, 즉 공정은 보상 영역에 있고 부정적인 것, 즉 반칙

◆　　foul weather는 악천후라는 의미로 쓰인다.

은 우리가 냄새 또는 누군가의 음란하거나 부도덕한 행동을 묘사할 때처럼 혐오감 영역에 속한다. 애나 비어즈비스카는, 공정(날씨, 아름다움, 기타 다른 의미가 아니라 도덕관념으로서)이라는 단어는 긴 문구가 간단해진 거라고 하면서 '페어플레이'의 축약된 형태로 볼 수도 있다고 말했다. 이 이론에 따르면 공정성은 '플레이의 공정성' 또는 '행동의 공정성'과 같이 제대로 표현되어야 한다. 나는 이런 일이 영어라는 언어에만 있는지 궁금하다. 아마 우리 조상들은 뇌에 뚜렷하게 존재하는 공정성과 불공정성이 대립하는 느낌을 표현할 방법을 찾다가 기존 단어를 활용했을 것이다. 공정이라는 단어는 긍정적으로 깨끗함과 행복을 의미하고(보상), 반칙이라는 단어는 더러움, 역겨움과 거부를 의미한다(혐오감). 다시 말하자면 어휘는 오래된 감정들이 존재하는 뇌의 영역에서 나온다. 그것들이 영어에만 다르게 적용된 이유는 섬에 사는 잉글랜드인(영국인)이 수 세기 동안 협력, 그리고 협력자들 간 계약의 개념을 가지고 있었기 때문일 수 있다. 그 점이 다른 사회와 약간 달랐고 생존에 중요했다. 이것이 하나의 이론이다.

하지만 지금은 뇌를 자세히 살펴보려고 한다. 공정성이 어디에 있는지, 그리고 우리가 생각하는 방식과, 우리가 처한 상황뿐 아니라 다른 사람에게 반응하는 방식에 공정성이 얼마나 많은 영향을 미치는지 알아보겠다. 그러면 공정성이 우리 삶의 중대한 균형에 얼마나 중요한지 실마리를 얻을 수 있을 것이다.

03

신경학과 심리학에서의
공정성 연구

다른 종들은 공정성 개념을 인식할까?

간단히 대답하면 그렇다. 하지만 아닐 수도 있다. 우선 포도에 대해 생각해야 한다.

영장류가 공정성을 지나치게 잘 이해하고 있음을 아주 확실하게 보여주는 유명한 영상[16]이 있다. 2000년대 초반, 조지아주의 에머리 대학교에서 일하는 두 영장류 학자가 협력 공동체 내에서 일어나는 교환의 성질에 관해 탐구하기 시작했다. 실험 대상은 꼬리감는원숭이였다.

세라 브로스넌Sarah Brosnan 박사와 프란스 드 발Frans de Waal 교수는 교환 과정이 어떻게 일어나는지 이해하기 위해서 교환의 성질에 대해 간단한 실험을 실시했다.

안이 다 보이는 똑같은 우리 두 개를 나란히 놓고 각 우리에 꼬리감는원숭이를 한 마리씩 넣었다. 우리에 들어간 원숭이들은 서로 바라볼 수는 있지만 접촉할 수는 없었다. 두 마리 모두 아크릴 우리에 뚫린 구멍을 통해 과학자에게 조약돌을 받은 다음, 그것을 다른 구멍으로 돌려주도록 훈련받았다. 이 간단한 과업을 완수하면 작은 보상으로 음식을 주었다. 처음에는 두 원숭이가 모두 같은 음식, 즉 오이 한 조각을 받는 기간이 있었다. 영상은 새로운 기간이 시작되는 부분을 보여준다. 한 원숭이는 보상으로 오이 한 조각을 받고 다른 원숭이는 보상으로 포도를 받는다. 포도는 꼬리감는원숭이가 오이보다 선호하는 먹거리였다. 이 편애 행위를 첫 번째 원숭이가 알아챈다. 후에 바로 과학자가 첫 번째 원숭이에게 같은 과업을 반복하게 하고 오이 한 조각으로 보상한다. 효과는 즉각적이다. 원숭이는 잠시 오이를 살펴본 후 우리의 구멍으로 팔을 뻗어 과학자에게 오이를 도로 내던져 버린다. 그리고 뛰기 시작한다. 우리를 흔들고, 팔을 다시 뻗고, 아크릴 벽을 철썩 때린다. 누가 봐도 성질을 부리는 듯이 보인다. 분노는 즉각적이고 분명하다. 불공정한 대우에 반발하는 것이다.

우리의 영장류 조상들이 이 감각을 발달시킨 기간은 단정하기는 어렵지만, 수천만 년까지는 아니더라도 수백만 년으로 측정된다. 우리의 거래 능력도 마찬가지다.[17] 무척추동물에게서 공정성을 발견했다고 주장하는 사람은 아직 없지만, 일부 과학자들은 곤충 종이 짝짓기에서 유리해지기 위해 거래하는 성향을 타고난다고 주장하기도 한다. 드 발은 개와 새가 불공정한 대우를 감지한 징후를 보였다고 말했다. 하지만 그 징후가 영장류의 행동과는 성질이 다르다고 생각하는 연구자들도 있다.

원숭이를 연구하면 부정적인 반응을 통해 불공정성을 거부하는 것이 왜 그렇게 기본적이고 본능적인 감정인지 알아내는 게 어렵지 않다. 이것은 단지 평등한 대우를 추구하는 것과는 다르다. 원숭이와 유인원은 (현대 인류가 그렇듯이) 모든 개체가 평등진 않은 사회에 산다. 계급은 다른 특성들 중에서도 나이, 성별, 크기를 기준으로 올라간다. 드 발과 브로스넌은 실험을 하기 위해 집단 내에서 비슷한 지위를 가진 꼬리감는원숭이들을 신중하게 골랐다. 생존과 번식에 필수적인 자원 분배에 있어서 계급이 어떠한 역할도 하지 못하는 환경에서는, 같은 일에 같은 보상을 받는 것을 확실히 해야 한다. 불공정한 대우를 받아들이는 것은 배우자 선택이나 필수적인 자원 분배에서도 불공정한 대우를 받을 수 있다는 사실을 받아들이는 셈이다. 유전자를 퍼뜨려 자신의 존재를 확장할 가능성을 최대로 키우기 위해서는, 행동 과학자들이 '사회적 불평등 혐오social inequity aversion'(최대한 다른 구성원들이 가져가는 몫만큼 뭔가를 얻겠다는 희망으로 제안을 거절하는 것)라고 부르는 것을 발달시켜야 한다.[18]

그리고 진화론적인 측면에서는 그게 삶에서 유일하게 중요한 것이다.

앞 장에서 봤다시피, 공정성이 불공정성의 반대라는 생각은 잘못되었다. 다른 종들이 불공정한 대우를 인식하는 것은 분명하지만 그렇다고 해서 공정한 대우도 인식한다고 말하는 것은 비약이다. 만약 그 특성을 불공정성에 부정적인 반응을 보이지 않는 경우에만 관찰할 수 있다면, 그것은 진화에 도움이 되지 않는다. 따라서 살아남지 못했을 수도 있다. 하지만 우리 종의 계보에서 더 최근의 시점이긴 하나, 공정성이 선행 인류의 공동체에 등장하기 시작했다. 드 발과 브로스넌의 실험은 유명하지만, 브로스넌이 침팬지를 대상으로 오이/포도 실험을 한 번 더 했다는 사실은 덜 알려졌다. 진화적 측면에서 우리와 침팬지의 거리만큼 꼬리감는원숭이와 거리가 있는 종

중 실험에 참여한 개체가, 다른 유인원도 포도를 받을 때까지 포도 받기를 거부한 사례가 일부 있었다. 침팬지가 사회생활에 있어서 평등주의를 지향하지 않는데도 그렇게 했다는 점은 주목할 만하다.

이 모든 실험들은 영장류가 더 잘 협력하고 경쟁 상대를 굴복시키기 위해 불공정성에 대한 원시적인 인식보다 더 정교한 무언가가 진화되어야 했음을 시사한다. 불공정성 인식이 다른 특성들과 결합했을 때 우리는 비로소 공정성이 공정성 자체를 높이기 위한 인간 행동 발달에 역할을 하기 시작했다고 말할 수 있다.

이 특별한 주제에 대한 관심은 앞에서 말했듯이 비교적 새로운 것이다. 1987년에 리처드 알렉산더 Richard Alexander의 책 『도덕 체계의 생물학 The Biology of Moral Systems』이 출판되었는데, 이 책은 정의와 공정성 같은 도덕적 문제들을 인간 사상의 역사가 아니라 그보다 훨씬 더 긴 진화 역사의 맥락에서 연구하도록 촉구했다. 알렉산더는 도덕이 사회적 집단 내에서 이해 충돌을 해결하는 수단으로 진화했다는 의견을 제시했다. 알렉산더의 명제에 확실한 증거를 많이 제공한 드 발은 도덕의 원칙에 세 가지 기둥이 있다고 말한다.

1) 친사회적인 경향: 개인을 서로 완전한 경쟁 상태에 두기보다 집단으로 묶는 행동을 선호한다.
2) 공감과 위로: 다른 사람들이 무엇을 느끼고, 바라고, 두려워하는지 이해하고, 그러한 타인의 감정을 처리하는 방법을 안다.
3) 호혜성과 공정성: 한쪽에만 이익이 되지 않는 행동, 또는 적어도 남들이 용인할 수 있는 범위를 넘어서지 않는 행동에 전념

하는 능력 및 결과의 균형이 언제 달성될 수 있는지 판단하는 능력이다.

많은 포유동물(그리고 심지어 물고기, 새, 벌이나 개미 같은 곤충)에게는 친사회적인 경향이 있지만 공감 능력은 거의 없다. 사실 내가 아는 한, 호모 사피엔스가 아닌 다른 종들은 동종의 미래 지향적 호혜성(심리학자들은 '간접적' 호혜성이라고 부른다)을 거의 가지지 않는다.[19]

영장류의 협력에 관한 로버트 여키스Robert Yerkes와 같은 과학자들의 연구는 침팬지가 호혜성의 이익을 이해하고 그 이익을 얻기 위해 이해 충돌을 해결할 수 있음을 보여준다. 여키스의 가장 유명한 실험은 음식 상자를 손이 닿는 곳까지 끌어당기기 위해 협력해야 하는 침팬지들을 촬영한 것이었다.[20]

침팬지들의 이해는 즉각적이다. 침팬지들은, 이런 상황에서 말그대로 누가 덩칫값을 하는지 볼 수 있다. 인간 사회에서 집단의 각 구성원들은 공동 사업에 참여한 사람들 중 누구의 계좌에 돈이 있는지 볼 수 있다. 거래와 자본주의에 필수적인, 미래 기업에 '투자'하는 역량을 더 높은 수준으로 정교화하려면, 당신의 유익한 행동에 앞으로 호혜성으로 보답'할' 거라 생각되는 사람들에게 어떠한 능력을 행해야 한다. 그 능력은 바로, 신뢰다. 내 전 상사인 리처드 에덜먼Richard Edelman이 항상 말하는 것처럼, 신뢰는 인간의 가치를 보여주는 미래 지향적 특징이다(그리고 신뢰를 가지려면 공정성 또는 최소한 불공정성을 감지하는 능력이 있어야 한다).

드 발과 브로스넌은 원숭이가 공정성, 더 정확하게는 불공정성 개념을 갖고 있다는 사실을 보여줬다. 불공정성에 반발할 수 있는 능력은 침팬지와 그들의(우리의) 가까운 사촌인 보노보bonobo가 이룰 수 있었던 지능 발달과 결합해 호혜적 행동의 일부가 되었다. 그리고 우리가 공정성이라고 부르는 것을 위한 여정을 시작했다.

다윈Darwin은 인간 본성이 어떻게 진화했는지에 대한 이론적 분석 과정에서 이 사실을 먼저 발견했다. 『인간의 유래』에서 다윈은 고대인의 사고력과 예지력이 향상되었기 때문에(언어의 도래도 틀림없이 도움이 되었을 것이다) 동료 인간을 돕는 행동이 도움을 받는 보답으로 이어졌을 거라고 말했다. 선행이 습관이 되었을 때 다른 사람들에 대한 공감이 커졌을 것이다. 거기에 더해, 도와준 행위에 대해 칭찬(또는 도와주지 않은 것에 대해 비난)을 받는 것이 도움을 주는 행위에 강력한 동기를 부여했을 것이다. '그리고 이 본능 역시 다른 사회적 본능처럼 자연 선택을 통해 본래 타고나는 것이었다.'

다음 장에서 보겠지만 우리는 진화의 과정을 더 많이 거칠수록 생각(그리고 그것을 수행하는 능력)이 더 복잡해진다. 그리고 그 모든 생각은 우리가 이렇게 질문하게 만든다. 우리는 도대체 왜 우리를 다른 동물 무리에서 구별 짓는 것, 그리고 우리의 조상 종들을 항상 구별 지었던 것 중 핵심적인 뭔가를 발달시키려는 노력을 멈췄는가?*

* 내가 여기에서 빠르게 넘기려고 하는 주제가 내가 열망하는 것보다 훨씬 더 철저하고 과학적으로 더욱 상세히 연구되고 기록되어 왔음은 말할 것도 없다. 리싱 쑨Lixing Sun의 『공정성 본능The Fairness Instinct』에는 그 과학적 연구가 훌륭하게 요약되어 있다. 미국에 있

는 센트럴워싱턴대학교 생물학 교수인 쑨은 공정성에 대해 막대한 양의 연구를 해왔고, 자신이 '로빈 후드 정신*Robin Hood Mentality*'이라고 이름 붙인 것이 인간 본성의 기본이라고 생각한다. 개인적으로 나는 약간 신화적인 중세의 정신으로 공정성의 개념을 찾지는 않았으면 좋겠다. 그 정신은 옳고 그름과 선악 개념에 지배돼서 인간이나 종에 기여한 진화의 역할에 대해 잠시도 깊이 생각하지 않는다. 친애하는 로빈이 정말 우리가 종이라고 부르는 것의 개념을 전혀 알지 못했다면 그럴 수 있겠지만, 공정성에는 한 집단의 고통을 덜기 위해 또 다른 집단의 재산을 빼앗는 것 이상이 있다. 그러나 쑨의 학문은 심오하고 그의 책에는 권장할 만한 부분이 많다.

공정성은 인간(그리고 원숭이) 뇌의 어느 부위와 관련이 있을까?

우리가 베토벤 교향곡의 클라이맥스를 들으며 관현악단의 어느 파트에서 어떤 음을 내고 있는지 말할 수 있듯이, 과학자들은 인간 행동을 세부적으로 나눠 어떤 행동이 뇌의 어느 구역에서 비롯되는지 정확히 특정할 수 있다.

그렇다면 공정성은 뇌의 어느 부위와 관련이 있을까? 나는 앞에서 불공정성이 공정성의 반대인지 묻는 질문에, 우리가 그 두 가지 상태에 반응할 때 각기 다른 뇌 부위를 사용하므로 반대가 아니라고 답했다. 과학자들은 21세기에 들어서야 그 반응이 일어나는 뇌의 위치를 밝히고자 노력하기 시작했다. 2008년 캘리포니아공과대학교 연구자들은 아프리카의 학교에서 고아들에게 음식을 어떻게 분배할지 결정해야 하는 상황을 가정했고, 연구에 참여한 지원자들이 분배 결정을 내릴 때 MRI를 촬영했다. 참여자들은 아이들 60명의 정보와 사진을 모두 확인했지만 그중 몇 명에게만 음식을 나눠줄 수 있었다. 일부 아이들에게 음식을 주기로 결정했을 때와, 반대로 나머지 다른 아이들에게는 음식을 주지 않고 굶기기로 결정했을 때, 참여자들 뇌의 각각 다른 부위에서 감정 이입 반응이 나타났다. 연구자들은 이 반응을 공정성, 불공정성 반응이라 칭했다. 내가 앞에서 공정성과 불공정성이 반의어인지 답하며 언급했던 증거가 이 연구 결과에서 나왔다. 연구 참여자가 음식을 전달할 수 있을 때 보인 긍정적 반응은 안와전두피질orbital frontal cortex, 즉 과학자들이 편의상 뇌의 '보상' 중추라 부르는 곳에서 나타났다. 음식을 주지 않을 때의 부정적 반응은 감정적 반응과 관련된 뇌섬엽, 특히 전방 뇌섬엽이라는 부위에서 발견되었다.

그러나 이 발견은 공정성에 관한 과학적 연구의 시작에 불과했다. 캘리포니아대학교 로스앤젤레스 캠퍼스의 매슈 리버먼Matthew Lieberman 연구팀은 최후통첩 게임을 광범위하게 적용해 다른 연구자들에게 측정의 척도를 제시했다. 이 연구는 불공정성에 대한 우리의 인내심 또는 공정성에 대한 긍정적 반응에서 뇌가 보이는 특성과 순간적인 호르몬의 영향을 판단하는 데 기준점이 되었다. 이 척도와 캘리포니아공과대학교의 연구는 다른 연구자들이 이러한 반응들의 더 정확한 위치를 찾을 수 있도록 이끌었다.

한편 리싱 쑨은 정의가 구현되는 두 가지 주요 형태인 절차와 분배에 공정성을 적용할 때도 우리 뇌가 얼마나 다르게 반응하는지 설명한다. 절차적 정의는 정의가 구현되는 방법의 구성과 수행, 그리고 그 '절차'의 공정성에 관한 것이고, 분배적 정의는 정의의 성과와 '결과'의 공정성에 관한 것이다.

첫 번째, 절차적 정의에 대한 반응은 사회 인지와 관련된 뇌 영역에서 나타난다.[21] 사회 인지는 사고 과정의 기본을 이루는 부분으로써 다른 사람들과의 관계에서 자기 자신을 어떻게 평가하는지를 결정한다. 앞에서도 이야기했지만, 관계를 파악하는 것은 우리가 할 수 있는 생각 중 가장 중요한 것이다. 쑨 교수는 이로써 사람들을 설득해야 할 필요가 있음을 잘 보여준다고 말한다. 어떤 절차가 표면적으로는 불공정해 보이더라도 사회가 잘 기능하기 위해, 즉 공동의 이익을 위해 필요하다는 사실을 사람들에게 설명해야 한다. 코로나 바이러스의 확산을 막기 위해 이동의 자유를 제한한 것도 그러한 사례 중 하나다. 대규모 봉쇄 조치에 집단 거부 사태가 심심치 않게 발생했던 이유는 정부의 소통 부재 때문이었다. 다른 사람들의 안녕을 위해, 또 취약한 의료 시스템이 계속 작동하도록 하기 위해 자유를 제한해야 하고, 그 제한은 정당한 조치라고 사람들을 설득해야 했다. 그러나 설득하지 못했고, 결국 절망적인 결과로 이어졌다.

두 번째, 결과에 대한 반응은 뇌의 다른 부위에서 일어난다.[22] 이 부위는 감정적 반응과 관련이 있는 부위다. 그래서 일부 사람들은 과정에서의 문제보다 결과에 더 본능적으로 반응한다고 쑨 교수는 말한다. 예를 들어 자신에게 분배된 몫이 다른 사람들과 비교해 어느 정도 불공평한지 보거나 인식하게 됐을 때 그런 반응이 나타날 수 있다. 따라서 다른 부위에서 일어나는 정신 활동도 마찬가지지만 사람마다 반응의 정도가 다르고 자극에 대한 민감도가 다르다고 하면, 결과에 본능적으로 반응하는 사람들과 과정에 더 초점을 두는 사람들을 합의로 이끄는 일이 왜 항상 쉽지만은 않은지 알 수 있다. 간단하게 말하면, 세상에는 법에 더 신경을 쓰는 부류와 정의에 더 신경을 쓰는 부류가 있고 그 사람들은 애초부터 그렇게 프로그래밍이 되어 있다. 코로나바이러스 사례에서와 같이, 어떤 상황에서도 가능한 한 많은 사람에게 절차들의 사회적 필요성, 그리고 불공정한 결과로 인식될 수 있는 일의 사회적인 편익에 관해 이야기하는 것이 사람들이 공정성을 폭넓게 수용하는 데 있어 매우 중요하다.

결과의 불공정성에 반응하는 뇌 부위가 혐오와 고통 반응도 지배한다는 사실은 반복해서 말해도 좋을 만큼 중요하다. 2016년 한 과학자 집단은 이러한 반응들이 하나의 단순한 신경 신호 묶음에 의해 지배되는지 아니면 반응 유형에 따라 신경 신호들이 바뀌는지를 밝히기 위해 연구에 착수했다. 과학자들은 연구 참여자 19명의 반응을 MRI 분석을 통해 연구했고 결국 신경 신호들이 모두 같은 기능을 수행하고 있다는 결론을 내렸다. 불공정성은 '호모 사피엔스'의 진화에 따른 복잡성 증가에도 불구하고 분리되지 않았으며 아주 오랜 세월 동안 그대로 있었다. 단지 그것을 나타내는 '불공정성'이라는 용어가 최근에 생겼을 뿐이다.

이러한 반응들은 우리가 사회 집단 내에서 제대로 기능하는 데 꼭 필요하다. 뇌 부위 중 이러한 반응들이 일어나는 위치는 우리 인간이 하나의 종으로서 어떤 존재인지, 그리고 왜 그렇게 도덕적 문제로 고심하는지 많은 것을 설명해 준다. 특히 우리의 뇌가 스트레스를 받아서 자주 긴급하게 투쟁-도피 반응◆을 보여야 할 때 더욱 그렇다. 그럴 때는 진화론적인 측면에서 상대적으로 복잡한 공정성 반응 대신 아주 오래전의 원시적인 반응으로 돌아가기 때문이다. 쑨 교수가 지적했듯 대규모로 무리를 이루더라도 협력적인 행동이 없으면 어떤 동물에게도 크게 도움이 되지 않는다. 쑨 교수는 영양이나 대규모 무리를 이루는 종들을 예로 든다. 이 동물들은 무리를 이루더라도 물웅덩이에 무사히 도착하는 것 등의 목적을 달성하고 나면 서로 보호하거나 도우려고 애쓰지 않는다. 그런 관점에서 보면 꿀벌이 영양보다 더 진화된 종이다.

지난 몇 년간 인간이 서로 어떻게 관계를 맺는지에 대한 연구가 많이 이뤄졌고, 특히 인간의 집단적 특성에서 긍정적인 측면을 발견했다는 사실은 그리 놀라운 일이 아니다. 캘리포니아대학교 샌디에이고 캠퍼스의 마이클 맥컬러프**Michael McCullough**, 듀크대학교의 브라이언 헤어**Brian Hare**와 버네사 우즈**Vanessa Woods** 같은 작가들은 인간 본성의 협력적이고 이타적인 측면이 우리에게 어떤 영향을 미쳤는지를 구체적인 과학적 데이터를 이용해 보여줬다. 그들은 친절함과 다정함이 우리가 하나의 종으로 진화하는 데 어떻게 도움이 되었는지

◆　긴장되는 상황이 발생했을 때 뇌는 맞서 싸울지 아니면 도망갈지 둘 중 하나를 선택하게 되는데, 그 과정에서 자율신경계를 구성하는 교감신경과 부교감 신경이 영향을 받아 심장 박동과 호흡 속도 증가, 위와 장의 움직임 저하 등 생리적 각성 상태가 나타나는 현상을 말한다.

설명한다. 친절함은 공정성과 같은 것인가? 맥컬러프, 헤어, 우즈와 같은 연구자들은 우리의 많은 반응이 뇌의 같은 부위, 특히 내측 전전두피질medial prefrontal cortex에서 일어난다고 말했다. 물론 비열함보다는 친절함이 우리에게 더 필요한 특성이라는 사실은 '흔쾌히' 받아들일 수 있지만, 친절함은 공정성과 다르다. 공정은 친절이 아니고 그냥 공정이다. 우리는 우리가 가치 있게 생각하는 것과 다른 사람이 가치 있게 생각하는 것을 교환할 때 상대에게 친절하지 않다. 그들이 받아야 하는 것을 줄 만큼 친절하지 않다. 그래서 나는 공정하지 않으면 친절할 수 없지만, 친절하지 않고도 공정할 수는 있다고 말한다.[23]

간결함을 위해 공정성과 불공정성이 우리의 두개골 안에 있는 훌륭한 계산기에서 어떻게 그리고 어디에서 처리되는지를 많이 건너뛰었다. 과학적 욕구를 가지고 더 깊게 살펴보는 것은 우리를 도파민 뉴런, 방추 세포, 의식의 미로에서의 경로와 전달 물질의 세상으로 데려갈 것이다. 그리고 보상과 처벌, 매력과 혐오, 좋은 결과와 나쁜 결과의 차이를 가르쳐 줄 것이다. 쑨 교수의 책이 우리를 그 세계로 안내할 것이다.[24]

지금은 그냥 인류가 그렇듯 아주 오래된 진화 단계에 공정성의 기원이 있다는 사실에 집중해 보자. 우리가 사회적 동물로서 상호작용이 더 복잡해졌을 때, 공정성이 우리 안에서 진화했든 아니면 공정성이 진화의 원인이었든 한 가지는 확신할 수 있다. 인간의 진보와 페어플레이 감각 사이에는 인과 관계가 있다는 사실이다.

이러한 상관관계와 인과 관계의 세부 사항을 알아보기 위해 과학자들이 이용한 몇 가지 실험과 게임을 곧 살펴보겠지만, 지금은 그저 공정성이 우리 안에 얼마나 깊이 자리 잡고 있는지 기억하자. 공정성은 인종이나 종교, 행동을 근거로 다른 사람들에게 갖는 편견과 같이 분열적인 과정보다 오래되었다. 공정성은 아마 그런 편견들을 만들고 조장하는 부족주의(친구와 적을 구별하고 친구와 같은 편에서 적과 싸울 필요성)보다 깊이 자리 잡지는 않았을 것이다. 하지만 나는 공정성이 우리 정신의 윤활유가 되어 비도덕적인 본능을 극복하게 할 수 있음을 보여주고 싶다.

공정성은 신뢰와 거래의 선봉에 서서 불신의 경계를 넘어갈 방법을 제공한다.

심리학자들이 했던
공정성 실험과 게임들

원숭이로 실험하는 사람이 누구인가? 당신은 등록금이 비싼 미국 대학의 학생들부터 나미비아의 관목지나 파푸아뉴기니의 밀림에 사는 수렵 채집인들까지 각계각층의 사람들에게 손쉽게 공정성을 시험할 수 있다. 최후통첩 게임의 광활한 세계에 온 것을 환영한다.

최후통첩 게임은 심리학자들 사이에서 역사상 가장 흔하고 인기 있는 게임이다. 대체로 정말 쉽기 때문에 결과로 많은 수치를 제시하고, 다양한 인간 본성을 측정하고 비교하는 데 사용될 수 있다.

게임은 어떻게 진행될까? 우선 두 사람을 데리고 온다. 한 사람을 제안자라 부르며 약간의 돈을 건네고[25] 수령자라고 부를 다른 한 사람의 옆에 앉힌다. 제안자는 다른 한 사람에게 돈을 어떻게 나눌지 제안해야 한다. 제안을 받은 사람이 자신에게 할당된 몫을 받아들이지 않으면 돈을 다시 뺏기고 두 사람 다 한 푼도 받을 수 없다. 그리고 그 사실을 둘 다 알고 있다. 그래서 제안하는 사람에게는 상대가 받아들일 만한(공정한) 제안을 해야 하는 동기가 있고, 제안을 받는 사람에게는 공정한 제안 또는 적어도 참을 수 없을 정도로 불공정하지는 않은 제안을 거절하지 말아야 하는 동기가 있다.

무엇이 공정하고 무엇이 불공정한지, 어디에 선이 그어지는지가 과학자들의 즐거움이 시작되는 지점이다. 이 게임에서 나올 수 있는 모든 결과를 생각해 보라. 제안자인 당신은 과학자에게 받은 10파운드 중 1파운드를 주겠다고 수령자에게 제안하면서 원래는 두 사람 모두 돈이 없었으니 1파운드도 예상하지 않았던 이익이라고 설득할 수 있다. 합리적 선택 이론rational choice theory이라고 불리는 심리학 이론에 따르면 그게 바로 일어나야 하는 일이고, 같은 이유로 수령자는 '그래, 나는 조금 전까지만 해도 돈이 하나도 없었잖아. 아무 대가 없이 1파운드를 받는 거야'라고 생각해야 한다.

그러나 실제로는 양 당사자가 그렇게 생각하지 않는다. 수령자는 아마 이렇게 생각할 것이다. '아니, 그건 불공평해. 제안자가 뭘 받기 위해서는 내가 중요하잖아. 그러니 공정한 보상을 받아야 해.' 그리고 제안자는 자신이 수령자라면 어느 정도를 공정하다고 여길지 추측해 보기 위해 수령자에게 충분히 감정 이입을 함으로써 같은 생각을 할 수 있어야 한다.

이와 같이 우리에게는 공정성을 시험하는 순수하고 아름다운 방법이 있다. 두 사람 모두 이익을 얻으려면 가장 자원이 많은(10파운드) 사람이 더 적은 자원을 가진(이 경우엔 자원이 없는) 사람을 위해 해야 하는 가장 작은 희생은 무엇인가? 더 약한 사람도 혜택을 받으려면 힘 있는 사람에게 어떤 제약이 있어야 할까?

이 게임에 대해 생각해 볼 사안들이 많다. 당신의 제안은 사람으로서의 당신에 대해 무엇을 말하는가? 가령 50 대 50의 제안을 거절하는 것은 사람으로서의 당신에 대해 무엇을 말하는가? 이 게임의 수많은 버전을 통해 연구자들이 발견한 사실 중 하나는, 평판이 큰 역할을 할 수 있다는 것이다. 한 사람이 다른 사람의 이력을 거의 모를 때 게임을 하면, 참가자의 평판에 따라 더 많거나 적은 제안을 하거나, 또는 더 많거나 적은 몫에 만족하려는 그들의 의지에 상당한 영향을 미친다.

1982년 쾰른대학교에서 독일 경제학자 베르너 귀트^{Werner Güth} 팀이 최후통첩 게임을 만들어 낸 이후 그 게임을 연구하는 모든 연구자가 발견한 가장 놀라운 사실이 하나 있다. 제안하는 사람들은 이전에 게임을 해봤는지 또는 게임에 대해 들어본 적이 있는지와 관계없이 놀라울 정도로 관대하다는 것이다. 수령자에게 아주 조금만 주려고 하는 제안자는 극히 소수에 불과하다.

프린스턴대학교의 콜린 캐머러^{Colin Camerer} 교수는 최후통첩 게임 수천 건의 결과를 조사했다. 제안의 중간값은 4파운드에서 5파운드 사이였고, 수령자가 거절할 가능성이 50% 이상인 제안은 2파운드였다.

어쨌든 우리는 게임이 평등을 추구한다는 생각에 휩쓸리지 말아야 한다. 사실 훨씬 많은 게임이 똑같이 나누기보다 차이 나게 나누는 것으로 끝난다. 인간의 사고방식에 대한 이 방대한 조사는 평등한 것이 반드시 공정한 것은 아니고, 공정한 것이 반드시 평등한 것은 아님을 확실히 보여주는 듯하다.

당신은 아마 제안자가 모두 잃을 수 있다는 두려움 때문에 한 번의 제안이 확실히 받아들여질 수 있도록 안전하게 제안해야 하는 필요성에 따라 입장을 정한다고 생각할 수 있다. 한 가지만 빼면 그게 명백한 결론일 것이다. 바로 독재자 게임Dictator Game이다. 이 게임의 사악한 버전에서는 수령자에게 거절할 기회조차 허락되지 않는다. 제안자는 1파운드 또는 그보다 더 적게도 제안할 수 있지만 그렇게 하지 않는다. 독재자 게임의 한 버전에서는 제안자가 다음 두 가지 중 하나를 제안하는 것만 허용된다. 1파운드를 주고 9파운드는 내가 갖거나 5파운드를 주고 5파운드는 내가 갖는다. 이때 약 75%의 제안자가 똑같이 나누는 쪽을 선택했다. 평판이 나빠짐을 우려해 그렇게 했는지, 아니면 공감 능력 덕분에 상대방의 입장을 생각하게 되었는지는 아무도 모른다.

이 게임은 뇌의 모든 것을 발견하는 데 활용되어 왔다. 한 가지 예는 한국에서 9세부터 23세 사이의 사람들을 대상으로 했던 연구였다. 이 연구를 통해 수령자가 절반 이하의 몫을 받는 제안을 받아들일 가능성을 높이는 것이 이전에 '사회 인지'와 연결된 적이 없었던 뇌 부위의 두께와 연관이 있다는 사실을 증명할 수 있었다.

2014년의 또 다른 연구에서는 수령자에게 술을 더 많이 마시게 할수록 50 대 50으로 나누는 것보다 덜 호의적인 제안을 받아들일 가능성이 적다고 결론 내렸다. 여기에 우리 모두를 위한 교훈이 있다.

다른 연구들은 더 어린 아이일수록 선물로 받은 것을 나누려 하지 않지만 나이를 먹을수록 더 관대해진다는 사실을 보여주었다. 어른들은 분류하기가 더 어렵다. 사회는 예측하기가 더 어렵다. 인류학자 조지프 헨릭Joseph Henrich은 캐머러 교수와 팀을 이뤄 페루의 정글부터 북극권에 이르기까지 지구상에 남겨진 가장 고립되고 '독자적인sui generis' 사회로 이 게임을 가져갔다. 제안 금액의 평균은 2.7파운드에서 5.8파운드 사이였다. 거절하는 평균 금액은 4파운드에서 0파운드까지 다양했다. 과학자들은 사람들이 무엇을 공정하다고 생각하는지에 문화와 지역 공동체의 관습이 엄청난 영향을 미친다는 결론을 내렸다. 그러나 모든 사람에게는 한계가 있다. 하지만 한계 연구는 최후통첩 게임보다 연구되어야 할 것들이 아직 많다. 연구가 아직 초기 단계에 있긴 하지만, 내가 보기에 가장 중요한 연구 분야는 예일대학교의 크리스티나 스타먼스Christina Starmans 교수와 같은 심리학자들이 하는 연구다.[26] 그녀는 실험실 실험에서 나온 대량의 데이터를 검토했다. 데이터는 마치 인간에게는 어릴 때부터 '불평등 혐오'가 내재되어 있는 것처럼 보였지만, 스타먼스는 이 모든 방대한 연구에서 핵심어는 '실험실'이라고 말했다. 최후통첩 게임과 유사하게, 나눠 가지는 것을 포함하는 이론적인 실험에서 모든 사람이 평등한 분배를 훨씬 선호하는 양상을 보인다. 실험 대상이 18개월 정도 된 어린아이들이든 다양한 연령대의 어른들이든, 좌파 성향이든 우파 성향이든, 남자든 여자든, 피부색이 흑색이든 갈색이든 백색이든 같은 양상을 보였다. 그리고 평등한 분배자 역할을 하는 다른 사람들을 선호하는 경향도 보인다. 그러나 모든 사람이 불평등에 완전히 무지한 모습을 보이기도 했다. 이것은 듀크대학교의 댄 애리얼리Dan Ariely와 하버드 경영대학원의 마이클 노턴Michael Norton 교수에 의해 처음으로 알려졌다.**27** 두 사람은 미국인들이 성별, 인종, 계층에 관계없이 자국에서의 불평등한 부의 분배를 엄청나게 과소평가한다는 사실을 발견했다.

하지만 스타먼스 연구의 진짜 핵심은 다음과 같다. '이상적인' 부의 분배는 어떻게 이뤄져야 하는지 질문을 받았을 때 '똑같이 나누는 것을 제안한 사람은 한 명도 없었다'는 사실이다. 정치적으로 좌파 성향의 사람들과 더 가난한 사람들, 여성들(불평등을 가장 문제 삼는 모든 부문)까지도 더 부유할수록 더 많은 몫을 가지고 더 가난할수록 더 적은 몫을 가지는 분배 쪽으로 기운다. 이상적인 세상에서는 가장 가난한 몫과 가장 부유한 몫 사이의 차이가 현실에서보다 훨씬 더 작다(당시 스타먼스의 기록에 따르면, 1960년대 미국의 CEO와 일반 근로자의 소득 비율이 20 대 1이었던 것에 비해 2016년에는 미국의 CEO가 평균적으로 일반 근로자 소득의 354배를 벌어들이고 있었다). 하지만 이 모든 경우에도 사람들은 '불평등이 아니라 공정성'을 생각한다. 이는 롤스의 무지의 장막 뒤에서 활동하며 자신이 어떤 입장에서 분배를 받게 될지 모를 때도 마찬가지다.

실험실 환경에서 우리는 평등하기를 기대하지만 현실 세계에서는 공정한 결과를 추구한다. 마음은 순수한 공산주의자지만 머리는 계몽된 자본주의자다. 예일 연구에서는 인간이 불평등을 그렇게 싫어한다는 어떤 증거도 발견할 수 없었다. 스타먼스는 그 이유에 대해 불공정한 결과를 보여주는 것 같은 분배 실험이 실제로는 그런 결과가 나오도록 유도되었기 때문이라고 말했다. 이러한 실험 중 하나에서 평등한 결과로 밝혀진 것은 공교롭게 공정한 결과이기도 했다. 성공 – 분배의 사다리에서 자신의 위치를 바꿀(우리가 사회 이동social mobility이라고 부르는 것이다) 기회가 없는 불평등은 불공정하고 모든 사람이 반대할 수 있다. 그러나 우리는 아직 공정성과 불공정성이 '호모 사피엔스'의 본성에 그렇게 내재되어 있는 이유를 추측하고 있을 따름이다.

모든 최후통첩 게임을 합리적으로 요약하면 다음과 같다. 과학자들은 사실 왜 인간이 게임의 전제를 근거로 할 때 예상되는 행동 방식을 따르지 않는지 모른다. 즉 제안자는 잘 넘어갈 수 있는 가장 적은 금액을 제안할 것이고 수령자는 한 푼도 받지 못하게 될까 봐 그 금액을 받아들일 것이다. 이것이 '합리적 선택 이론'을 믿게 만드는 이유다. 그 이론에 따르면 보통 호모 에코노미쿠스homo economicus라고 지칭되는 이상화된(매력적이지는 않더라도) 형태의 인간은 모든 교환에서 항상 최대 '효용'(이것이 그들에게 중요한 것이다)을 선택한다. 하지만 앞에서 이야기했듯이 그런 일은 일어나지 않는다. 아무리 인색한 경우라도 전체의 15%를 주는 제안이 거의 최저 금액이다.

우리 안에 있는 뭔가가 우리에게 불공정한 결과를 피해야 한다고 말하고, 공정하라고 말한다.

우리는 공정한 결과를 추구하고
불공정한 결과를 거부하도록 타고나는가?

최후통첩 게임에서 연구자들은 보통 수령자와 제안자에게 서로 다시 볼 일은 결코 없을 거라고 말한다. 두 사람은 서로 모르는 상태로 시작해 모르는 상태로 헤어진다. 그러나 이것은 제안이나 거절의 금액 수준에 영향을 미치지 않는 듯 보인다. 왜 합리적인 사람이 자신의 삶과 접점이 없는 미지의 상대방과 기록되지 않은 규칙을 지키는지에 관한 몇 가지 이론이 있다. 하나는 진화 게임이론의 선구자, 마틴 노왁Martin Nowak과 카를 지그문트Karl Sigmund가 개발한 '간접적 호혜성'이라는 개념에 의존한다. 이 개념은 친족 관계이거나 친하다는 이유로 호의에 잘 보답하지 않는 누군가에게 호의를 베풀도록 설득하는 특성(내가 앞에서 언급했던 것처럼 지금까지 인간과 극소수의 다른 종들에서만 발견되었다)이다. 사전에 계약하거나 합의하지 않았지만, 그들이 어떤 식으로든 미래에 호의를 베풀 거라는 근거로 그렇게 한다.

노왁과 지그문트는 여러 가지 실험과 게임으로 이 행동이 순수한 이타주의에 입각한 따뜻한 친절이 아니라는 사실을 증명했다. 기부자는 자신이 공동체의 귀중한 구성원이라는 이미지를 상대방에게 심어주겠다는 냉정한 계산을 한 것이다. 때가 되면 그 행동이 그들에게, 이타적으로 보이려고 희생한 것보다 더 큰 가치로 혜택을 줄 이미지 점수Image Score를 부여할 것이다. 나는 이것에 대해 생각할 때 미국의 선거 제도가 떠오른다. 아무튼 노왁과 지그문트는 이 이론이 모르는 사람에게 호의를 베푸는 이유를 설명한다고 생각했다. 좀 더 최근에는 약간 다른 이론이 이미지 점수를 대체했는데, 그것은 '지위 전략Standing Strategy'(동료를 향한 인간의 모든 동기는 공동체 내의 상대적인 지위에 기반한다고 전제한다)이라고 불리는 것이다. 공동체에서 이미 '지위'가 높은 누군가에게 호의를 베푸는 행동은 당신 자신의 지위에 긍정적인 영향을 미친다. 하지만 지위가 낮은 누군가의 부탁을 거절하는 행동은 부정적인 영향을 미치지 않는다. 어떤 이유에선지 미국의 복지 제도가 자꾸 머릿속에 떠오른다.

평판은 서양 사회에서도 물론 중요하지만, 동양 사회에서는 여전히 자아의식에 중심적인 역할을 하므로 유럽과 북미에서는 극단적이라고 생각할 수 있는 반응을 유발할 수도 있다. 일본이나 중국에 있는 체면을 구긴다는 개념에 대해 생각해 보라. 그 개념은 오늘날까지도 사람들이 자기 자신과 가족의 불명예를 받아들이는 모습을 보이기보다 자신을 파괴하게 만든다. 일부 남부 아시아 사회에서 가문의 명예를 위한다는 명목으로 벌어지는 끔찍한 폭력에 대해 생각해 보라. 서양에서는 비교적 최근까지 남자들이 좋은 평판을 얻으려고 결투를 벌였고(내 조상 중 한 분도 1817년 아일랜드의 코노트 지방에서 최후의 결투를 벌였다) '명성'을 지키기 위해서는 죽을 각오가 되어 있었다.

호의와 평판에 대해 생각보다 좀 더 길게 썼다. 사람들이 왜 모르는 사람에게 친절한지 이해하려는 노력이 중요해 보였고 그 노력에 대한 현재의 과학적 접근이 너무 데이터 중심적인 것 같았기 때문이다. 우리의 조상이 그랬고 일부 문화에서 여전히 그렇듯, 평판을 중시하는 것은 분명한 보상을 주지 않는 행동에 충분한 동기를 부여한다.

그 밖에 다른 경우도 생각해 볼 수 있다. 음악을 듣거나 그림을 감상하거나 토스카나의 시골 지역에서 감청색 하늘을 가로지르는 구름을 보는 사람들에게는 눈에 띄는 이득이 없다. 그래도 우리는 그런 행동을 한다. 기분이 좋아지기 때문이다.

그러면 무엇이 타고난 것이고 무엇이 그냥 친절한 것인가? 음, 우리는 불공정성을 거부하는 물리적, 화학적인 충동이 있음을 안다. 꼬리감는원숭이가 가르쳐 준 것이다. 꼬리감는원숭이 실험은 인간과 어떤 관련이 있는가? 드 발의 연구에서 포도를 나눠주는 손이 인간의 맥락으로 번역되면 정부의 손이거나 어쩌면 기회, 운명, 자연, 법의 손일 수 있다. 우리는 원숭이처럼 그 과정과 싸울 수 있는 입장이 아니다. 우리가 할 수 있는 행동의 전부는 불공정성에 대해 큰소리로 항의하는 것이다(항의의 목적은 편애하는 분배가 인식되었고 거부되었음을 '손'이 알게 하는 것이다). 그러한 항의의 숨은 의미는 다음과 같다. 규칙이 깨지면 어느 쪽도 이익을 얻어서는 안 된다. 그렇지 않으면 다른 쪽이 협력을 철회할 것이다.

더 최근의 진화 역사를 살펴보자면, 더 고등 종의 유인원은 그들의 취약한 소규모 공동체의 질서를 유지하기 위해 서로를 친절하고 공정하게 대하려 한다. 보노보와 침팬지는 싸움 후에 관계를 끊기보다 화해하기에 열중한다. 무리 지배가 쟁점이 되고 있는 극단적인 상황을 제외하고는, 그들의 사회가 너무 작기 때문에 배척하면서 무리를 약화시키면 살아남을 수 없기 때문이다. 여담이지만 침팬지는 서로 털 손질을 해주고 서로의 기생충을 먹음으로써 '화해'의 마음을 표현하고 보노보는 섹스를 함으로써 그렇게 한다. 음, 갑자기 보노보가 친근하게 느껴지는 것 같다.

우리는 공정한 대우를 받을 때나 다른 사람들을 공정하게 대해야 하는 입장에 놓일 때 뇌에서 활성화되는 보상 영역이 있음을 안다. 골나즈 타비브니아Golnaz Tabibnia와 매슈 리버먼Matthew Lieberman의 캘리포니아대학교 로스앤젤레스 캠퍼스 팀은 최후통첩 게임을 이용해 게임 상황이 금전적인 보상을 추가로 가져오지 않을 때 공정성과 '배쪽 선조체', 즉 보상 영역과의 관련성을 측정하는 실험을 했다. MRI 장치와 연결된 피실험자들은 그저 공정한 대우를 즐기고 있었다. 앞서 캘리포니아공과대학교 연구에서 피실험자들이 아프리카의 학교에서 한정된 자원을 나눠주도록 요구받았을 때 봤던 것처럼, 뇌의 보상 영역은 공정한 대우를 받았을 때뿐만 아니라 '스스로가' 공정할 때도 활성화된다. 말한 김에 덧붙이자면 다른 감정들, 예를 들어 공정성 개념과 필연적으로 연결되어 있는 질투는 뇌의 훨씬 더 기초적인 부분, 명확히 말하면 변연계와 연결되어 있다.

그러나 좋든 나쁘든, 공정하든 불공정하든, 반응하기 위해 뇌에 존재하는 것은 논리 회로가 아니라 스위치이다. 굳이 생각할 필요가 없다. 그냥 순간적으로 느낄 뿐이다. 불공정성을 거부하는 것은 분명 수천만 년 동안 우리와 함께 해왔고, 더 본능적이다. 우리의 먼 조상들이 불공정성을 거부하지 않았다면 목숨뿐 아니라 번식할 기회도 잃을 수 있었다. 우리는 공정성을 반기는 게 좀 더 최근의 본능임을 안다. 더 하등 종들에서는 분명하게 나타나지 않기 때문이다. 다음 장에서는 기록된 인류사를 살펴보면서 공정성을 어디에서 찾을 수 있는지 살펴볼 것이다. 그러나 공정성은 분명 진화에 의한 더 최근의 산물이고 아마 우리가 공동체에서 사는 방법을 배운 것과 같은 방식으로 배웠을 것이다. 그래서 개별적으로 해야 하는 일이 줄었고 엉덩이로 앉아 그냥 쉴 수 있는 여가 시간이 좀 더 많아졌다. 공정한 대우를 받는 것이 불공정한 대우를 받는 것의 반대라는 사실을 깨닫기 시작했을 때 공정성의 긍정적인 측면이 우리 안에서 진화한 건 아닐까? 우리는 협력했고, 협력하는 상태를 만들면 우리 조상보다 더 확실한 미래를 가질 수 있었으므로 휴식할 수 있었다. 우리는 이타적인 행동을 덜 계산하고, 그저 다른 사람에게 공정하고 그들에게 공정한 대우를 받는 느낌을 보상으로 즐길 수 있었다.

리싱 쑨 교수는 이렇게 말한다.

> 공정성은 이해 충돌을 해결하려는 정신적 본능이자 행동 규칙으로서 사회생활과 사회 계층에서 생겨난다. 공정성의 뒤에는 두 가지 주요한 선택적 힘인 상호 이익을 위한 호혜성과 사회적 화합을 위한 타협이 있다. 두 가지 모두 협력의 실익을 극대화하는 데 대단히 중요하다.[28]

쑨은 공정성을 '진화의 역사를 거치면서 경쟁적 상호 작용을 통해 생겨난 본능'으로 묘사하기도 한다. 이것은 분명한 사실이다. 나는 공정성이 그런 맥락에서 생겨난 이유가, 한 부류와 다른 부류 사이에서 중재자 역할을 하는 공정성이라는 감각을 통해, 경쟁적 상호 작용이 협력적 상호 작용이 되었기 때문이라고 생각한다. 시간이 우리에게 함께 사는 방법에 대한 시행착오를 겪을 기회를 준 만큼 인류의 역사가 발전했고 협력은 더 큰 집단(가족에서 시작해 대가족, 씨족, 부족, 국민에 이르기까지)에 더 큰 혜택을 줬다.

그래서 이제 역사 이야기를 할 시간이 된 것 같다.

TO BE FAIR

04

역사에서의 공정성

역사와 경고

　내가 역사를 공부했던 최초의 기억은 네 살쯤 되었을 때 호메로스의 『일리아드』를 각색한 만화책을 읽은 일이었다. 나는 당시 플라스틱 장난감 병정들을 가지고 놀았는데, 장난감 병정들이 담겨 있던 판지 상자에는 비인간적인 전사들이 벌인 전쟁들에 대한 정보가 담겨 있었다. 나에게 역사는 항상 중요한 것이었다. 나는 여전히 과거에 우리가 존재했던 방식에 대해 생각함으로써 그것을 오늘날 우리가 존재하는 방식에 대한 모든 생각과 판단의 기초로 삼는다. 당신도 그렇겠지만 나만큼 의식적으로 생각하지는 않을 수도 있다.

　나는 역사가 이 책의 많은 부분을 차지하고 있다는 사실을 사과하지는 않겠다.

　공정한 것은 역사 이야기 중 일부다. 그러나 정말 작은 일부다. 기록된 인류 역사의 더 큰 부분은 공정성의 부재에서 오는 쓰라림 말고는 공정성이 아무런 역할도 하지 않는 듯한 이야기다. 하지만 더 깊이 살펴보면, 공정성이 사실 수천 년에 걸쳐 협력하는 국가의 발달에 도움이 되었다는 사실을 알게 될 것이다. 그러면 공정성이 어떻게 인류의 현재와 미래에 일익을 담당할지를 이해하는 데 도움이 될 것이다.

역사는 정치와 철학에 대한 동료 평가다. 정치가나 사상가가 아이디어를 내놓을 때 과거의 정치가나 사상가의 업적과 비교하지 않는 것은, 과학자가 연구 결과를 같은 분야 경쟁 상대의 실험 결과와 비교하기를 거부하는 것과 같다. 그 과학자가 뉴턴Newton처럼 누구와도 비교할 수 없는 천재이고 연구 내용이 너무 독창적이어서 다른 사람과 비교할 수 없을 가능성도 있지만, 동료의 판단을 두려워하는 돌팔이일 확률이 더 높다.

이어지는 내용에서 나는 인간이 진보하고 퇴보한 수천 년을 처음부터 끝까지 무작정 파고들지는 않을 것이다. 인류 사상의 섬세한 세공을 요약이라는 망치로 산산이 부수려고 한다. 오로지 간결함을 위해 수 세기에 걸친 심오한 가르침을 몇 개의 단락으로 줄여버리고 수많은 역사 분야의 전문가들에게서 격한 분노를 이끌어 낼 예정이다.

미리 사죄의 말씀을 드린다.

최초의 거래가 이뤄졌을 때
고대인들에게는 공정성 개념이 있었을까?

공정성을 측정할 수 있게 한 최후통첩 게임을 개발하면서 우리가 재정 자원의 처리 문제로 관심을 돌린 건 우연이 아니다. 우선 현금, 교환 수단에 관한 이야기를 하려고 한다.

인류 발전의 역사는 교환의 역사라는 그럴듯한 주장을 할 수 있다. 물품의 교환일 필요는 없다. 정보의 교환일 수도 있다. 진보(가장 넓은 의미의 진보로서 반드시 긍정적인 결과를 의미하지는 않는다)는 제약과 호기심, 그리고 야망 때문에 일어난다. 제약은 야망을 좌절시키고 변화시킬 수 있는 방법에 대한 호기심을 일깨운다. 해제된 야망은 제약을 제거하고 더 많은 호기심을 일으킨다. 이 과정은 자원과 공간의 현실적인 한계 때문에 새로운 제약을 가하는 새로운 경계에 닿을 때까지 계속된다.

어떤 경우에는 세상의 지평선 위에 있는 재화를 공유할 기회가 모든 사람에게 있어야 한다는 생각으로 진보가 일어날 수 있다. 공동 사업체를 설립하려는 노동조합주의자의 별난 소망 같은 것을 의미하는 게 아니다. 크리스토퍼 콜럼버스Christopher Columbus, 에르난도 코르테스Hernando Cortes, 프란시스코 피사로Francisco Pizarro는 항해하면서 어떤 재물을 발견하든 한몫 잡으려는 인간의 진보 의식으로 동기가 부여된 사람들이라고 할 수 있다. 이들을 비현실적인 이상주의자라고 부르는 사람은 없을 것이다. 이들로 인해 죽임을 당한 카리브해 섬에 사는 토착 원주민, 아즈텍족, 올멕인, 마야인, 잉카인 수백만 명은 특히 그럴 것이다.

하지만 우리의 먼 선사 시대 조상들은 그런 진보를 알지 못했다. 인간은 오늘날 진보라고 불리는 경쟁의 압박 없이 자신이 이미 가진 것에 만족하는 경향이 있었다. 표준은 경쟁하려는 힘보다 협력하려는 힘 쪽으로 움직인 듯 보인다. 진보라고 부를 것이 정말 거의 없었던 '호모 사피엔스'의 거의 모든 역사 기간 동안, 우리 조상들은 수렵 채집인이었다. 그들의 조상들, 즉 '호모'에 대해 '사피엔스'가 없었던 때(700만 년 전부터 250만 년 전까지)의 조상들도 수렵 채집인이었다. '사피엔스' 종으로 분류되기 시작한 시기는 약 31만 5천 년 전이다. 하지만 뼈를 더 엄격하게 봐서 16만 년 전이라고 주장하는 이들과 고생물학자들 사이에 아직 논쟁이 있다. DNA 연구에 따르면 '호모 사피엔스'의 남계와 여계 모두에서 공통적인 조상이 나타나는 가장 빠른 시기는 약 15만 년 전이다. 어떻게 우리 종이 행성의 곳곳으로 퍼졌는지에 대해서는 학문적 논쟁이 격렬했다. 하지만 원래는 아프리카에 국한되어 있었다가 이동하기 시작하면서 중국(12만 년 전부터 8만 년 전까지), 오스트레일리아(6만 5천 년 전부터 5만 년 전까지), 유럽(4만 5천 년 전부터 4만 3천 년 전까지), 미국(1만 4천 년 전부터 1만 3천 년 전까지, 하지만 4만 5천 년 전일 가능성도 있다)과 같은 세계의 다른 곳들에 이르게 되었다는 것이 현재 중론이다.

　'사피엔스'는 인지적인 발전을 하는 빈도, 즉, 사고방식의 급격한 발전 때문에 이전의 친척들과 달랐던 것으로 보인다. 석기 시대 도구들의 진보에는 수십만, 심지어 수백만 년이 걸렸고 사실상 대략 7만 년 전까지는 추상적 사고의 증거가 전혀 없다. 그래서 과학자들은 최근까지도 우리가 '거래'라고 부르는 것이 발달했던 시기도 이때라고 믿었다. 하지만 2018년 케냐 남부의 올로르게사일리에 Olorgesailie 분지의 30만 년 된 것으로 알려진 유적지에서 발견된 것들은, 무기를 만드는 데 사용되는 흑요석이 거래되었음을 시사했다. 자연에서 흑요석을 얻을 수 있는 가장 가까운 곳이 56킬로미터 떨어져 있었기 때문이다.[29] 고대인들이 장식에 사용한 것으로 알려진 안료 덩어리는 최소 29킬로미터 떨어진 곳에서 나오는 것이었다. 그 장소에 살던 사람들이 흑요석과 소위 '고대의 크레용'이 발견된 장소로 이동했다고 추측하더라도, 최소한 인근의 인간 집단과 이 장소의 위치 정보를 거래했을 가능성이 있다. 살아남으려면 신중해야 했던 인간들은 그렇게 먼 거리를 위험천만하게 아무런 동기 없이 이동하지 않았다. 올로르게사일리에 현장에서 인간의 유적이 발견되지 않았기 때문에 이 장소들을 점령한 종이 '호모 사피엔스'인지 또는 더 가능성 있는 더 원시적인 다른 종, '호모 하이델베르크인homo heidelbergensis'인지는 알 수 없다. 이들은 어떤 형태의 언어도 사용하지 않았던 것으로 보인다. 역사적으로 그 시기에는 어떤 '사피엔스'의 조상도 언어를 사용하지 않았기 때문에, 정보가 거래되었다면 말이 아니라 몸짓으로 전달되었을 것이다. 따라서 거래는 정보가 아니라 물질적인 재화로 이뤄졌을 가능성이 더 크다. 하지만 언어가 발달한 후에는 정보 거래도 재화 거래처럼 가장 흔하고 유용한 초기 거래 형태였을 것이다. 『사피엔스』에서 하라리가 말한 것처럼, 정보 거래는 제안자에게 어떠한 실제적 가치도 희생시키지 않았고, 수령자가 보답으로 유용한 정보를 제공할 가능성이 있었다.

현재 견해는 우리 종에서 일어난 매우 빠른 진보가 인지 혁명 Cognitive Revolution으로 알려진 시기인 7만 년 전에 시작되었다는 것이다. 인지 혁명은 '사피엔스' 뇌의 해부학적 성질에 변화가 일어나 의미를 전달하기 위해 다양한 소리를 만들어 내는 능력, 즉 언어 능력이 촉발된 것에서 비롯되었다고 추정된다. 또 다른 이론에서는 환경 재난, 특히 인도네시아에서의 거대한 화산 폭발로 지구에 수년 동안 겨울이 이어졌고, 그 결과 많은 종이 전멸하고 우리의 조상들도 대부분 목숨을 잃었다고 본다. 이 이론에 따르면 우리의 DNA가 아마도 2천 명에 불과했을 생존자로 집중되면서 오로지 생존을 위해 빨리 진화해야 할 필요성이 절실해졌을 수 있다. 그래서 지적, 신체적으로 능력을 갖춘 사람들이 그 역할을 수행했고, 유전적 소질에서 인지 및 협력 능력이 극적으로 증가하게 되었다. 이 인지 혁명에 박차를 가한 게 무엇이든 이것은 우리 역사의 시작을 나타낸다.

이 사람들은 어떤 모습이었을까? 오늘날 그들을 만나려면 우리가 의사소통할 수 있는(꼭 말로 해야 하는 것은 아니다) 가장 역사가 오래된 동물을 찾아야 할까?

인류학자들은 인지 혁명과 그 후 6만 년의 시간 동안 우리 조상들이 살았던 방식으로 여전히 살고 있는 소수의 남은 인간 무리를 연구했다. 연구 결과 그들은 혈연관계에 기반한 작은 무리를 이루어 살았고 다소 심술궂었다.

20세기까지 온전히 살아남은 수렵 채집인 사회를 연구한 결과, 그들은 한 가지 공통점을 갖고 있었다. 바로 평등주의다. 1990년대 후반, 앤드루 휘튼Andrew Whiten과 데이비드 에르달David Erdal의 연구 결과, 24개의 수렵 채집인 공동체 모두에서 음식과 심지어 지위를 공유하는 모습이 발견되었다.

그 공동체들은 험담과 그것이 평판에 미치는 긍정적 또는 부정적인 영향에 의해 같은 일을 한 사람들에게 같은 몫을 배분하는 규칙이 강제되는 사회였다. 서던캘리포니아대학교의 제인 구달 연구소 소장 크리스토퍼 보엠Christopher Boehm은 콩고 숲의 피그미족◆에 대해 이렇게 썼다.

'험담으로 조장되는 여론은 언제나 무리의 의사 결정 과정을 지배한다. (…) 그리고 사람들은 대부분 평판에 매우 민감하므로 험담에 대한 두려움 그 자체가 선제적인 사회 억제력으로 작용한다.'[30]

1950년대 후반, 영국의 인류학자 콜린 턴불Colin Turnbull은 콩고에서 음부티Mbuti 피그미족이 세푸Cephu(뒤에서도 몇 번 등장할 예정이므로 세푸를 기억해 주기 바란다)라는 '일탈적인' 구성원을 어떻게 대하는지 관찰했다. 세푸는 사냥할 때 자기 마음대로 이동했고 혼자 잡은 고기를 공동의 몫으로 내놓기보다 숨기려고 했다. 원로 회의에서는 그를 무리에서 내쫓기로 결정했는데, 그렇게 되면 그는 목숨을 잃을 수도 있었다. 하지만 세푸는 우리의 유인원 조상들이 했던 것과 비슷한 보복 행동을 통해 작은 무리를 약화시키고 저항하는 모습을 보여주며 사면되었다. 세푸가 규칙을 어겼던 이유는 음부티 문화에 적절하지 않은 개인주의와 진취성 때문이었다.

규칙을 따르는 것은 물론 기록된 게 아니라 동의된 것이지만, 사소한 의무가 아니다. 무리로부터의 추방은 효과적인 사형 선고다. 하지만 그렇게 멀리 갈 필요도 없다. 대부분의 수렵 채집인 사회에서 평판은 매력과 밀접한 관련이 있다. 협력하는 사람으로 보이지 않으면 번식 가능성이 곤두박질친다.

아직 존재하는 이 수렵 채집인 집단들이 우리의 과거 집단주의

◆　주로 아프리카나 아시아에 살고, 성인의 평균 신장이 150센티미터 이하인 종족이다.

집단의 전형적인 행동을 정확하게 반영한다면(그리고 보엠 팀과 휘튼, 에르달이 연구한 집단의 모든 구성원이 집단주의라는 같은 요소를 가졌다면) 고대인이 공정성 감각을 매우 높게 발달시켰음을 알 수 있다. 사실 그들에게 주어진 공정성 의무는 우리가 오늘날 알고 있는 어떤 사회보다도 엄격했다. 권력자(또는 적어도 강력해지려고 하지만 허용되지 않은 사람)에 대한 제한이 있었고, 식량 분배는 단순한 수학적 계산이 아니라 필요에 따라서 이뤄졌다. 불공정을 시도하고 제도를 속이는 행동은 법정 형벌과 심지어 죽음으로까지 이어졌다.

하지만 이 수렵 채집인들이 작은 무리 안에서 서로 공정하고 협력적이었다는 이유만으로 그들이 모두 상냥하고 나머지 생명체들에게 따뜻했을 거라고 생각하면 안 된다. 화석 증거는 수렵 채집인 시기의 부족 간 전쟁이 비록 드물게 작은 규모로 일어났더라도 잔인했음을 암시한다. 이 작은 무리들은 우연히 마주친 '호모'의 다른 종들에게 훨씬 더 공격적이고 무자비했던 게 틀림없다. 중동과 유럽의 네안데르탈인과 동아시아의 '호모 에렉투스homo erectus'는 기원전 3만 년경에 사라졌다.

이런 종류의 삶에 유토피아 같은 것은 없다. 기회균등의 필요성은 인간성의 다른 측면에 제한을 가한다. 세푸와 일부 다른 사람들이 깨닫게 되었듯이 이러한 생활 방식에 반기를 드는 행동은 용서받지 못한다. 서로에게 의존하는 것이 줄어들어서 우리가 천국에 가지 못하는 부작용이 있을 수 있다. 1981년 런던정치경제대학교의 제임스 우드번James Woodburn은 한 선구적인 강의에서 평등한 사회에 대해 '의존에 대한 통제 때문에 도움이 필요한 사람들에게 제공되는 보살

핌을 제한할 수도 있다.'고 말했다.[31] 이 말이 더 나쁜 뭔가를 완곡하게 표현한 것 같다면 직접적인 표현은 이것이다. 수렵과 채집을 하기 위해 한 장소에서 다른 장소로 옮겨갈 때, 무리의 구성원 중 이동 속도를 늦추는 노인이나 환자는 공공의 이익을 위해 버려질까 봐 두려워했다. 원시의 평등 사회는 모두에게 '공정'했기 때문에 모든 사람에게 공정하지 않았다. 달리 말하면 전체에 공정했던 것은 안락사된 개인에게 공정하지 않았다. 보엠은 수렵 채집인 무리가 집단의 이익을 위해 개인의 이익을 억압한 것이 인류의 진화가 왜 협력적 행동과 이타주의 쪽으로 기울었는지를 설명한다고 말하기도 했다. '사피엔스'의 진화는 개인보다 집단 차원에서 이뤄졌다. 이는 벌들이 함께 사는 방식의 개선된 형태였다.

인간은 침팬지보다 훨씬 덜 공격적이고, 심지어 공동의 사촌인 유순하고 모계 중심인 보노보보다도 그렇다. 영국의 인류학자 리처드 랭엄 Richard Wrangham은 최근 발표한 책에서 우리가 다른 종들을 길들였던 방식으로 우리 자신을 길들였다고 말한다. 바로 선택적 번식을 통해서다. 랭엄은 일부 보엠의 관찰 결과를 이용해 수천 년에 걸친 선택적 번식이 종의 가장 공격적인 구성원을 '번식에서 배제'하는 효과를 가져왔다고 말한다. 그는 사형의 원형인 이 방식을 더 파괴적인 '반응적 공격'을 줄이는 '예방적 공격'이라고 부른다.[32]

'줄어든 반응적 공격은 지성, 협력, 사회적 학습과 함께 우리 종의 출현과 성공에 주요하게 기여했다.'[33]

이 말이 의미하는 바는 인간의 역사에서 대부분, 가장 큰 것이 언제나 가장 좋은 것은 아니었다는 사실이다. 강자가 항상 옳았던 것은 아니다. 착한 사람들이 항상 꼴찌였던 것도 아니다. 실제로 그들이 올바르고, 공정하고, 협력적으로 경기에 참여하면 똑같이 일등을 할 때가 많았다.[34]

물론 경쟁과 협력(자신의 이익과 집단의 이익)은 사실 수백만 년 전부터 인류의 진화를 만들어 내는 힘이었다. 그 힘 자체는 성공하기 위해 경쟁했고 최종적으로는 더 강력해지기 위해 화합했다. 개인 사이의 경쟁은 이기심에 보상을 준다. 집단 안에서의 협력은, 좋은 협력자가 더 많은 집단이 좋지 않은 협력자가 많은 집단을 경쟁에서 이길 확률이 높으므로 보상을 받는다. 이것이 왜 '사피엔스'가 네안데르탈인을 이겼는지에 대한 이론 중 하나다. 네안데르탈인은 현대의 경영 컨설턴트가 '경쟁하기 위한 협력'이라고 부르는 것에 썩 능숙하지 못했다. (우리도 지금 그렇게 능숙하다고는 말할 수 없을지 모른다.)[35]

우리의 먼 조상에게는 인간이 다수의 이익과 개인의 이익 사이에서 균형을 이루기 위해 평등이 아닌 뭔가가 필요했다. 다르게 말하면, 오늘날의 공정성이 평등과 다르지만 더 나은 이유를 알고 싶다면 우리의 수렵 채집인 조상을 생각하면 된다.

『사피엔스』에서 하라리는, 우리 종이 지구를 지배하는 이유는 아주 많은 수가 융통성 있게 협력하는 유일한 동물이기 때문이라고 주장한다. 같은 종이지만 친족이나 아는 집단 외부의 다른 구성원들과 함께 일하는 능력이 그 비결이다.

협력을 가능하게 하는 기술 중 하나는 이야기를 다루는 기술이다. 이번엔 단순히 험담이 아니라 형체가 없는 뭔가를 믿게 하는 종류의 이야기다. 신일 수도 있고, 유한책임회사일 수도 있고, 인권과 같은 개념일 수도 있다. 어쩌면 공정성일 수도 있다. 대체로 우리의 이야기는 우리의 문화가 되고, 바위나 나무 같은 물리적 존재가 아닌 것들의 구조에 대한 상상을 공유하는 것이다. 이러한 이야기가 더 중요한 이유는 사회를 결속시키는 방법이기 때문이다.

하라리는 적어도 두 번은 볼 만한 가치가 있는 TED 강연에서 이렇게 말했다.

'인간은 이렇게 말할 수 있습니다. 저기 봐, 구름 위에 신이 있어. 제가 지어낸 이 이야기를 믿는 사람들은 **저와 같이** 규범과 법과 가치관을 따르고 협력할 수 있죠. 이것이 바로 인간만이 할 수 있는 겁니다.'[36]

하라리는 우리가 이중 현실에서 산다고 말한다. 하나는 동물이 실제로 살고 있는 실재하는 현실이고, 또 하나는 언어 능력을 이용해 공동체를 결속시키는 신화를 만들고 공유하는 허구적인 현실(상상한 현실)이다.

나는 공정성이 허구적인 현실의 일부지만 실재하는 현실에 기초한다고 생각한다. 한편으로는 우리가 글을 쓰고 논의하고 이름을 붙일 수 있는 개념이라고 생각한다. 그리고 하라리의 인식으로는 상상한 현실인 페어플레이 같은 개념의 중심에 둘 수 있다. 하지만 우리 종의 유전 정보의 일부라는 점에서 공정성은 실재하는 현실이기도 하다. 공정하지 않거나 불공정성에 반발하지 않도록 태어난 사람들은 비정상적으로 보인다. 우리는 불공정성을 인식할 수 있을 만큼 충분히 공감하지 못하거나 공정할 필요성을 알지 못하는 사람들을 사이코패스 또는 반사회적 인격 장애자인 소시오패스라고 부른다.

따라서 하라리의 말에 따르면, 우리는 공정성을 일종의 다리로 볼 수 있다. 공정성 본능을 공유하는 몇몇 종의 동물과 같은 어려운 현실, 그리고 공정성에 대한 이야기와 이상에 기반을 둔 인간의 '가상' 현실 사이에 놓인 다리다. 이야기와 우화는 인간 사회의 초기 실현에 일조했음이 분명하다. 우리가 아는 최초의 문명에서 확실한 역할을 했기 때문이다. 정착된 문명들, 농업 혁명 이후 수천 년 동안 생겨난 도시 국가와 왕국들은 수렵 채집인들의 삶과 달랐다. 그들은 글쓰기와 그림으로 삶과 사상에 대한 정보를 전달할 수 있었기 때문이다. 그리고 알다시피 그들의 모든 존재 이유는 이야기에 기반을 두고 있었다. 그 이야기들은 최초 문명의 창조 신화고, 최초 문명이 자신과 자신의 과거를 어떻게 보는지 이해하도록 돕는다. 이어지는 내용에서 보게 되겠지만 글쓰기는 그들이 사업을 하고, 거래를 하고, 정부를 운영할 수 있게 했다.

최초의 정착지 주민들은
안전과 자유 간에 공정한 거래를 했을까?

읽고 쓰는 능력이 출현하기 이전 시대에는 사람들이 서로 어떻게 관계를 맺었을까? 그 시대는 오늘날 가장 명석한 연구자조차도 거의 알지 못하는 길고 깜깜한 시간이다. 연구자들은 도자기 파편들과 유적 발굴을 통해 추론함으로써 모든 추측에 이른다. 또 발표한 주장이 새로운 발견과 새로운 유적으로 인해 뒤집힐 수 있다는 사실을 안다. 그것은 다른 누군가가 모종삽을 뒤집음으로써 틀렸음이 입증될 수 있는 고생물학의 업무상 위험이다. 마찬가지로, 그러한 시기의 공정성의 본질에 대한 어떠한 추정도 위험하다. 지금 우리가 확실하게 말할 수 있는 것은, 수렵 채집인들이 살았던 시기에 대한 연구에 인생을 바친 이들이 강하게 추정하는 것이다. 수렵 채집인들은 대체로 평등하고 협력적인 무리에서 살았고, 그 무리는 소규모로 시작해 점점 커졌다. 연구자들은 정착지에 사는 '호모 사피엔스'를 추적할 수 있는 시점부터, 생활 방식이 수렵 채집보다 몸을 많이 움직이지 않는 방식으로 바뀌기 시작하는 건 사실이지만, 초기 정착지들이 과거에서 벗어나는 징후를 보이진 않는다고 말한다. 한 장소에 정착한 최초의 사람들 간 협력 조건이 이전의 수렵 채집인들과 현저히 다르다는 사실을 보여주는 고고학적 증거는 없다. 중동, 인더스 유역, 중국의 여러 장소에서 발견된 주거지들은 대부분 크기가 같다(궁궐이나 대저택은 없다). 그리고 재화, 식량, 그 정착지 내에서 사육된 동물의 잉여분이 차등적으로 분배되지 않는다.

앞에서 본 것처럼, 평등에 부정적인 측면이 있음에도 우리 수렵 채집인 조상들이 평등을 삶의 방식으로 장려하는 데에는 어마어마한 노력이 필요했을 것이다. 그들은 다른 많은 유인원 종들 중에 그들의 사촌이 가졌던 특징이자 '호모'의 초기 종의 특징인 계층을 만들어 유지하고 싶은 욕구를 억눌렀다. 수렵 채집인들이 대체로 집단을 이뤘다면, 평등주의가 계층을 이루는 것보다 진화적으로 유리한 점이 있었을 것이고, 그렇지 않았다면 인류는 여기에 없었을 거라고 생각하는 게 타당하다. 최근의 많은 역사학자들은 농업 혁명 이전의 시대(약 12,000년 전)를 인간이 자연과 더 조화롭게 살고, 잘 먹고, 즐겁게 지내고, 생산적이었던 과거로 봤다. 하라리와 제임스 C. 스콧James C. Scott 등, 이 역사학자들은 다음 단계가 부정적인 단계였다고 생각했다. 그 이유는 짐작할 수 있을 것이다.

초기 도시 사회에 대한 스콧의 최근 역사서, 『농경의 배신』의 논제는 약 5,500년 전 메소포타미아의 비옥한 초승달 지대에 세워진 것과 같은 도시 국가들이 주민들에게는 진보나 인간 집단화의 불가피한 단계로 보이지 않았다는 것이다. 사람들은 다수의 힘과 성벽을 통해 더 많은 보호를 받는 대가로, 수렵 채집인으로서 초기 농경 사회에서 누렸던 자유를 내놓아야 했다. 하지만 성벽과 다수에 속하는 것은 그것을 내키지 않아 하는 주민들에게 안전만 제공한 게 아니었다. 물론 문명의 집단 속으로 들어온 사람들 모두가 자발적으로 온 건 아니었다. 우루크나 예리코 같은 최초 도시들의 성벽은 주민들에게 범주화, 노예화, 비천한 신분, 지위의 저하 등을 강요했고, 그리고 무엇보다도 질병에 걸리게 했기 때문이다.

그 증거는 약 12,000년 전 한곳에 머물러 살기 시작하던 때와 약 7,000년 후 우리가 문명으로 인식할 수 있는 것이 출현하던 때 사이에 나온다. 터키 남부와 이라크 북부, 요르단과 이스라엘에서 농업 혁명 무렵으로 추정되는 신석기 시대의 마을을 발굴할 때 나온 증거다.

정착지가 작고 농업이 초기 단계였던 이 시기가 시작될 무렵, 공동체 문화는 수렵 채집인의 평등주의 문화와 더 비슷했을 가능성이 크다. 하지만 경작과 동물 가축화, 특히 후자에 대한 접근법이 더 폭넓고 복잡해질수록 평등해 보이는 구성원들 간에 사실은 불평등이 존재했다는 증거가 나타난다.

터키 남부의 차탈회위크 유적지가 그 예다. 그곳은 선지자 모하메드Mohammed가 탄생한 때부터 오늘날까지 오랫동안 번영했던 곳이다. 가장 오래된 흔적은 기원전 7100년경까지 거슬러 올라갈 수 있다. 전성기에는 그곳에 수천 명이 살았다. 차탈회위크는 최초로 발굴한 사람들에 의해 무정부주의적 공산주의의 예시로 알려졌다. 도구와 식량이 평등하게 공유되었던 것으로 보이는데, 왜냐하면 일반적인 규모와 현저하게 차이 나는 큰 규모의 집이 없었기 때문이다. 하지만 더 최근의 연구에 따르면, 시간이 흐르고 가축화 수준이 높아짐에 따라 부와 지위의 불평등이 나타나기 시작했다.[37] 이 정착지는 기원전 5700년경 몰락했다.

이와 유사하게, 평등을 벗어나 지위를 더 의식하는 사회 유형으로의 진화가 고대의 다른 지역에서도 일어났다는 견해를 고고학적 증거가 뒷받침한다. 이를 설명하는 한 가지 이론은, 큰 동물들을 사육하게 되면서 모든 개인이 참여할 수 없게 되자 더 큰 불평등으로 이어졌다는 주장이다. 중부 유럽의 유적에서는 기원전 6500년경 일종의 의식을 치르기 위한 것으로 추정되는 대규모 토목 공사가 시행되었음이 발견되었다. 이는 일부 개인들이 다른 개인들에게 노동을 지시하는 사회 조직이 있었음을 암시했다. 오래지 않아 매장하기 위한 구덩이와 그 안에서 발견된 날카로운 도구로 상처가 난 듯한 뼈들, 방어 요새의 존재를 통해 수렵 채집인들의 상대적으로 평화로웠던 시기가 호전적인 시대로 바뀌었음을 알 수 있었다.

사람들은 왜 생활 방식이 난해한 방식으로 바뀌는 것을 허용할까? 그 방식은 그들을 지배를 받고 불이익을 받는 다수의 일부로 볼 가능성이 크다. 시간이라는 모래가 개인적 사례에서 각각의 이유를 묻어버렸지만, 이 변화는 기상과 관련된 여러 사건이 있었던 시기에 일어났다. 그 사건들은 음식이나 다른 자원을 구하기 어렵게 했고, 사람들이 대처할 수 없는 정도로 기후를 변화시켰으며, 사람이 살 수 있는 장소를 살 수 없는 곳으로 만들었다. 동시에, 의사소통이 더 정교해지고 고정된 식량원(경작지와 과수원)이 생기면서 함께 모여 있는 것을 좋은 방안처럼 보이게 했다. 언어의 엄청난 이점은 서로 알지 못하는 사람들이 모인 집단 내에서 믿음이 확산되게 한다는 것이다.

사람들은 자신이 겪었거나 말로 전해 내려오는 것을 기억할 수 있다. 그런데 만약 계층과 계층화된 사회 질서에 대한 전통이 없고, 알고 있는 방식이 평등주의의 어떤 형태밖에 없다면 이러한 차이의 발생에 어떻게 대처할까? 우리는 '호모 사피엔스' 사회에 형이상학적 믿음이 적어도 기원전 3만~4만 년부터 존재했음을 알고 있다. 그것이 아마 사람들이 관계의 본질적인 변화를 정당화할 수 있는 맥락이었을 것이다. 만약 삶에 영향을 미치는 존재하지 않는 존재를 상상할 수 있었다면, 일부 '존재하는' 존재가 우월한 역할을 맡을 수 있다고 믿을 수 있었을 것이다. 계층적 구조를 발달시킨 무리가 평등주의 생활 방식을 유지한 무리보다 더 성공적이고 공격적이라면 특히 그럴 것이다. 또 그들이 하라리가 '상상의 질서'라고 부른 것의 미명 아래 공격성과 생존력을 표현하기 시작했다면 더더욱 그랬을 것이다. 그런 사람 중 영향력이 큰 개인과 가족이 외부의 압력을 받고 있는 사회 집단 내부에서 지도자로 부상하는 것은 쉽게 상상할 수 있다(모든 사람이 사회에서 규정된 위치를 가지게 하는 임무를 부여받은 세푸들이다). 그들은 다른 사람들의 상상력과 상상의 질서 내 공유된 믿음을 이용해서 우리가 공정성이라 부르는 특성을 실용적인 권위주의로 제압하는 과정을 시작했고, 그 과정을 정당화할 수 있었다.

공정성은 초기 문명과 고대 제국에 어떤 영향을 미쳤을까?

인류가 수렵 채집인에서 정착지에 사는 목축민, 주민으로 점진적으로 전환된 것은 대략 14,500년 전부터 5,500년 전 사이에 수천 년에 걸쳐 일어난 일이다. 우리가 국가로 인정할 수 있는 곳에서 산 최초의 사람들은 현대의 이라크와 시리아에 있던 수메르 문화의 수십 개 도시 중 가장 오래된 우루크와 같은 곳의 주민들이었다. 이 도시 국가들은 성벽 바깥 지역을 10~30킬로미터 거리까지 다스렸고 의사소통과 정보 공유를 위한 두 가지 수단을 개발했다. 우리에게도 매우 친숙한 그 두 가지는 이야기와 관료적 기록이다. 지구상에서 가장 먼저 기록된 글자는 수메르의 설형 문자로, 아시리아와 바빌로니아 왕국에서 공통으로 사용했던 아카드어를 포함해 많은 언어를 기록하기 위해 3천 년 동안 쓰였다. 설형 문자는 기원전 3200년에 처음 사용된 이후 매우 실용적으로 사용되었다. 우리가 아는 한, 이러한 기록 방식이 만들어진 후 5세기 동안은 상거래의 세부 사항과 재화 또는 재산의 소유권을 기록하는 것 이상으로는 사용되지 않았다. 그 후에는 점토판에 기록된 사람들 사이의 편지처럼 더 일시적인 목적으로 사용되기 시작했다. 하지만 음식 또는 약물의 조리법이나 천문학의 수학적 계산 같이 익숙한 개념을 우리에게 전하는 정보 전달 수단으로 사용되기도 했다.

그러나 이 기간 동안 과학 기술이 꾸준히 발달했다고 생각한다면, 예수의 탄생 이전 마지막 몇천 년 동안 생겨난 문명의 안정성과 회복력을 상당히 과대평가하는 것이다. 사람들이 함께 살았던 방식은 고고학적 증거(농업 혁명 이후 처음 5,000~7,000년 동안), 그리고 문헌과 고고학의 조합(그 이후 3,500년 동안)으로 판단하건대 시행착오의 연속이었다. 12,000년 전부터 7,000년 전 사이, 지구에서 걸어 다니는 인간의 수는 약 4백만 명에서 5백만 명으로 증가한 정도에 그쳤다. 사람들이 다수가 모여 사는 법을 배웠고, 식물과 동물을 기르는 법을 배웠기 때문에 간신히 살아남은 것이었다.

인간은 왜 번영하지 못했는가? 확신할 수는 없지만, 뒤이은 5천 년 동안에는 지구의 인구가 20이 아닌 2,000% 증가한 사실을 고려하면 우리가 찾을 수 있는 방법으로 기록되지 않은 어떤 극적인 사건이 있었을 것이다. 또는 극적으로 일상적이고 끔찍한 시간이 계속되었을 것이다. 기근, 전쟁, 그 외 죽음의 다른 형태들을 제외하고,

인구 증가의 가장 큰 장애물은 네 번째 기수인 전염병◆이었다.

공동체 구성의 결과는 질병이었다. 수렵 채집인들도 오늘날의 우리가 그렇듯이 병에 굴복했다. 하지만 최초의 문명에서 사람들은 서로 가까이 살았다. 그것이 질병을 확산시킬 수 있다는 사실을 코로나바이러스가 우리에게 얼마나 친절하게 가르쳐 주었던가? 차탈회위크의 집들은 너무 가까이 지어져 있어서 각각의 집 안으로 들어가려면 지붕의 구멍을 통해야만 했다. 그 기간을 연구하는 사람들의 주장에 따르면 발진 티푸스, 디프테리아 같은 질병으로 사망한 아동과 여성이 너무 많아서, 인류가 인구 증가를 보장할 수 있는 유일한 방법은 미친 듯이 번식하는 것뿐이었다. 한쪽에는 바이러스와 박테리아가 있었고 다른 쪽에는 성교하는 인간들이 있었다. 그 사이에 군비 경쟁이 시작되었다. 더 큰 뇌를 가진 생명체가 승리하긴 했지만, 식량 공급이 개인들이 생존하기에 충분해질 때까지는 그렇지 못했다. 식량이 충분하다는 것은 단순히 먹을거리가 많다는 뜻이 아니다. 더 많은 사람이 먹거리를 재배하고 경작할 수 있었음을 의미했고, 농사의 효율성을 개선할 수 있었음을 의미했다.

초기 문명사회들이 최초의 정착지들보다 훨씬 더 넓지는 않았다. 함께 모이는 목적은 안전이었다. 안전은 제한을 의미했고 성벽을 의미했다. 성벽 둘레가 가능한 한 작아지도록 집을 작게 짓고 빽빽하게 연결해야 했다. 그러나 안전은 자기 보호를 다른 사람에게 맡기는 권한의 위임이었다. 초기 도시(우루크, 예리코, 우르, 바빌론)의

◆　묵시록에서 종말을 예고하는 4인의 기수에 비유한 표현이다.

평범한 집으로 몸을 구겨 넣는 사람들에게는 좋은 교환이 아니었다. 통치자가 제공하는 안전과 교환하는 조건은 통치자의 규칙에 따르는 것이었다. 사실 규칙과 법의 차이를 어떻게 규정하는지 기억하면서 올바른 용어를 사용하는 게 중요하다. 법을 제정한 사람이 집행하는 사람이 되는 사회에 살려면 '법'을 따르는 것뿐만 아니라 특권에 대한 비용을 치러야 했다. 이 비용은 자유와 노동 일부를 내주는 것을 포함했다. 작물을 재배하면 여분의 식량을 왕에게 바쳐야 했고 재화를 만드는 사람이라면 여분의 재화나 여분의 돈을 왕에게 바쳐야 했다. 심지어 여분이 없어도 그래야 했다.

그래서 기근이 왔다. 그래서 질병에 걸렸다. 그래서 문명이 붕괴되었다. 우르의 도시가 일시적인 또는 장기적인 재앙을 겪으며 융성했다가 다시 쇠퇴한 적이 적어도 세 번 있었다. 이 지역은 사람들이 모이기에 가장 좋은 위치였기 때문에 다시 점유되었다. 하지만 그 과정에서 사람들이 모이는 것에 내재한 취약성이 드러났다.

이 기간 내내(쉽게 말하면 모든 기록된 역사에 걸쳐) 아주 작은 미생물이든, 놀라울 정도로 광대한 기후 변화든, 자연의 힘인 복원력과 인간의 회복력 사이에 복잡한 힘겨루기가 있었다.

사람들이 바깥에서 가장 위협적이라고 생각한 것이 무엇이든 그로부터 도망치기 위해 성벽 뒤로 옹기종기 모여 살기 시작했다. 그리고 그때부터 비위생적이고 건강에 해로운 공동체의 흥망에 권리를 넘겨주기 시작했다. 하지만 넘겨주어야 하는 것 중에서 가장 중요한 것은 자유였다. 우루크와 같은 초기 도시 국가에 사는 사람들은 수렵 채집인의 평등한 사회에 대한 기억이 거의 없었을 것이다.

가족이 소규모였던 과거에는 두 명의 유아를 데리고 다닐 필요가 없도록 아이를 평균 약 4년의 터울이 지게 낳았다. 그러나 우루크 주민의 현실은 작은 집에서 비좁게 살며 임신과 출산을 반복하는 것이었고, 분뇨와 남은 음식을 처리할 방법이 없어서 인간의 건강에 독이 되는 불결한 환경에서 지내야 했다. 일부 초기 '도시들'에서는 친척이 죽으면 집 바닥 아래에 묻음으로써 죽은 자에 대한 기억이 실제로 가까이에 있었다. 집을 새로 지으면 어떤 집이든 금세 죽은 자의 수가 산 자의 수보다 많아졌다.

오물과 악취와 질병 속에서, 심지어 죽은 자 위에서 사는 것은 삶이 달갑지 않은 환경이라는 인식을 만들었음이 틀림없다. '우르 제3왕조'의 주민에게는 인류의 진화가 개선되는 과정이라고 설득하기가 어려웠을 것이다. 수백 년, 수천 년 전, 같은 메소포타미아 지역에서 (번영하지는 않았지만) 생존했던 고대의 수렵 채집인 조상들의 기억을 보존하는 방법이 있었다면 과거는 유토피아처럼 보였을 것이다. 에덴동산의 벽은 창세기에 묘사된 바와 같이, 비참함, 악취, 질병이 아니라 인간이 생각할 수 있는 것들 중에서도 꼭 필요하고 위안이 되는 것들에 쉽게 닿을 수 있는 곳을 둘러싸고 있었다. 그리고 위험한 바깥세상으로부터 사람들을 안전하게 지켜줬다. 천국^{paradise}이라는 단어는 고대 페르시아어에서 유래된 것으로, 담으로 둘러싸인 대정원을 의미한다. 문자 그대로는 '주위를 벽으로 에워싼 것'을 의미한다. 우리의 정착한 조상들은 어쩌면 지구가 그들에게 필요한 모든 것을 제공하고서도 악취와 비참함, 혼돈과 갈등이라는 부정적인 면이 없던 때를 어렴풋이 기억할 수 있었을 것이다. 수렵과 채집 생활이라는 상대적인 천국은 창조 신화에 다시 집중하게 했다.

그러나 그것은 통치자가 하고 싶은 이야기는 아니었다. 현대의 트럼프Trump가 오바마Obama를 비하하는 것처럼 과거를 나쁜 곳으로 묘사해야 했다. 강력한 지도자가 없어서 인간이 진보할 수 없었고 결코 번영할 수 없는 곳이어야 했다. 인간이 도시 국가의 성벽 안에 있을 때보다 성벽 없이 더 행복했던 때가 있었다는 사실은 도움이 되지 않았다. 통치자에게 필요한 것은 행복에 권력과 계층이 필요한 이유를 보여줄 만한 겹겹이 쌓인 이야기였다. '천지 창조를 창조한' 사람들, 우리 종의 건국 신화를 쓴 작가들이 농업 이전의 생활에 대해 그들이 통제하려고 하는 사람들보다 더 좋은 기억을 가지고 있었다고 말하는 것은 비현실적이다. 하지만 인간이 수렵 채집인 무리에서 만족스러운 평등주의를 실천하고 통치자 없이 살 수 있었던 전통 중 남아 있는 것들을 모조리 소멸시킬 필요가 있었을 것이다. 정착민들은 비교적 최근까지 다른 생활 방식의 살아 있는 예시를 보고 대조해 볼 수 있었을지 모른다. 어쨌든 우리도 올바른 장소를 살펴본다면 그렇게 할 수 있다. 콩고의 음부티 피그미족을 돌이켜보면, 메소포타미아, 이집트, 중국 초기의 문명들에서는 세푸의 사고방식이 왕이었고, 정글의 규칙을 어긴 세푸를 용서했던 원로들은 시키는 대로 해야 했다. 그들은 세푸가 누렸던 관용을 기대할 수 없었다.

공정성이 우화로 전락했다.

고대 문명에 공정성 추구가 있었다면, 그것은 초기 도시 국가에 점점 더 많아지는 인구를 통제하기 위해 필요해진 법에 나타난 것이었다. 최초로 알려진 것은 기원전 24세기, 수메르의 왕, 우루카기나

Urukagina의 법전이다. 하지만 법규 자체는 전해지지 않고 이후의 법전과 왕을 이상화한 전기적 시에 언급되어 있을 뿐이다. 그에 따르면 이 법전은 개혁의 일환이었다. 관리들이 평범한 근로자들을 괴롭히거나 부패를 저지르지 못하도록 하는 게 목표였다. (비록 간통에 대해서는 여자에게 가혹하고 남자에게는 그에 상응하는 법이 없지만) 여자에게는 세금을 면제해 줬다. 이때 세상의 모든 기록된 언어 중 최초로 자유를 나타내는 단어가 사용되었다. 하지만 공정성을 나타내는 단어는 없었다. 그다음 실질적인 법인 우르의 우르남무(기원전 2112~2095년)의 법에도 없었지만, 그 머리말에 강자로부터 약자를 보호할 필요성에 대해 쓰여 있었다.

다음으로 상당히 발달했던 법으로서, 기원전 1776년에 쓰인 바빌로니아의 왕 '함무라비 법전'의 도입부에서 비슷한 정서가 발견된다. 맺음말에는 이렇게 쓰여 있다. '강자가 약자를 부당하게 취급하지 않도록, 부랑자와 과부를 위한 올바른 길을 규정하고자 내 귀중한 선언을 '석비'에 새겼다.'**38**

자유인과 노예에 대해서만 말하는 우르남무의 법전과 달리, 약 백만 명이 속한 제국을 위해 왕 함무라비가 정한 일련의 법칙은 엄격하게 세 층으로 나뉜 계층을 기준으로 했다. 사람들은 노예, 평민, 그리고 '우월한' 사람으로서 자기 위치를 알고 받아들여야 했다. 불평등을 받아들여야만 모든 사람이 잘 지낼 수 있었고 그것이야말로 바빌로니아인들에게 합당한 것이었다. 우리가 우리 자신의 국가와 동등하다고 인정하는 규모로 운영된 최초의 문명이었다.

수 세기에 걸쳐, '문명'에서('국가 civis◆'나 도시에 사는) 인간의 노력은 수렵 채집인의 평등이 사라지고, 지도자가 출현해 통치자가 되고 결국 신이 임명한 왕이 되는 결과로 이어졌다. 그리고 한 집단이 다른 집단보다 태생적으로 더 가치 있다고 여겨지는 이유를 설명하기 위한 이야기가 도입되었다. 일부 사람들은 우리가 권리라고 부르는 것에 관해 존중 받을 가치가 전혀 없다는 발상을 도입했다. 그들은 오직 금전적 가치로만 평가될 뿐이었다.

노예는 모든 고대 문명(과 완전히 고대가 아닌 일부 문명)의 역사에서 엄청나게 중요한 역할을 한다. 하지만 그들의 존재는 일부 문명에서 인류가 평등하거나 정당한 대우를 거부하다가 결국 왜 불행해졌고, 왜 공정성을 향해 나아갔는지 시사하기도 한다.

고대의 공정성과 노예 제도

현재의 이론에 따르면 메소포타미아의 초기 도시 국가는 모두 비슷한 기술, 비슷한 자원, 비슷한 환경 조건에 접근할 수 있었다. 동등한 기회가 주어진 결과, 한 국가를 다른 국가들보다 월등하게 만들려면 집단의 생산성을 높일 수 있는 자원, 즉 사람을 이용하면 되었다. 사람이 경쟁하는 공동체는 인류 진보의 선구자로서 '인구 기계'라고 불리는 게 되었다. 시민이 많을수록, 청동기 시대 무기를 만드는 구리와 주석처럼 쉽게 얻을 수 없는 다른 재화로 교환할 수 있

◆　civis는 라틴어로 시민 또는 그들이 이루는 국가를 의미한다.

는 여분의 재화나 식량을 생산할 가능성이 커졌다. 인력에 무기를 더하면 군대가 생긴다. 군대가 있으면 더 작고 약한 공동체를 장악할 수 있고 그 공동체의 여분과 인력을 가져올 수 있다.

물론 더 작은 도시의 사람들은 더 큰 도시의 국왕을 위해 일하고 싶지 않을 수 있다. 또 일하더라도 보상을 원할 것이다. 노예가 아닌 한 그럴 것이다. 노예는 공동 사업을 위해 마지못해 일했기 때문에 생산적이지 않을 수 있지만, 음식만 주면 되었으므로 문제가 되진 않았다. 노예 덕분에 '자유' 시민은 자유롭게 다른 분야에서 일하거나 군대에서 싸울 수 있었고, 그것은 더 많은 정복과 더 많은 노예로 이어졌다. 곧 당신은 함무라비가 되어 (어쨌든 좋은 해에는) 여분의 재화와 식량을 많이 생산하는 백만 국민이 생긴다. 그리고 '우월한' 사람(여분을 누리거나 거래하는 사람)과 보통 사람(여분을 생산하는 사람)과 노예(보통 사람이 여분을 만드는 데 필요한 모든 것을 만드는 사람)를 구별할 수 있다. 우월한 사람은 이 과정의 효용(가치)을 누리고, 보통 사람은 효용을 만들고, 노예는 단지 시장에서 그들의 가치인 효용을 가지고 있을 뿐이다.

역사학자들은 초기 도시 국가에는 상대적으로 노예가 적었다고 믿는다. 이집트 고왕국에서 기자의 대 피라미드(기원전 2550년경 축조)가 노예 노동 부대에 의해 세워졌다는 주장도 너무 단순화된 생각이다. 여러 가지 다양한 유형의 노동력이 있었다. 자기 자신과 국가를 위해 일하는 자유 시민, 주인을 위해 일하는 노예, 빌린 돈을 갚기 위해 일하는 '채무 노동자', 범죄자도 있었다. 또 대가를 받지 않는 부역 노동이라고 불리는 것도 있었다. 더 낮은 계급의 사람이 더 높은 계급의 사람을 위해 일할 의무가 있었기 때문이다. 이 모든 관계에는 규칙이 있었지만, 또한 이 모두가 노동자 계급과 노동자를 지배하는 계급이 있다는 생각을 깊이 심어줬다.

하지만 이집트 신왕국, 페르시아, 그리스, 로마 왕국과 같은 후대의 왕국들은 인간 집단이 사회에 강제로 기여한 일에 아무 대가도 주지 않으려고 훨씬 더 노예 제도에 열성적이었다.

그리스인들은 수메르인들처럼 권력과 자원, 특히 인력 자원을 두고 서로 경쟁하는 도시 국가들에 살았다. 그 결과 노예에 대한 수요가 높았다. 일부 그리스인들이 노예 제도를 도덕적으로 잘못되었다고 생각하기 시작했다고 하더라도 노예들을 보통 시민처럼 대하는 것은 말이 되지 않았다. 사람들이 어떻게 함께 살아야 하는지에 대해 독보적인 글을 남긴 아리스토텔레스^{Aristotle}도 노예를 연마할 수 있는 도구나 사육할 수 있는 동물 같은 존재로 봤다. 그래서 이웃한 스파르타의 노예 인구 중 재산으로 취급한 것은 '동산' 노예뿐이었다. 헬롯^{Helot}이라고 불렸던 종족 전체를 포함하면 노예 비율은 인구의 60%에 육박했다. 헬롯은 스파르타의 권력자를 지원하기 위해 대가 없이 일하도록 선고받은 이들이었다. 노예가 아닌 다른 계급(헬롯 또는 테살리아에서 '페네스타이^{penestae}'라고 불린 비슷한 집단)은 사거나 팔 수 없었다. 아테네의 노예 인구는 아마 스파르타의 절반 정도였을 것이다. 한때 로마 거주자의 대다수는 노예였다.

고대 문명에서는 항상 이러한 맥락에서 공정성을 논의해야 한다. 당신이 포럼으로 가는 길에 지나친 모든 상대방이 공정한 대우를 받을 권리가 전혀 없고 그 권리를 요구하지도 않았다면, 공정성에 대한 당신의 태도는 누군가가 인간인지 아닌지를 기준으로 하는 게 아니라 그들이 자신의 이름을 갖고 있는지 아닌지를 기준으로 해야 한다.

어쩌면 이것이 고대 그리스어에 '공정'으로만 번역되는 단어가 없는 이유다. 라틴어에도 없다. 그리스에서 여신 테미스Themis는 그 개념과 가장 가까운 것을 구현했지만 '서로 같은 것들'을 상징하기도 했다(그래서 영어 단어에 주제라는 의미의 'theme'가 있다). 같은 방식으로 '애퀴타스aequitas'는 우리가 말하는 공정성에 가장 가까운 라틴어이다.

버트런드 러셀Bertrand Russell은 『러셀 서양철학사』에서 그리스 철학에 스물여덟 장을 할애하고 로마 철학은 두 장에서만 다뤘다. 수메르와 이집트의 지식인들이 그들의 세상을 어떻게 생각했는지를 묘사하는 현존하는 문헌이 그리스에 대한 문헌만큼 많이 남아 있었다면 우리는 다른 관점을 가지게 되었을지 모른다. 하지만 그렇지 못했다. 수메르인들과 이집트인들은 그런 목적으로는 덜 실용적인 문자 언어를 사용했다. 우리가 확실히 말할 수 있는 한 가지는, 인간이 어떻게 함께 살 수 있는지에 대한 생각에서 그리스인들은 종교에 덜 지배되었다는 사실이다. 신전이 있었지만, 소크라테스Socrates, 플라톤Plato, 아리스토텔레스와 같은 사상가들은 이성에 경의를 표했다. 종교는 고대인들 못지않게 그리스 문화 구조의 일부였지만, 별도의 엘리트 계층 성직자나 '신이 임명한' 왕의 강요에 의해서가 아니라 보통의 남녀들이 스스로 짠 구조였다. 종교의 역할은 중심적이었지만 지배적이지는 않았다. 관습이었고 법규의 일부였지만, 주인의 말보다 자신의 마음을 따르는 하인과 같은 것이었다. 소크라테스는 30인 폭군의 통치에 이의를 제기했다는 이유로 기원전 399년 동료 아테네인들에게 처형되었다. 그에게 제기된 혐의 중 하나는 아테네가 인정한 신들을 믿지 않은 것이 아니라 인정하지 않은 것이었다.

그리스인들이 도시 국가를 통치하는 다양한 방식은 초기 군주제 사회, 특히 미케네 사회에서 진화한 것이었다. 그 방식은 민주주의나 과두제◆, 심지어 오늘날 우리가 그리스 문화로 익숙하게 생각하는 독재 정치보다 수메르와 이집트의 문화에 훨씬 더 가까웠다. 미케네 문명은 자연재해의 영향도 있었지만 아마도 땅을 둘러싼 분쟁 때문에 붕괴되었을 것이다. 그리스인들의 조국이 수백 개의 경쟁 지역으로 쪼개지면서 전쟁이 빈번해졌다. 호메로스가 그 일로 시를 짓기도 했지만 '고전기' 그리스는 피비린내 나는 산문에서 파생되었다.

그 시대의 유산은, 헤라클레이토스Heraclitus, 파르메니데스Parmenides, 엠페도클레스Empedocles와 같이 덜 친숙한 이름으로 시작하는 그리스 철학자들을 삶의 본질과 인간 사회의 작동 방식을 탐구하도록 격려했을 수도 있다. 그럼으로써 초기 문명이 당연하게 여겼을 가정들을 의심하게 했다. 사회적 관계와 정치 구조는 그들이 자신을 어떻게 느끼는지에 주요한 영향을 미쳤다.

나는 이미 수백 년에 걸친 지식인들의 노력을 포괄적으로 서술하기 시작했다. 고전 철학과 정치사상 공부에 힘쓰고 있는 학생들이

◆　소수의 우두머리가 지배하는 정치 체제를 말한다.

불만을 터뜨리고 있을지 모르겠다. 하지만 공정성에 관한 짧은 책을 쓰고 있으므로 개요를 서술하는 것 이상으로 자세히 설명할 수 있는 공간이 없다는 점을 이해해 줬으면 좋겠다.

그리스의 정치사상은 주로 도시 국가 '폴리스^{polis}'라는 비교적 작은 조직에 초점이 맞춰져 있었다. 서기가 시작되기 전, 천 년 동안 최소 5백 명에서 4만 명 미만의 성인 남자 시민으로 구성되어 있었던 곳이다. 오늘날 우리에게 그리스가 여전히 특별하고 유의미한 이유는, 그리스 시민들이 공동체와 제도를 그들이 행하고 이야기했던 모든 것의 중심에 놓았기 때문이다. '공공의 문제'라는 개념은 그야말로 이 시기의 인류에게 새로운 장난감이었고 사람들은 그 개념이 어떻게 작동하는지 알고 싶어 했다. 스파르타의 전체주의부터 아테네의 협력까지 다양한 의견이 있었다. 그러나 그들이 가장 확신을 가졌던 것은, 오늘날 우리의 주장과 다르게 공적인 영역과 사적인 영역이 구분되지 않는다는 것이었다. 대체로 모든 시민(그 자체로 엘리트 계층에 속했다)이 '폴리스'의 일에 참여할 거라 기대되었기 때문이다. 참여한다는 것은 그 일을 위해 싸우는 것을 의미하는 동시에 그 일 때문에 싸우는 것도 의미했다. 사회에 참여하고 협력과 경쟁을 촉진하는 것은 그리스 시민이 한 번도 의문을 가진 적 없는 의무였다. 개인주의는 거의 고려되지 않았고 가치 있게 생각되지도 않았다. 그리스어로 사사로운 감정에 이끌리는 시민을 '이디오테스^{idiotes}'◆라고 한 데서 확실히 짐작해 볼 수 있다.

◆   영어로 이디엇idiot은 바보를 의미한다.

초기 메소포타미아의 도시 국가들처럼 그리스의 도시들은 서로 가까이 있었고 끊임없이 냉혹한 경쟁을 벌이고 있었다. 전쟁은 필수적이었다. 그런 이유로, 집단주의적 의무감과 결합된 개인과 그 직계 가족의 권리(앞으로 살펴볼 것이다)는 거의 현실성이 없을 정도로 종속되어 있었다. 공정한 대우를 어느 정도까지 받는지는 '폴리스' 내부에서 어느 위치에 있는지와 관련이 있었다. 스파르타에서는 개인의 이익이 집단의 이익에 지나치게 종속되어 있었다. 시민의 자녀 양육, 전쟁을 위한 교육과 훈련, 성생활까지도 국가가 통제하는 문제로 다뤄졌다. 스파르타의 신화는 스파르타인들이 실제 살았던 방식과 달랐지만(그들은 마치 나치가 그랬던 것처럼 대외적 이미지보다 더 부패하고 비능률적이었다) 다른 그리스인들에게는 이상적인 그리스인으로 보였다. 심지어 플라톤도, 스파르타인의 곤궁한 생활 방식을 겪고 싶어 하지는 않았지만 이상적이라고 여겼다. 스파르타 시민 조직의 이상은 어떤 면에서 우리의 현대 세계라기보다 꿀벌에 더 가까웠다. 하지만 그들의 사회는 행복한 벌집이 아니었고 더 인간적인 원칙이 있었던 다른 국가들만큼 오래가지 못했다.

그리스인들에게는 평등이 이상이었다. 그리고 자유가 이상이었다. 하지만 그것은 특권층의 평등이었다. 자유롭다고 여겨지는 사람들만의 자유였다. 그리스의 도시에 살았던 대부분의 사람들에게는 생각하고, 공적 생활에 참여하는 자유와 같은, 인생의 기쁨을 누리는 게 허용되지 않았다. 여자 또는 노예로 태어났거나 강제로 노예가 되었기 때문이다. 아리스토텔레스의 작품들과 자유에 대한 그의 정의를 관통하는 생각은, 어떤 인간 집단은 다른 집단의 지배를 받기 위해 태어난다는 것이었다.

그리스 시민들이 가장 두려워한 것은 '정체stasis'(오늘날에는 균형을 이룬 상태로서 감탄할 만한 정상 상태로 보이는 것과 달리, 사람들이 바꾸지 않을 입장을 취하기 때문에 일어나는 '시민 반대'나 의견 충돌, 심지어 내전 상태였다[39])였다. 그리고 그러한 상태를 피하기 위해 '호모노이아homonoia'(모든 사람의 의견이 일치된 상태)를 추구했다. 그들은 서로 격렬한 논쟁을 벌임으로써 호모노이아를 추구했고, 이러한 논쟁은 그리스 사회가 개인의 권리를 전혀 인정하지 않았더라도 얼마나 경쟁적인 사회였는지 보여준다.

물론 결정은 시민들에 의해 공동으로 내려졌기 때문에 의견 불일치는 논쟁의 부산물이었다. '폴리스'에 대한 의무가 가장 중요했기 때문에 어려운 문제는 어떤 형태로든지 긍정적인 결과에 도달해야 했다. 협력이 바람직했지만, 만약 협력이 이뤄질 수 없다면 피를 흘리는 경쟁을 합리적이고 공정한 과정으로 여겼을 거라고 조심스럽게 추정해 볼 수 있다. 구체적으로는 '폴리스'의 구성원들이 '폴리스'였다. 그리스인들에게는 실제로 국가나 공동체에 대한 추상적인 개념이 없었다. 만약 개인의 이익에 대한 상대적 희생과 비교할 수 있는 추상적인 상태가 없거나 강자를 제한하는 주체가 없으면, 우리가 정의한 것과 같은 공정성의 전제 조건이 존재하지 않는다.

고전 사상을 전공하는 사람들은, 총명하고 사려 깊은 몇 사람의 사상을 내가 숨도 쉬지 않고 요약한 내용을 읽고 지금쯤 좌절감에 빠져 아마 손가락 마디들을 잘근잘근 씹고 있을 것이다. 또는 이 장을 그냥 건너뛰어 버리는 식으로 덜 고통스러운 선택을 했을지 모른다. 아리스토텔레스(혹은 그의 제자들)가 도덕론에 대해 장황하게 썼고 거기에서 공정성 개념이 확실해질 수 있을지 모른다는 사실을 완전히 무시할 수는 없다. 하지만 나는 인간 정신 또는 이성의 작용, 도덕론, 덕에 대한 아리스토텔레스의 사상에서 우리가 공정성 개념을 찾기에는 다소 결정론적이라고 말하는 게 합리적이고 도덕적이며 심지어 공정하다고 생각한다. 아리스토텔레스는 지적으로든 도덕적으로든 모든 덕은 교육 또는 좋은 습관을 기르는 데에서 나온다고 믿었다. 예를 들어 기지를 발휘하거나 용기를 내는 행동의 부족과 과잉 사이, 즉 행동의 '중용'에서 덕이 나온다는 이론을 옹호했다. 이 사상에는 공정성을 끼워 넣을 여지가 거의 없는 확실한 엄격성이 있다. 아리스토텔레스의 손가락 마디들이 지금쯤은 하나도 남아 있지 않을 것이다.

로마인들은 공정성을 위해 무엇을 했는가? 로마인들이 서로와의 관계를 생각하는 방식은 먼저 살았던 사람들을 끊임없이 연구하는 것에서 주로 영향을 받았다. 하지만 그들 자신의 역사에 대한 이런 인식은 (선조들의 관습인 '모스 마이오룸mos maiorum'과 가능한 한 가까워지기 위해 현재 상태가 개선되어야 한다는) 계속된 위기감으로 얻어진 것이었다. 따라서 개인적인 야심으로 로마의 역사를 원하는 대로 해석함으로써 숨막힐 듯한 향수를 불러일으키기 쉬웠다. 여기에 오웰Orwell이 『1984』에 남긴 격언 '과거를 통제하는 자가 미래를 통제하고…'가 메아리치는 듯하다.

로마의 정치사는 일반 서민과 귀족 또는 보수적인 '벌족파optimates'와 급진적인 평민파(이들은 모두 엘리트 계층에 속했다) 같이 다른 부류의 시민들(다시 말하지만, 엄청나게 많은 수의 자유롭지 못한 사람들과 여성들은 배제한다) 사이에 벌어진 갈등의 장이 끝없이 이어진 역사였다.

로마 공화정의 전성기가 아닌 몰락기에 살았음에도 최초의 정치 사상가로 평가되는 키케로Cicero는 공화국Republic(라틴어로 '레스 푸블리카res publica', '공공의 것'이라는 의미다)의 핵심에 두 가지 개념을 부여했다. 공동의 이익을 위한 동반자 관계와, 무엇이 정의를 구성하는지에 관한 합의다. 적어도 이론상으로는 로마 제국의 경쟁하는 사람들은 정의가 무엇인지 끊임없이 검토하고, 사람들이 '사회societas'를 대신해 했던 과거 노동의 열매를 동시대 로마인의 장래 협력에 대한 보상으로써 나누게 하는 역동적인 과정의 참여자였다.

고대 로마의 현실이 현대적 시각에서 그 과정을 공정성의 도가니로 특징짓지는 않지만, 키케로의 변호사 정신으로 표현된 이상은 존 롤스가 제시한 공정성 요소를 포함한다. 과거부터 있었던 권위 형태의 안정성(원로원과 국민이라는 입법 기관에 의해 표현된다)과 집행력 형태의 힘은 결합되어 있고, 두 가지는 서로 균형을 이루고 있다. 전통과 혁신을 생각해 보라. 협력적이고 경쟁적인 힘을 생각해 보라. 역사학자 딘 해머Dean Hammer는 이렇게 말했다.

'정치에 대한 키케로의 접근법에서 인상적이고 독특한 것은 다음과 같은 개인적인 어조다. 사회는 추상적인 개념도 아니고 명백한 법을 복잡하게 배열한 것도 아니다. 사회는 사람들이 신뢰, 애정, 도움에 대한 인식, 전통, 지위, 그리고 필요에 대한 관심을 통

해 단결하는 것이다.'**40**

앞에서 말했듯이, 라틴어에는 우리가 공정성이라고 부르는 것을 나타내는 단어가 없다. 정의와 형평성 측면에서 개인의 도덕관념을 전달하기 위해 가장 자주 사용되는 단어는 '애퀴타스aequitas'다. 키케로는 자신의 글에서 사람의 자질을 이야기하기 위해 이 단어를 쓴다. 그러나 다음 장에서 더 깊이 탐구하겠지만, 공정이라는 단어는 라틴어에서 전달되는 정의 또는 공평과는 의미가 미묘하게 다르고, 그보다 더 넓은 의미이다. 같은 맥락에서, 키케로와 다른 이론가들이 로마의 정의가 발달하는 과정에서 주장한 바에 따르면, 애퀴타스는 판사나 황제와 같은 개인에게 내재하는 자질이지만 사회 또는 조직 전체에 내재할 수 있는 자질로는 보이지 않는다.

로마사를 알고 있다면 모든 사람이 키케로에게 동의하지 않았다는 사실을 알 것이다. 키케로는 오늘 우리가 인류 진화의 천년 역사를 파악할 수 있도록 돕는 인물 중 한 명이다. 그러면서도 그의 사회적 위치와 운명을 우리가 매우 잘 알 수 있는 최초의 사람 중 한 명이기도 하다. 유혈이 낭자했던 공화국의 몰락 과정에서 로마의 이중성(이상과 현실)에 대한 또 다른 충돌이 심화되면서, 키케로는 기원전 43년에 정치적 경쟁자들에게 살해당했다. 키케로가 죽은 후 500년 동안, 폭군, 소시오패스, 아주 가끔은 마르쿠스 아우렐리우스**Marcus Aurelius** 같은 개혁가의 야심이 지난 700년 동안 로마의 사회적, 정치적 진보를 이끌었던 힘 사이에 세심하게 균형을 이루려던 모든 이상을 집어삼키고 말았다.

제국 자체는 '야만인barbarians'이라는 이름이 암시하듯이 세련되지 못하거나 교양 없는 것은 결코 아니었지만, 그 후 어떤 식으로든 경쟁과 협력의 균형을 탐구하는 것이 내키지 않았던 사람들에게 집어삼켜졌다. 하지만 적어도 제국의 문화가 켈트식 기독교 신앙의 담금질하는 힘에 노출될 때까지는 아니었다.

다른 문명에서 균형 잡힌
공동체 이익이라는 개념의 발달

영국의 비 오는 북서쪽 노두 군도에서 태어나고 자란 누군가가 역사에서 공정성만큼 심오한 주제를 살펴볼 때, 지중해 동쪽 끝보다 멀리 보지 않는 건 일반적인 일이다.

그리스, 그리고 로마가 번영했던 시기 내내, 우리 인류와 인간이 자신을 보는 관점에 영향을 미치는 종교적, 철학적 힘은 지금처럼 세계 어디에나 있었다. 그러한 힘들은 다양한 속도와 다양한 규모로 작용했다. 이론적으로 그 힘을 발휘하는 세력들은 모두 더 공정한 사회, 더 행복한 사람들, 더 큰 협력을 목표로 한다.

일부 사회는 다른 사회들보다 더 발달한(우리 관점에서는 더 '계몽된') 철학 안에서 운영되었다. 기원전 6세기부터 중국의 유교 사상은 다섯 가지 행동 특성에 기반한 인간관계의 균형에 중심을 뒀다. 자비심(인), 의로움(의), 예절(예), 슬기(지), 믿음(신)이 그 다섯 가지 행동 특성이다. 중국 사회는 계층적이었지만 공자(기원전 551년 출생)

는 인간이 스스로 개선하고 자신의 운명을 개척할 수 있다고 가르쳤다. 사회에서 특정 지위를 유지할 필요는 없었지만, 공공에 봉사하기 위해 정규 교육과 비공식적 학습(당시 중국 교육에서는 학교 교육 과정의 여섯 가지 의무 과정 중 하나로 전차 몰기가 있었다)의 혜택을 활용하는 게 중요했다.

유교는 종교라기보다 삶의 방식에 가깝지만 끊임없는 '자기 수양'을 요구한다. 공자는 오늘날의 공무원 신분이었는데, 도덕적인 강직함 때문에 모국인 노나라의 조정에서 매우 인기가 없었다. 조상과 관습을 존경하라고 가르쳤던 만큼 그의 생각은 과거로 향했다. 그리고 고대 중국의 이상적인 철학으로 여기는 것을 후대를 위해 다시 활성화시키고 싶었기 때문에 미래로 향했다. 뒤를 돌아봤을 때, 그는 공동체에 속한 상태로 정보와 문화를 교환하고 싶어 하는 사람들의 불타는 욕구를 봤다. 그가 기대했던 것은, '천명'이라는 도덕적 힘과 결합해 완전해진 왕권의 권위처럼, 과거에서 발견한 개념들이 미래에 적용될 수 있는 방법이었다.

공자는 사회에 대한 정치적 견해가 있었다. 제자가 전한 그의 말에서도 확인할 수 있다. 공자가 말하는 사회는 군주의 자비로운 지배, 서로에 대한 자비심 실천으로 조화로운 공동체를 만드는 것이었다. 그런 맥락에서 공동의 목표를 이루기 위해 사람들을 공평하게 대하는 행동이 공정성으로 보일 수 있었다. 하지만 그러한 행동은 과거에 뿌리를 두는 의식을 준수하는 틀 안에서 이뤄졌다. 의식은 전반적인 사회 화합을 달성하는 유일한 방법으로 여겨졌다. 공자의 세계관은 인본주의다. 종교는 그 안에서 의식의 일부로 존재했다.

더 인간다워지려고 노력하고 잘 작동하는 사회의 일부로 사는 것이야말로 인간이 할 수 있는 가장 경건한 일이었다.

유교가 바른 행동의 중심에 의식을 둔 반면, 불교는 그것을 거부하면서 탄생했다. 힌두교의 의식은 점차 많은 사람을 숨 막히게 했고 사회를 불안하게 했다. 집단들 사이에 전쟁이 벌어진 시기에 인도 북동부는 어떤 변화를 맞을 준비가 되어 있었다. 조그만 왕국의 왕자였던 부처는 모든 동물과 인간의 삶은 고통의 삶이므로, 스스로 깨우쳐야만 자신의 완벽한 모습에 이르며 고통을 통과해('윤회 samsara') 다른 영역('열반 nirvana'이라고 불리는 과정)으로 갈 수 있다고 가르쳤다. 공자와 부처의 추종자들은 공통적으로 지식과 자기 개선을 말했지만, 부처의 추종자들은 공익보다는 개인에 더 초점을 맞췄다.

그러나 불교의 현대적 수행에서는 개인에 초점을 맞추는 것이 그렇게 중요하지 않다. 그보다는 개인이 자기를 개선함으로써 어떻게 주위의 공동체와 사회에 기여할 수 있는지에 좀 더 집중한다. 고대의 더 순수한 형태에서, 모든 이기심이 좌절된 것도 공정성의 현대적 정의와 많이 다르지 않은 것 같다. 그 이유는 근본적인 인간 본성, 수백만 년에 걸쳐 우리의 유전자 구조에 자리 잡은 인간 정신의 바꿀 수 없는 부분이기 때문이다.

힌두교의 구조는 본질적으로 이타주의와 다른 사람과의 공정한 관계에 기반했다. 산스크리트 시인 바르트리하리 Bhartrihari는 기원전 1세기에 이런 글을 남겼다.

'가장 고귀한 사람들은 자기 이익을 포기하고 타인에게 좋은 결과를 가져오는 사람이다. 남을 위해 뭔가를 하고 그 무언가가 자기 이익과 상반되지 않으면 그것이 기준이 된다. 이기심 때문에 타인의 이익에 피해를 주는 사람들은 인간의 탈을 쓴 악마다. 그래서 아무 이유 없이 다른 사람들의 행복에 해를 가하는 사람들을 묘사할 말 따위는 없다.'

이 글은 공정성과 불공정성을 꽤 훌륭하게 표현했다. 더 오래된 힌두교도의 글에서 윤리는 종교에 기반을 두고 있으므로, 훌륭한 행동은 사원에 있는 신들의 훌륭한 행동이라는 맥락에서 표현된다. 최근에는 대부분의 사람들이 마하트마 간디Mahatma Gandhi와 관련지어 생각하는 관습에서 윤리가 종교의 기초가 되었다. 노벨상 수상자 아마르티아 센Amartya Sen을 포함해 일부 학자들은 힌두교의 중심이 되는 글인 바가바드기타Bhagavad Gita◆를 비판했다. 그 이유는, 무엇이 옳은 일인지에 대한 관념적인 인식과 사람들이 어떤 권리를 가지는지에 대한 정의보다는 의무에 너무 초점을 두고 있기 때문이었다. 사람들은 도덕적 상대주의를 지적하지만, 힌두교 옹호자들은 종교를 잘못 이해한 거라고 말한다. 힌두교는 유대교와 기독교의 겸손한 우화 또는 이슬람교의 경전과 달리 대부분의 도덕적 투쟁을 영웅담과 같은 이야기로 기술하려고 했다.

초기 구약 성서에 표현된 바와 같이, 윤리에 대한 유대인의 접근 방식은 모두에게 공정성을 실천할 의무가 있다는 생각의 근거를 제

◆　고대 인도의 힌두교 경전의 하나이다.

시한다. 유대교의 기본 개념은 인간이 특히 대인 관계에서 신의 신성을 반영하고 재현하기를 갈망해야 한다는 것이다. 레위기는 신이 가지고 있고, 인류가 모방해야 하는 '신성함' 유형의 예를 제시한다. 그 예시는 환자와 장애인을 돌보는 것, 자신을 부양할 수단이 없는 사람들과 이웃과 낯선 사람들 모두에 대한 의무를 포함한다. 신명기에서는 도움이 필요한 사람들을 돕는 사람이 되는 측면에서 신을 묘사하고, 자비, 품위, 의로움을 강조한다. 개인과 사회 전체의 성질은 떼려야 뗄 수 없게 결합되어 있다.

유대 역사를 연구하는 일부 학자들에 따르면, 서기 135년 로마인에 의한 유대 국가의 해체는 1,800년 후 이스라엘이 건국될 때까지, 신성의 울림이 실질적인 법의 체계가 있는 유대 국가 전체보다 개인의 경험에 더 많이 포함되었음을 의미했다. 그래서 정치에서 윤리가 분리되었다.

이것은 우리를 핵심 질문으로 이끈다. 유대인들은 자신들이 2천년 가까이 살아야 했던 비유대인들의 세계와 어떤 관계를 맺었는가? 그것은 유대교의 주된 갈등 요소이며, 지금까지도 유대인이 비유대인을 어떻게 보고 또 그들에게 어떻게 보이는지를 좌우하고 있다. 유대교가 교리적, 본질적으로 사회 구성원 모두가 공정한 대우를 받기를, 너무 강한 자에게는 제약이 있기를 열망한다는 사실에는 의심의 여지가 없다. 기독교와 이슬람교의 관습과 열망도 마찬가지다. 유대교의 핵심 윤리 역시 협력과 경쟁 사이의 균형을 제공하는데 똑같이 관여하고 있다.

비이슬람교도가 이슬람교도를 볼 때 가장 친숙한 관행은 아마도

라마단 금식일 것이다. 금식의 목적은 예언자 무함마드Muhammad의 말을 기록한 하디스에 규정되어 있는 바와 같이, 음식을 많이 구할 수 있는 풍족한 사람에게도 배고픔이 무엇인지 가르치는 것이다. 비슷한 맥락에서 자선 행위(돈이나 구호품을 주는 것)는 사후에 보상을 받을 행동으로 극찬을 받는다. 사회의 취약 계층을 도운 보답으로 신자에게 실질적인 교환을 제공하는 셈이다.

물론 우리는 사람들의 정말 훌륭한 의도가 종종 행동으로 재현되지 않을 때가 있음을 역사에서 확인할 수 있다. 모든 신앙의 윤리에 관한 교리는 정치적 목적으로 이용될 수 있다. 그들의 순수한 표현으로, 전 세계 곳곳에서 발달하고 그들의 기원에 관한 기록을 남긴 거의 모든 종교와 문화는, 평화와 선의와 공정성의 행성을 만드는 비결이다. 약간의 정도 차만 있을 뿐이다.

그러나 실제 역사에서는 그렇지 못했다. 엄청나게 많은 사람들이 교리에 관한 글, 단어, 심지어 서한의 해석을 두고 하느님이나 또 다른 신의 이름으로 잔인하게 목숨을 빼앗기고 박해를 받았다. 복음주의 종교 세력의 정복에 의해 전 국민과 국가의 목숨을 담보해야 했던 강제 개종은, 전 세계 거의 모든 곳에서 수백 년 동안, 어쩌면 수천 년 동안 일어났다. 예를 들어 중세와 근대 초기 기독교 교회의 타락은 오늘날의 기독교 활동에서도 여전히 찾아볼 수 있다. 인간의 불완전함은 신앙의 목적을 왜곡한다는 사실을 보여준다. 종교의 교리적, '정치적인' 표현에서 공정성은 아무리 열심히 찾아도 좀처럼 찾아볼 수 없다. 선과 악, 옳고 그름이라는 개념이 지배적이고 타협이 줄어들었기 때문이다.

하지만 동시에, 종교적인 신앙의 이름으로 행동하는 사람들은 미술, 음악, 문학, 철학 분야에서 아름다운 창작품들을 만들었을 뿐만 아니라 현실적인 측면에서도 우리 종의 운명을 크게 개선했다. 신에 대한 믿음 없이 존재하지 않았을 단체들이 보건, 교육, 주거, 식량 등을 수량화할 수도 없을 만큼 많이 공급해 주었다. 퀘이커Quaker◆ 교도와 같은 사회 개혁가들의 활동부터, 외세의 탐욕이나 종교 자체의 분립 때문에 폭력에 짓밟힌 세계 각지에서 적신월사Red Crescent◆◆가 기울인 노력까지 그 사례가 많다.

종교가 우리 행성에서 공정성에 얼마나 기여하는지는 비종교적인 권력 행사와 마찬가지로, 이 세상 보통 사람들의 손에 달려 있다.

마그나 카르타와 왕국의 공동체

키케로의 죽음부터 로마 공화국의 몰락, 영국 내전까지, 세계의 정치 체제 거의 대부분이 공정성을 소멸시키는 형태인 군주제나 제국이었다. 플라톤, 소크라테스, 아리스토텔레스, 그리고 전 세계 사상가들이 던진 질문은 '우리가 어떻게 함께 살고, 서로 전혀 다른 이익과 야망을 어떻게 다스려야 하는가?'이다. 이 질문은 절대 권력의 정도 측면에서, 그리고 그보다 압도적으로 종교적인 행동 측면에서 답을 얻었다.

◆　17세기 영국에서 시작된 개신교의 한 교파이다.
◆◆　이슬람권 국가들의 적십자사로 인도적 구호 단체다.

서양에서 정치사상 같은 것이 발견된 시기는 서기 410년 로마가 서고트족에 함락되었을 때다. 몇 년 후 성 아우구스티누스Augustine가 쓴 『하나님의 도성』은 부분적으로 서로마 제국 붕괴의 원인이 된 것에 대한 기독교의 변명이다. 또 7세기 『세상의 12가지 폐해에 대하여Of the Twelve Abuses of the World』는 '가짜 키프로스인'으로 알려진 익명의 아일랜드 수도사의 작품이다. 성서를 이용해, 사회의 상류층부터 하류층까지 모든 사람이 서로에게 올바르게 행동하기 위한 규칙을 만들었다. 또 더 작은 규모로(대규모 정부에 대한 풍자로 해석될 때도 있다) 서기 516년에 작성된 성 베네딕트Benedict의 수도 규칙은 수도사들이 서로의 차이가 합의의 영역을 벗어날 때 어떻게 함께 살아야 하는지, 전권을 가진 수도원장에 의해 어떻게 올바르게 통치될 수 있는지를 규정하고 있다.

이 작품들은 모두 명백하게 종교와 관련이 있었다. 삶의 모든 측면을, 사람들이 신과 지구상의 대리인에게 지고 있는 의무와 관련해서 보여줬다. 대리인은 비종교적인 통치자일 수도 있다(왕과 군주를 위한 모든 장르의 교육서들이 중세 초기에 나왔다. '군주의 거울'이라고 알려진 책들이었다). 그러나 로마 제국을 침략하고 우랄산맥에서 지브롤터까지의 땅을 식민 지배했던 '이방인'들이 점점 기독교로 개종했기 때문에 점점 더 종교적인 계층 제도가 구축되었다.

서기 7세기 중반에 이르러서는 우리가 지금 잉글랜드라고 부르는 곳에서 마지막 이교도 왕이 살해당했고, 프랑크 왕국의 왕인 샤를마뉴Charlemagne 대제가 서기 800년 크리스마스 날에 신성 로마 제국의 황제로 즉위했다. 이로써 서유럽의 주요 인사는 적어도 명목상으로는 기독교도였다.

적어도 다음 9세기 동안, 인간이 어떻게 함께 살 것인가, 그리고 어떻게 다스려질 것인가에 대한 질문들은 육체에 대한 지배만큼 영혼에 대한 지배에도 해당되는 것이었다. 샤를마뉴 대제는 교황 레오 3세에게서 황제의 왕관과 칭호를 받았는데, 이는 원치 않는 선물이었다. 세속적이고 정치적인 영역에서 누가 최고 권력자가 될지를 서양 기독교계의 최고위 성직자가 결정해야 한다는 선례를 남겼기 때문이다. 유럽에서 수백 년간 대주교의 지위에 대한 논쟁이 지배자들 사이에서 맹렬히 계속되었다. 교황과 왕들 또는 황제들의 힘겨루기가 계속됐다. 일반인들은 이 문제에 전쟁과 종교적 박해의 피해자로서만 연루되었다.

그 사이, 눅눅한 북서쪽 귀퉁이에서 이교도 침략자들에 의해 멸망의 위기에 놓인 잉글랜드는 힘의 근원과 성질에 대한 다양한 실험을 하는 실험실이 되고 있었다.

바이킹은 브리튼과 아일랜드섬이 얼마나 가치 있고 취약한지 깨달은 후 해안 침입자에서 위험한 식민지 정착자로 변했다. 도망칠 곳도 없던 잉글랜드 왕국들은 서로 전혀 다르고 이질적이었지만 위협에 저항하기 위해 앨프레드Alfred 대왕 밑으로 통합되었다. 그래서 같이 사는 방식과 싸우는 방식에서 타협점을 찾아야 했다. 머시아, 웨섹스, 에섹스, 이스트앵글리아, 서스리지, 켄트 사람들 사이에 문화적 차이가 컸기 때문에 왕 아래 공통의 목소리를 내는 방법을 찾아야 했다. 그 방법은 각 왕국의 관습들을 모두 통합한 것으로, 부분적으로 앨프레드의 법전이라는 형태로 나타났다. 하지만 대의권은

04 | 역사에서의 공정성

위탄게모트Witangemot(보통은 줄여서 위탄Witan이라고 한다)라는 형태로 주어졌다. 왕에게 조언하는 권력자들의 의회였다. 일부 역사학자들은 위탄을 의회의 초기 형태로 생각한다. 앨프레드는 모두에게(적어도 자유인으로 태어난 남자에게) 읽고 쓰는 것을 권장했다. 잉글랜드인을 통합하는 관료주의적인 수단의 많은 부분(예를 들어 잉글랜드인들은 왕뿐만 아니라 법, 즉 배심 제도와 세금 제도에도 충성을 맹세했다)이 샤를마뉴를 모방한 것이었다. 하지만 고유한 부분도 있었는데, 그 내용은 서기 10세기 잉글랜드 왕이 다스리는 수천 명의 국민은 국가를 풍요롭고 강력해지게 하는 공동의 활동에 참여해야 한다는 것이었다. 세금 인상 조치뿐만 아니라 '십호반tithing'(10명의 자유인을 한 조로 묶어 서로 돕고, 법을 집행하며, 10개의 십호반 안에서 일어나는 사소한 저항을 직접 진압하게 했다)을 통한 법적인 강압도 있었다.

이 당시의 잉글랜드를 다른 국가들과 특별히 다른 사회적 정의의 표상으로 본다면 매우 잘못 보는 것이다. 앵글로색슨인은 '속죄금wergild' 제도(다른 계급의 시민 재산이나 인명에 손해를 끼치면 벌금을 납부한다)를 통해 2,500년 전 함무라비와 유사한 방식으로 사회를 계층화했다. 1789년 혁명 전의 프랑스 '구체제ancien regime'도 노르만 정복 이전의 영국이 농노와 노예 계급의 자유를 제한하고 있음을 인정했을 것이다. 하지만 영국은 바이킹의 위협에 직면하고 통합되면서, 더 오랜 시간 계속해서 영국을 특별한 국가로 만들겠다는 공동의 목표를 가지게 되었다. 위탄은 훨씬 더 작은 맨섬과 아이슬란드의 입법 기관을 제외하고는 서양에서 비길 데 없는 조직이었다. 영국은 다른 어떤 왕국보다 더 협력적이고 '공정한' 국가였다.

이런 점에서 1066년의 노르만 정복, 달리 말하면 앵글로색슨인의 삶에 파국을 초래한 대참사는 영국의 공정성을 후퇴시켰다. 사회 지도층 사이에서 왕을 견제하는 협력 개념이 1215년 '마그나 카르타Magna Carta'(아마 공정성의 역사에서 가장 오해를 받는 문서일 것이다41)와 함께 다시 등장했다. '마그나 카르타'는 우리가 오늘날 공정성이라고 부르는 것의 원칙에 반대했던 군주에 맞서 지주 계층의 권리를 보호했다. 왕들은 물론 절대 권력을 선호했고 제약에 맞섰다. 귀족들은 존John 왕이 마그나 카르타를 승인하도록 만들었고, 불과 몇십 년 뒤, 존의 아들 헨리Henry 3세가 해외에서의 전쟁 비용을 치르기 위해 세금을 억압적으로 거둬들이자 귀족들의 손자들이 반기를 들고 책임을 물었다. 그들은 1258년 권력을 휘두르는 헨리에 맞서 반란을 일으켰고, 자신들이 '왕국의 공동체communitas regni'라고 불렀던 것의 유익함을 주장했다. 이 '공동체communitas'는 귀족뿐 아니라 훨씬 더 폭넓은 사람들의 집단이었다. 어쩌면 이 집단은 왕국의 권력자들이 왕권과의 싸움에서 편리하다고 생각했을 때만 하나의 개념으로 공개되었을 수도 있지만, 나중에는 훨씬 더 하층 계급인 저항 세력을 위해 영국 역사(1381년 농민 봉기 또는 1450년 장미 전쟁 기간에 있었던 잭 케이드Jack Cade의 반란)에 재등장했다.

그동안 다른 유럽 국가들은 최고 권력을 쟁취하기 위해 교회와 국가 간의 싸움에 모든 에너지를 쏟고 있었다. 종교의 힘(천국이라는 구원 또는 지옥의 영원함이라는 위협을 제시할 수 있는 독점권에서 나온 힘이다)은 칼의 힘과 맞붙었다. 교황은 왕, 황제와 때로는 협력했고 (십자군이 이슬람 교도에 맞서 유럽의 동쪽으로 피비린내 나는 원정을 감행했던 것이 그 한 가지 예다) 때로는 자신의 불경한 야망을 이루기 위해 교회의 대변자 역할을 맡아서 왕과 경쟁했다.

그러나 이 싸움들은 여느 난투극만큼이나 정신적으로 싸우는 전투였다. 신학은 로마 제국의 붕괴 이후 처음으로 정치사상의 도전을 받았다. 교황의 칙서가 '군주의 거울'과 충돌한 것이다.

유럽 전역에서 왕들이 교회에 대한 통치권을 확립하기 위해 정치 이론가들에게 의지하기 시작하면서, 비종교적인 쪽이 점차 실질적인 우위를 차지했다. 니콜로 마키아벨리Niccolo Machiavelli의 『군주론』은 이 일을 표현한 작품 중 가장 유명하지만, 파두아의 마르실리우스Marsilius가 그보다 앞서 쓴 『평화의 수호자Defensor Pacis』라는 초기 작품의 예비 사상이 없었다면 쓰이지 못했을 것이다. 『군주론』은 계몽된 통치자의 정부를 위해 공익에 기반한 규칙들을 제시했다. 우연의 일치에 관심을 기울이는 사람들을 위해 덧붙이자면, 『평화의 수호자』는 42개의 제안을 담고 있는 것으로 알려져 있다.

수평파, 로크, 그리고
영국과 스코틀랜드의 계몽주의

로마 제국의 붕괴 이후 천 년이 넘는 시간 동안 사람들의 마음속에는 힘에 대한 의문이 단 한 가지밖에 없었다. '누가 힘을 가졌는가?' 답이 단 한 사람이어야 한다는 것에 의문을 품은 사람은 거의 없었다. 그 한 사람은 왕이나 황제, 아니면 술탄이나 칸일 수도 있다. 교황이나 족장일 수도 있고 그 둘을 결합한 칼리프일 수도 있다. 몇몇 경우에는, 베네치아, 피렌체, 제노바 같은 이탈리아 도시 국가의 공화제처럼 집단이 힘을 가졌을 수 있다. 그들은 교역을 해서 막대한 부를 창출할 수 있었고 자국은 물론 다른 나라를 통제할 수 있었다. 북유럽에서는 수십 개의 도시가 신성 로마 제국의 황제(사실상 현재 우리가 독일이라고 부르는 국가의 왕)로부터 높은 수준의 자치권을 부여받아서 '자유 제국 도시'의 지위를 누렸다. 귀족 대표가 아닌 귀족들은 귀족 대표와 황제 사이에 개입하지 않았고, 가끔 열리는 비종교적인 의회에서 투표할 수 있었지만 황제가 죽었을 때 후계자를 선택하는 것 외에는 실권이 거의 없었다.

세계의 다른 곳에서도 독립국들의 예를 찾을 수 있다. 아라비아 동부에 있는 까르마트파Qarmatians의 유토피아적인 공화국이나 멕시코에 있는 틀락스칼라 공화국은 귀족과 평민 공동체 모두 참여할 수 있는 의회에 의해 통치되었다. 미국 북서부의 이로쿼이 연합, 하우데노사우니Haudenosaunee는 공통 언어로 말하는 여러 부족의 연맹으로, 유럽의 백인 식민지 개척자가 비슷한 생각을 떠올리기 수백 년 전에 이미 대표자 회의를 소집했다.

이 공화국들의 공통점은 작은 지역을 다스렸다는 점이다. 모두 인구가 적었고, 이들에게는 그리스 공화국처럼 수천 개의 공동체와 수백 킬로미터 거리까지 퍼져 있는 많은 사람을 다스리는 정교한 장치가 없었다.

하지만 종교 개혁 시대의 유럽은 행동과 사상의 독립을 어느 정도 허용했고, 개신교 종교 사상은 사람들이 어떻게 함께 살아야 하는지에 대한 문제에도 적용될 수 있었다. 개신교는 개인이 신, 그리고 성경에 표현된 신의 말과 관계를 맺는 것을 강조했다. 이것을 딱 21세기적인 단어로 말하자면 관념으로서의 '교회'를 탈중개화 disintermediation하는 것이었다. 그렇게 함으로써 교회와 신과 인간의 중간에 섰던 사람들(신부, 주교, 교황)은 권력과 돈을 빼앗겼다.

작고, 대부분 개신교인이고, 독립적 정치 조직인 국가 중 규모와 힘 측면에서 단 하나의 예외는 네덜란드 공화국이다. 16세기 말 도시 국가 연합의 출현은, 아주 적은 인구(150만 명을 넘은 적이 없었다)의 네덜란드가 서양에서 우위를 차지하는 시기로 이어졌다. 네덜란드는 무역, 금융, 과학, 해전, 예술 분야에서 국가의 크기에 비해 엄청난 규모로 앞서고 있었다. 또한 네덜란드는 자유사상과 가톨릭 계층제 반대의 횃불 역할을 했다. 한편 영국은 스페인, 신성 로마 제국과 끊임없이 싸우면서 공화국이 약화된 이후, 공화국의 혁신을 많이 받아들였다.

네덜란드는 종교 의식과 왕권신수설을 거부했지만, 사회는 여전히 신앙에 깊게 뿌리를 내리고 예수가 흡족해했을 것으로 생각되는 이상을 중심으로 형성되어 있었다. 그리고 그들은 여전히 통합의 중심 역할을 할 인물 없이는 통합할 수 없었다. 그래서 선출이기도 하고 왕가에 속하기도 하는 주지사라는 인물을 세웠다. 주지사는 공화국이 공격을 받는 (잦은) 재앙의 순간에 지휘를 맡았다. 프랑스와 스페인의 가톨릭 왕들은 언제나 네덜란드를 몰살시키려고 애썼다. 네덜란드가 이단 개신교도들이 번영하는 모습을 보여줬기 때문이었으나, 유럽의 전통 왕국이 보기에 네덜란드의 무역 및 상업 기술이 너무 매력적이었기 때문이기도 했다.

주지사 중 한 명은 오라녜Orange 왕가의 윌리엄William이었다
(1664~1704년 통치). 그는 왕권신수설의 통치자에서 선출된 비종교
적 통치자로 올라가는 디딤돌로서, 신성 로마 제국의 황제로부터 한
발 벗어나는 역할을 맡았다. 윌리엄은 영국인 아내 메리 스튜어트
Mary Stuart(가톨릭교도 왕 제임스 2세의 개신교도 딸)를 통해 영국의 왕
위에 일시적인 흥미 이상의 관심을 가졌다. 본국인 네덜란드 공화국
은, 절대 왕정의 가톨릭교도 군주인 루이 14세를 격퇴하려고 고군분
투하고 있었다.

17세기 왕권신수설과 개신교 원리주의의 충돌은 군주제와 의회
제의 충돌이 되었다. 왕에게 있어서 개혁에 관한 나쁜 소식은, 인간
에 대한 교회의 탈중개화를 실험한 적이 있다면 왕에게 같은 일을
시도하는 게 어려운 일은 아니라는 것이다. 기관이 우리와 창조의
관계를 방해해야 하는 이유가 없다면, 기관이 우리 서로의 관계를
방해해야 하는 이유도 없었다.

끔찍한 유혈 내전(유럽의 나머지 국가들에서 벌어졌던 충돌로, 개신
교와 가톨릭교 문화 사이의 훨씬 더 끔찍하게 피로 점철되었던 30년 전쟁
이 끝나고 있을 때였다) 속에서 영국인들은 왕 찰스 1세의 통치를
벗어나 그를 참수했다.

11년 동안 영국인들은 비종교적인 통치를 시험했다. 역사적으로
그 시기에 협력 개념이 발달하기 시작했고 어떤 점에서는 그 개념이
두드러지게 현대적으로 여겨졌다. 시대를 너무 앞서가서 올리버 크
롬웰Oliver Cromwell에 의해 숙청된 당파인 수평파Leveller는 모든 재화,

토지, 재산의 공동 분배가 옳다고 생각했다. 그들은 돈에 맞섰다. 하지만 코먼웰스라는 한층 더 절제하는 개념은, 의회의 규정으로 왕권을 대신한 청교도의 제도로서, 찰스 1세가 '왕국의 공동체'에 내세웠던 독단적이고 신비주의적인 권력만큼이나 주민들의 입맛에 맞지 않았다. 크리스마스를 금지하고 간통에 대한 사형제를 다시 도입했으며 영국인들이 즐겁게 생활하는 것을 방해했기 때문이다. 영국인들은 1660년 스튜어트 왕, 찰스 2세가 다시 돌아오는 것을 환영했고 그의 죽음이 가까워질 때까지는 비교적 행복하게 지냈다. 이후에는 그의 가톨릭교도 형제 제임스 2세가 훨씬 더 이전으로 시간을 되돌리기 위해 애썼다.

잉글랜드와 스코틀랜드는 1680년대까지 소수의 가톨릭교도를 포함한 뿌리 깊은 개신교 왕국이었다. 제임스가 가톨릭을 지지하고 루이 14세에 영합하는 법을 도입하기 시작했을 때, 설상가상으로 그의 아내가 제대로 된 '가톨릭' 왕조를 나타낼 수 있는 아들을 가졌을 때 그것만으로도 이유는 충분해졌다.

독실한 영국 국교도인 메리 스튜어트는 영향력 있는 많은 영국인들에게 해결책으로 보였다. 1688년에 영국인들은, 메리와 같은 개신교도인 남편 윌리엄에게 그녀의 곁에서 왕이 되어줄 것을 요청했다. 영국인들은 무혈 쿠데타로 제임스를 쫓아내고, 군주와 국민 각각의 권한이 무엇인지를 제시한 권리 장전을 도입했다.

이 시기 유럽 어디에나 있던 정치적 권력에 관한 가장 중요한 글은 잉글랜드인 남성 존 로크가 쓴 것이었다. 그는 내전 장교(의회 측 기병대 대령)의 아들이었다. 300년 후의 존 롤스처럼, 내전이라는 전통을 물려받은 존 로크는, 어떻게 하면 인류가 함께 가장 잘 살 수 있을지를 끊임없이 생각했다. 로크는 사회와 정치에 대한 우리의 사고방식에 크게 기여했을 뿐만 아니라(그가 쓴 『통치론』은 권리 장전과 미국 헌법의 기초가 되었고 볼테르Voltaire, 루소Rousseau, 칸트Kant의 사회 계약적 사고방식의 토대를 마련했다) 사고에 대한 생각에도 크게 기여했다. 『인간 지성론』(1689)은 경험주의로 알려진 활동의 기초를 세운 기록이었다. 경험주의는 인간의 이해가 경험에서 나오고 경험을 통해 확장될 수 있다고 간주했다. 그리고 모든 지식은 이미 존재하며 진실을 발견하려면 세밀하게 조사하고 분석해야 한다는 아리스토텔레스의 학문법에 기초해서, 그 이전의 모든 종교적 가르침에 이의를 제기했다. 로크는 생각의 힘에 대한 데카르트Descarte의 글에 기반해 모든 해답은 인간의 정신에서 찾을 수 있다는 믿음을 발달시켰다. 그 덕분에 사회적, 정치적 관계에 대한 '계약' 이론을 발달시킬 수 있었다.

우리는 이 문장을 이 책의 첫 장에서 봤다.

'누구든지 스스로 천부의 자유권을 버리고 시민 사회에 결속되는 유일한 방법은, 편안하고 안전하고 평화로운 삶을 살기 위해 다른 사람들과 모여 하나의 공동체가 되기로 동의하는 것이다.'

이 이론은 수평파의 기이하고 독단적이며 극단적인 이상주의가 아니라, 인간이 사회에 결합하는 이유를 이해하는 발달된 이론이었다. 로크는 선임자 토머스 홉스Thomas Hobbes와 문명 이전의 시기 또는 아무것도 없던 시기를 의미하는 '자연 상태state of nature'라는 개념을 공유했다. 그러나 홉스는 그 개념을 끔찍하고 폭력적이고 잔혹한 상태로 생각했던 반면, 로크는 그 개념을 훨씬 더 친절하고 온화하고 신뢰할 수 있는 이상적인 상태였로 생각했다.

인간 사상의 발달에서 이 두 거대한 흐름(생각의 자주권과 신과의 관계의 개인화)은 우리를 물질적 세계와의 관계로 되돌아가게 한다. 이는 수렵 채집인으로 살았던 삶에 더 가까운 것이었다. 로크는 고생물학에 대한 지식도, 진화에 대한 개념도 없었다. 하지만 우리는 로크가 '자연 상태'라고 불렀을 상태에서 인간이 협력적으로, 평등주의 성향으로 살 가능성이 훨씬 더 큰 것을 목격했다. 그 이유는 다른 집단과 경쟁하고, 고독하고 가난하고 끔찍하고 야만적이고 짧을 수 있는 삶의 위협에 맞서기 위해서다.

홉스는 자연 상태의 위협을, 군주가 우리를 보호해 줄 수 있는 한 군주의 지배에 이의 제기 없이 따라야 하는 이유로 삼았다. 하지만 로크는 그것을 모이는 것에 대한 인간의 열망으로 봤다. 고고학적, 인류학적 증거는 홉스보다 로크의 사상이 진실에 더 가깝다고 말해 주고 있다.

이 인본주의적인 생각에 의해, 일반적인 상호 작용에서 공정성이 역할을 하기 시작한 과거로 돌아가려면 거쳐야 할 과정이 있었다. 공동의 삶의 실현 가능성에 대한 과학적 연구와, 종교 사상을 일상에 최종적으로 종속시키는 것이었다. 이 결합이 제국의 정복을 통해서 유럽인들에게 막대한 부를 가져다준 것은 사실이다. 그러나 지구의 나머지 지역의 희생을 발판으로 삼았다는 것은 비극이었다.

공정성과 제국
— 공정성은 백인만을 위한 것일까?

사회가 여러 단계를 거쳐 끊임없이 더 큰 발전(이것이 무엇을 의미하든)을 향해 나아간다고 믿는 생각은 휘그Whig 역사관으로 알려져 있다. 책의 시작 부분에서 나는 그 비슷한 것을 '애거티즘agathism'이라고 불렀다. 상황이 더 나은 결과 쪽으로 나아가는 경향이 있음을 나타내는 개념이었다. 평균 수명, 유아 사망률, 경제적 불평등 대책과 같은 여러 요인을 고려하면 인간의 삶은 지난 이삼백 년 동안 '나아지고' 있다.

18세기 초, 인간의 진보에 대해 생각하는 사람의 관점에서는 그렇게 주장하기가 쉽지 않았을 것이다. 유럽에서 그 이전 백 년 동안에는 평균 수명이 짧아지고 전쟁에서 죽는 사람의 수가 크게 증가했다(30년 전쟁은 '1인당' 사망자 수로 계산했을 때, 1939~45년의 제2차 세계대전을 제외하고, 다른 어느 분쟁보다도 많은 인명을 희생시켰다). 17세기 후반에는, 1340년대 말 흑사병으로 처음 출현한 이후 세상에 잠복해 있던 전염병이 심각하게 다시 유행했다. 또 지구의 다른 곳에서는 엄청나게 파괴적인 전쟁들이 발발했다. 중국에서는 명청 교체기에 적어도 2천5백만 명이 죽었고, 인도에서는 무굴 – 마라타 전쟁에서 5백만 명이 목숨을 잃었으며, 한국에서는 일본의 침략으로 백만 명이 죽었다. 기아와 질병은 언제나 전쟁을 따라다녔다.

유럽에서는 중세 시대에 비명횡사하는 인구수가 점차 감소하고 있었지만 그 추세는 17세기에 둔화되었다. 16세기의 의학과 공중 보건은 14세기와 특별히 달라지지 않았다. 만약 지구라는 행성에 언젠가 살아야 한다면 지금은 아니라는 강한 인식이 전 대륙에 퍼져 있었다. 고대 그리스와 로마 시대에 그들의 지혜와 함께라면 몰라도, '오늘'은 아니었다.

하지만 우리가 오늘날 계몽주의 시대라고 부르는 시기까지, 과학이 신앙이라는 눈가리개를 벗기기 시작했을 때 사람들은 동료 인간들의 운명을 개선하기 위해 그렇게 열심히 노력하지 않았다. 고대인들조차 삶에서 선을 추구하는 것을 특별히 다른 사람들을 위해 하는 행동으로 보지 않았다. 그것은 주로 개인의 행복을 목표로 했다. 서기의 초기부터 기독교의 가르침은 구약 성서의 권고 '네 이웃을 네 몸과 같이 사랑하라'를 매우 중요시했다. 서기의 레위기에 나온 이 말은 너그러워지고 유연해지라는 의미로 해석되었다. 근대 초기까지 기독교를 받아들였던 사회는 대부분 노예를 소유하거나, 농노 제도 또는 부역 노동을 어느 정도 시행하고 있었다. 사랑은 이웃에게 낭비되지 않았다.

그러나 우리가 종교 개혁기와 계몽주의 시대라고 부르는 각각의 시기에 두 가지 신념이 유럽에서 끓어오르기 시작했다. 첫째, 신의 뜻을 해석하는 것은 권위주의적인 교회와 사제 같은 간섭주의자들의 독점적인 역할이 아니다. 둘째, 인간에게는 타고난 권리가 있다. 누군가 이것이 좋은 사회의 목표가 되어야 한다고 제안하기까지는 시간 문제일 뿐이었다. 18세기 공리주의 사상에 따라, 네 이웃을 네 몸과 같이 사랑하라는 말이 뭔가를 의미한다면, 그 의미는 우리가 이웃도 우리처럼 행복하길 원해야 한다는 의미일 것이다. 혁명적인 생각은, 그게 우리 자신의 행복 일부를 희생하는 것을 의미하더라도 그렇게 해야 한다는 것이었다. 이 생각은 미국 건국의 아버지들에게 는 너무 자명하다고 느껴지는 사실이었다(하지만 당시 지구상에서 가 장 세금을 적게 내고 있었음에도 불구하고 보스턴 차 사건을 벌인 사람들, 또는 모든 사람이 평등하다고 선언한 노예 소유자들의 동기에 대해서 너무 깊은 의문을 가지면 머리만 아프다. 참고로 영국 통치에 대한 그들의 반대 는 적어도 부분적으로는 조지 3세의 각료들이 반대했던 북미 원주민의 수 용을 가속화하려는 욕구에 기초한 것이었다).

18, 19세기에는 농업과 산업 혁명을 통해 돈을 버는 방법이 크게 성장했고 금융 자본주의를 통해 돈을 분산하는 방법도 마찬가지로 크게 성장했다. 과학 혁명은 사람들이 세상에 대해 안다고 생각하는 모든 것에 의문을 품도록 장려했고, 이어서 신뢰 개념이 발달했다. 그때까지 이러한 생각은 상당 부분 플라톤, 아리스토텔레스, 성경 에서 유래한 것이었다. 모든 것에 대한 답을 경험과 과학에서 찾을 수 있다면, 경제학도 과학이었고, 덕은 금융 확대를 통해 성취될 수 있었다. 애덤 스미스Adam Smith가 규정했듯 자본주의는 인간의 공공 의 건강과 부 향상을 위한 도구였다. 상호 이익과 상호 신뢰의 언어 로 표현된 자본주의 개념(신용, 신탁, 주식, 지분, 채권)의 적용은 볼테 르Voltaire, 루소Rousseau와 같은 사상가들이 인간들 사이의 새로운 형 태의 계약(사회 계약)을 제시하던 때와 같은 시대에 나타났다. 인간 을 구속하는 것이 동시대의 다른 인간에게 달려 있다면, 신의 관점 에서 평등은 그다지 좋은 게 아니었다. 중세 이후 법이 정교하게 발 달하면서 사업과 정치에서 다른 형태의 계약이 나타났다. 두 계약이

서로 바꿀 수 있는 개념이었다면 인간에게 좋은 것이 경제에도 좋고 그 반대도 마찬가지였을 것이다.

인간에게 좋지 않았던 것은, 자본은 성장을 위해 존재하고 성장은 자본을 위해 존재한다는 사상의 출현(마르크스Marx와 엥겔스Engels가 1848년에 그것이 뿌리 깊은 악임을 증명했다)이었다. 이것은 알렉시 드 토크빌Alexis de Tocqueville이 인간이 다른 동물에게 하듯 유럽인이 다른 인간에게 하는 행동을 관찰하도록 장려한 공식이었다. 제국의 확장으로 이 사상은 확실히 사실로 증명되었다. 스웨덴의 자연 철학자인 린네Linnaeus가 자연계의 나머지 부분에 라틴어 분류법을 사용했던 것만큼 이때의 사람들은 다른 사람들을 분류하는 데 빠르고 열성적이었기 때문이다. 스페인 사람들은 유럽의 수평선 너머에 있는 세상의 부가 항해자뿐 아니라 왕을 어떻게 부유하게 할 수 있는지 보여줬다. 항해하고, 장총을 사용하고, 비유럽인의 관습, 자유, 생존에 무관심할 수 있는 능력만이 필요했다. 무관심은 대체로 어렵지 않았다.

물론 계몽기 덕분에 유럽인(또는 그 일부)은 인권, 신앙에 대한 관용, 합리성, 자유와 같은 개념을 우선할 수 있었지만, 그렇다고 해서 이 개념들이 특별히 서양 사상이라고는 할 수 없다. 아마르티아 센은 인도 사상의(바가바드기타 또는 마누 법전Laws of Manu에 표현된) 사회 정의와 권리라는 개념이 유럽의 표현보다 훨씬 먼저 형성되었다고 지적했다.

그러나 인도의 아소카Ashoka나 아크바르Akbar 같은 철학자 왕의 시야는 백인보다 좁았다. 계몽기 이후, 대양 건너로 군사력을 수

송하는 능력이 대체로 비슷했던 제국 세력들 사이의 경쟁이 결국 1914년 유럽 대륙에서 또 다른 거대한 분쟁으로 이어졌다. 전쟁의 후유증 중 하나는 두 나라(러시아와 독일) 사람들에게 부당하다는 느낌이 뿌리 깊어진 것이었다. 그것이 그들을 전에는 알려지지 않았던 인간의 상호 작용에 대한 새로운 실험을 하도록 이끌었다. 러시아인 또는 그들 중 적지 않은 사람이 수백만 명의 사람들 간에 모든 재화가 공유되게 하려고 강요했고, 다른 사람들의 이익을 위해 누군가의 이익을 강제로 희생시키려고 했다. 독일인 또는 적어도 그들 중 적지 않은 사람이 전 국민에게 인종과 혈통에 근거한 예외주의라는 원칙을 시행했다. 그다음엔 전 대륙, 그리고 거기서 멈추지 않았다면 아마 전체 종을 대상으로 했을 것이다. 이러한 사상, 자본주의, 제국주의, 전체주의에는 어쩌면 공정성이라는 개념의 싹이나 자투리가 있었을지도 모른다. 하지만 그 개념의 싹이나 자투리들은 아주 강력하지 못했거나, 지독한 불공정성을 선호하는 사람들의 격렬한 경쟁 본능을 다스릴 수 없었을 것이다.

그러면 공정성은 어디에서 나올까? 이 개념이 양치식물 속에 숨는 포유동물 종의 선조처럼 공룡에 잡아먹히거나 밟히지 않으려고 애쓰면서 역사에 몰래 숨어 있다면, 공정성이라는 단어는 도대체 왜 있는 것인가?

TO BE FAIR

05

공정성은 영어권 국가의 산물일까?
(스포일러 주의: 아니다)

영국은 국민을 대하는 방식이 다른가?

　인간 본성의 레시피 깊은 곳에서 발견된 감정이 인간성의 작은 조각 하나에 불과하다고 주장하거나 믿는 것은 말이 되지 않는다. 독일인들이 타인의 실패에 기쁨을 느낄 수 있는 유일한 사람들이 아니고, 프랑스인들이 침착하고 품위 있게 행동하는 능력이 있는 특별한 사람들도 아니다. 단지 독일인들은 '샤덴프로이데 schadenfreude◆'라는 단어를 만든 것으로 보인다. 또, 다른 언어에는 '파나쉬 panache◆◆'라는 단어가 없다. 이 단어들이 일상적인 감정을 묘사하는 것은 아닌 듯하다. 물론 다른 언어 사용자에 의해 수입된 단어의 예는 많이 있다. 영국에는 수백만 채의 주거용 단층 건물이 있지만, 힌디어에서 '방갈로 bungalow◆◆◆'라는 단어를 차용했다. 어쩌면 처음에 집의 소박함을 좀 더 이국적이고 긍정적으로 표현하려고 그랬을 수 있다.[42]

　그러나 공정성과 같이 자주 표현되거나 인간 본성 레시피의 아주 깊은 곳에 있는 뭔가를 나타내는 단어가 없는 것은 이상한 일이

◆　　남의 불행을 고소하게 여긴다는 뜻이다.
◆◆　　멋지고 위풍당당한 모습이라는 뜻이다.
◆◆◆　베란다가 붙은 간단한 목조 단층집을 말한다.

다. 하지만 언어학 전문가에 따르면 영어 이외의 세계의 모든 주요 언어에 그런 단어가 없다. 그리고 영어에서 '공정성'이라는 단어는 비교적 짧은 시간 동안만 우리가 고려해 왔던 의미로 사용되었다. 아마 말로 전해 내려온 역사의 절반보다도 짧을 것이다.

'앵글로' 사회가 공정성에 대해 계속 말하는 이유에 대한 훨씬 더 그럴듯한 설명은, 그들이 자신들은 다른 민족과 다르다고 생각하면서 도덕적 우월성을 강조하고 싶어 한다는 것이다. 영국인들은 '겸손하기 때문에 말하지 않는다'고 말하지만, 그것은 분명 그렇지 않다. 영국인들과 미국인들은 아득한 옛날[43]부터 자유롭고 관대한 최초의 민주 국가였다는 자랑스러운 국가상을 구축하기 위해 영국 관습법과 마그나 카르타의 역사를 자유로이 고쳐 썼다. 하지만 실상은 그렇지 않다. 관습법은 절반 이상이 노르만에서 기원했고 마그나 카르타는 재산을 빼앗긴 사람들 대신 주로 지주들에게만 혜택을 주었다.

모든 '앵글로' 사회를 싸잡아 말하는 것도 잘못된 것일 수 있다. 데이비드 해킷 피셔David Hackett Fischer의 훌륭한 저서, 『공정과 자유Fairness and Freedom』는 더 최근의 공정성을 다루고 있다. 이 책은 우리가 여기에서 잠깐 보기에는 아쉬울 정도로, 충분한 연구를 할 수 있게 하는 훌륭한 참고 자료다. 데이비드 해킷 피셔는 이 책에서 사회적 상호 작용의 초점이 자유에 있는 그의 모국인 미국과, 공정성이 정점에 이른 국가로서 뉴질랜드를 비교한다. 뉴질랜드의 거의 모든 정치인이 한 세기 반 동안 그들의 성명서에서 시민을 위한 '공정한 기회fair go'가 중심이 되게 만들었던 방식과 자유에 집중하는 미국 정치인의 습성을 대조한다. 주목해야 할 점은, 미국 흑인과 북미 원주민이 미국의 자유라는 이상과 모든 인간은 평등하게 태어났다는 '진실'의 자명함에 대해 보였던 반응처럼, 뉴질랜드의 마오리족이 섬의 역사에 공정성이 널리 퍼지는 것을 강하게 반대할 수도 있다는 사실이다. 그러나 뉴질랜드인들은 공정성에 대해 많이 말하고 호주인들처럼 개념을 압축하는 관용구를 많이 쓴다는 점에서(공평하게 합시다fair do, 진짜로fair dinkum, 만만한 대상fair game) 공정성이 그들에게 무엇을 의미하는지를 오래 생각했을 것이다.

피셔가 지적하는 것처럼 그 생각에는 영국의 패권 아래 살면서 영국의 공정성을 나쁘게 평가하는 것의 영향력에 대한 생각이 포함된다. '행운을 빕니다!Best of British luck!♦'라는 표현은 뉴질랜드인에게 전혀 운이 없다는 의미다. 그들이 '모국'을 공정성이 없는 국가로 연상하기 때문이다.

뉴질랜드에서 학술 프로젝트에 참여했던 미국인 피셔는 포괄적인 연구의 결론으로 공정과 자유를 제시했고, 두 개념이 '서로의 선을 강화하고 악을 바로잡을' 수 있는, 서로 다르지만 상호 보완적인 개념이라고 말했다. 또 이렇게 말하기도 했다.

'공정성에 관해서는 세상에 뉴질랜드보다 가르칠 것이 많은 국가도 없다. 또 미국보다 배워야 할 것이 많은 나라도 없다.'44

다른 나라 사람들도 미국인들이 공정성보다 자유를 이상으로

♦　직역하면 '영국 최고의 행운'이라는 뜻이다.

귀중하게 여긴다는 데 동의할 것이다. 천성적으로 더 경쟁적인 사회가 있고 따라서 그런 사회에는 놀라운 성공과 성장이 있다. 많은 미국인이 영국의 국가보건서비스National Health Service, NHS나 BBC 방송국과 같이 영국이 소중하게 여기는 공동 노력의 형체들을 짙은 의혹의 눈으로 바라본다. 미국의 정치인들은 NHS를 '사회주의'라고 맹렬히 비난하면서 매우 흡족해한다. 그러나 특히 코로나바이러스 대유행에 대한 저임금 직원들의 대응 이후에 국가 조직 의료 시스템을 공격한 영국 하원 의원은 의원직을 사퇴하는 편이 나을 것이다. 영국인이나 호주인, 캐나다인, 뉴질랜드인들은 미국 정치의 몇 가지 특이한 점들(게리맨더링, 유권자 탄압, 선심성 법안, 정부 셧다운, 통치 기준을 패러디한 국가 원수)을 보며, 그러한 결점의 대다수가 역사적으로는 영국의 수출품임에도 불구하고 우쭐대는 우월감을 느낀다.

그러나 객관적으로 볼 때, 미국인들에게 공정성은 자유의 보호책인 헌법에 대한 절대적 믿음에 다소 밀리는 듯이 보인다. 미국에서 벌어질 수 있는 가장 고귀한 형태의 논의는, 현대의 사건들이 1787년 몇십만 명을 통치하기 위해 서명했던 문서에 반하는지 미국 대법원에서 합헌성 검사를 받을 때 벌어진다. 합헌성 여부가 여전히 경외심의 대상인 점에서 증명되듯이 미국의 자유 '약관'으로서 그 문서는 옳아야 한다. 하지만 반드시 공정해야 하는 건 아니다.

그렇지만 영국과 다른 영어권 국가들이 다른 나라의 공정성 결여에 대해 우쭐해 할 권리를 가지는지 여부는 가장 심각한 반대에 부딪히기 쉬운 문제다. 영국의 제국주의 역사는 다른 유럽의 제국주의 열강들보다 조금 덜 끔찍할 수도 있지만 여전히 대학살, 분열, 자원 약탈, 노예화 사건들(요컨대 인간이 인간에게 할 수 있는 모든 것)로 얼룩져 있다. 서로에게 허용되는 관용, 자유, 품위, 타협과 같은 개념들이 마오리족이나 호주 원주민, 북미 원주민, 대부분의 인도인에게는 허용되지 않았다. 영국인들은 그들의 배가 멀리 떨어진 섬과 대륙의 모래에 닿았을 때 발견한 문화를 정복하거나 억압할 수 없는 곳에서 거래하고, 수용하고, 협상하고, 조종했다. 분할 통치는 영국의 인도 통치, 중국 해안 지역과 아프리카와 북아메리카의 거대 지역에 대한 짧은 지배의 원칙이었다. 동맹과 배신이 확장을 추진시켰다. 그렇지 않으면 어떻게 그렇게 작은 국가가 1770년대부터 1910년대까지 그토록 거대한 권력을 휘두를 수 있었겠는가? 영국은 편의주의 국가였고 지금도 그렇다. 프랑스는 영국을 '믿을 수 없는 앨비언Albion◆'이라고 부른다. 그러는 이유가 있을 것이다.

호주와 뉴질랜드를 포함한 다른 국가들은 공정성에 대한 영국의 태도에 분개한다. 공교롭게도 나는 이 말을 앤잭 기념일에 쓰고 있다. 앤잭 기념일은 호주와 뉴질랜드의 현대 시민들이 1915년 이후 전쟁 때 숨진 사람들을 기리는 날인 4월 25일이다. 1915년의 그날, 터키 남부에서 갈리폴리 군사 작전이 시작되었다. 호주와 뉴질랜드 군대가 처음으로 동참했던 그 전투에서 가장 한창때의 두 나라 젊은 이들이 갈리폴리의 경사지에서 허무하게 목숨을 잃었다. 당시 무신경했던 영국 장교들은 서부 전선의 전장에서 작은 전략적 이득을 얻

◆　영국의 옛 이름이다.

기 위해 젊은 생명을 희생시키는 것에 익숙해져 있었다. 여기에는 우화적 요소가 있다. 이 군사 작전에서 수뇌부는 모든 연합군 병사들(영국인과 호주인, 뉴질랜드인 모두)에게 거의 똑같이 냉담했다. 그러나 그러한 태도는 충분히 이해할 만한 더 깊은 태도를 반영한다.

영국인(아마 더 정확하게는 잉글랜드인)은 공정하든 불공정하든 세계적으로 두 가지가 유명하다. 바로 좋은 매너와 위선이다.

영국인들의 모든 대화는 상대를 고분고분하게 만들기 위한 상투적인 말과 가식적인 말, 그리고 살짝 떠보는 말로 구성되기 쉽다. 영국인이 '잘 지내세요?how do you do?'◆(점점 보기 드물어지는 인사다)라고 물을 때는 대답을 원하는 것이 아니다. 탐색이나 희망의 표현('잘 지내길 바랍니다I hope you are well')으로 대화나 의사소통을 시작하는 것이다. 이는 매우 '앵글로'답다. 다른 문화에서 인사는 대부분 일반적으로 호의의 표현이다. 영국인, 그리고 일부 초기 정복지의 주민들은 상업과 협상의 문화를 자주 접하고 가능하면 그 문화가 유지되기를 선호한다. 그러나 제국주의 과거에서는 분명하게, 그리고 현재는 암묵적으로만, 협상이 가능하지 않거나 압도적으로 우세해서 필요하지 않을 때 이들은 거리낌 없이 칼로 방향을 전환할 사람들이다.

영국인을 잘 알았던 또 한 명의 프랑스인은 1898년부터 1920년까지 영국 궁정의 대사였던 폴 캉봉Paul Cambon이다. 그는 국가의 이익이 인류 전체의 이익과 일치하는 사실을 발견하는 것보다 영국인

◆　처음 만난 사람에게 건네는 정중한 인사말이다.

에게 즐거운 일은 없다고 말했다. 영국인들은 그런 '교차점'이 존재하지 않으면 그것을 만들기 위해 전력을 다할 것이다. 즉, 그 시대 영국인들이 도덕적 우월성을 가지고 있었다는 캉봉의 타고난 감각에 의한 견해를 나무라기는 어렵다. (하지만 캉봉의 말이 프랑스어로 표현되었다는 점은 주목해 볼 만하다. 프랑스어는 그가 영국에서 22년을 지내면서 그에게 영어로 말하는 사람과 나눈 모든 대화의 한마디 한마디가 모국어로 번역되어야 한다고 주장하면서 독점적으로 말했던 언어다. 심지어 'Yes'라는 단어도 그렇게 했다. 영국인이 도덕적 우월성에서는 앞설 수 있지만, 배타적이고 오만한 자부심은 갖고 있지 않다.)

어쩌면 역사의 긴 기간을 살펴봐야만 영국인의 사고방식이 공정성에 대한 특정 태도를 초래했는지 그리고 그 사고방식이 좋은 것이었는지 아닌지를 이해할 수 있을 것이다.

수 세기에 걸쳐 영국의 대의 민주주의는, 원래 부유한 계층만을 위한 '공정성'이라는 제한된 목표를 위해 제정된 제도(마그나 카르타부터 1258년 옥스퍼드 조례, 1689년 권리 장전까지)에서 출발해 어떤 신앙(일반적으로 개신교)의 공통 원칙을 고수하는 사람들에게만 공정성을 제공하려는 첫 번째 제도로 진화했다. 그리고 나중에는 더 비종교적이고 다원적인 사회의 발달과 함께 특정한 도덕적, 종교적, 정치적 신념에 관계없이 모두가 누릴 수 있는 혜택으로 진화했다.

대의 민주주의는 또한 전세계적으로 사회적, 정치적 역사의 양식이다. 우리는 여전히 지구를 전체주의 체제, 폭군, 독재자들과 공유하고 있지만, 그들은 소수다. 더 많은 사람들이 인류 역사의 어느 때보다도 민주주의 정부(비록 이것이 그 자체로 탄력적인 용어이긴 하지만) 아래에서 산다. 보건, 기술, 무역, 식량 공급에 협력을 보장하는 국제기구들이 있다. 국가들이 무기를 들기 전에 의견 충돌을 해결할 수 있는 포럼도 있다. 이 조직들은 인류 자체만큼 결점이 있고 비효과적이지만, 적어도 부분적으로는 그것의 본보기가 긴 역사에서 구축되었기 때문에 존재할 수 있다. 결코 그 본보기의 전부는 아니지만 그들의 뿌리를 추적해 들어가면, 영국에서 처음으로 출현하지는 않았으나 가장 오래 지속된 제도였음을 알 수 있다. 물론 국제적인 친구들과 이웃들의 안내와 지원을 종종 받았다.

이 모든 것이 우리가 평등주의 수렵 채집인으로 살 때보다 '호모 사피엔스'를 더 행복하게 하는지는 논쟁의 여지가 있다. 박식한 사람이라면 내 역사 개요와 기념비적인 일반화에 구멍을 낼 수 있지만, 나는 수렵 채집인 시대와 원자 폭탄 투하 사이의 어떤 시기보다 오늘날 더 많은 사람들이 더 공정한 환경에서 살아야 한다는 내 생각을 고수할 것이다.

언어학적 논쟁

앙겔라 메르켈Angela Merkel은 행복한 '엄마Mutti'가 아니었다◆. 보통 위압적인 태도를 유지하는 독일 총리 메르켈이 주먹으로 협상 테이블을 내리치기까지 했다. 국가의 권리를 대변하기 위해 일어선 그

◆　메르켈은 독일 내에서 통합과 조화의 리더십으로 무티(엄마)라는 별명을 얻었다.

녀는 감정을 쏟아냈다.

'이건 공정하지 않습니다!Das ist nicht fair!' 메르켈 총리는 외쳤다. 2014년, 내 전 동료 피터 스피걸Peter Spiegel이 〈파이낸셜 타임스〉에 쓴 기사에 따르면, 옆에 앉은 니콜라 사르코지Nicolas Sarkozy 대통령과 맞은편에 앉은 버락 오바마Barack Obama 대통령을 노려보던 메르켈의 눈에 눈물이 고였다고 했다. 이 기사는 독일의 지도자가 동맹국들로부터 국제 금융의 중요한 원칙들을 희생하도록 위협당하고 있다고 느꼈던 3년 전의 극적인 밤을 묘사했다. 그 어느 때보다 큰 위험을 감수해야 했던 때였다. 3년 전 세계 금융 위기의 영향으로 유로존이 붕괴되고 있을 때, 총리는 국가의 중앙은행을 대신해 결정을 내려야 하는 상황에 몰려 있었다. 하지만 독일의 중앙은행 분데스방크Bundesbank는 설립 이후로 독립성을 유지하고 있었기 때문에 총리는 요구받은 대로 실행할 수 없었다. 중요한 사실은, 그녀의 경력을 통틀어 유일하게 울기 직전까지 갔던 그 순간, 그녀가 인류 보편적인 경험에 대해 느낀 좌절감을 표현하려고 영어 단어 하나를 생각해 냈다는 것이다.

독일인들은 꽤 오랜 기간 'fair'라는 단어를 사용해 왔다. 국영 방송사 ARD의 주요 채널에서 가장 인기 있는 정치 토론 프로그램 중 하나는 'Hart aber fair'(어렵지만 공정한Hard but fair)다.

fair라는 말을 차용하는 다른 언어에는 히브리어와 슬로베니아어가 있다. 단 슬로베니아어에는 말하는 사람이 직접 fair로만 번역하도록 요구하는 단어가 있다. 만약 언어학자와 심도 깊은 논쟁을 하고 싶다면 'Y라는 언어에 X라는 단어가 없다'고 알려주려고 노력하라. 언어학자들은 그러한 일이 옳다고 생각하지 않는다. 또는 공정하다고 생각하지 않는다.

하지만 애나 비어즈비스카는 정확히 그렇게 했다.

이 호주 언어학자는 자신의 분야에서 세계적으로 우수한 전문가 중 한 사람으로 큰 존경을 받고 있다. 그녀의 모국어는 폴란드어이므로 중립적인 태도를 유지할 수 있다. 그녀는 2006년에 『영어: 의미와 문화English: Meaning and culture』라는 책을 출간했는데, '공정하기'라는 장에서 이렇게 말한다.

'현대 영국의 담론에서 공정과 불공정이라는 말이 흔히 쓰이는 것은 (…) 이 단어들이 다른 유럽의 언어에(유럽 이외의 언어는 말할 것도 없다) 동의어가 없고 완전히 번역될 수 없다는 점에서 한층 더 주목할 만하다.'

했던 말을 반복할 수도 있지만, 나는 여기에서 무엇을 말하고 있는지 확실하게 하는 게 중요하다고 생각한다. 비어즈비스카에 따르면, 영어 외 다른 주요 언어에는 '공정'으로만 번역될 수 있는 단어가 없다. 달리 말하면 다른 언어에서 우리가 공정성의 정의로 열거한 개념들을 전달하기 위해 사용되는 단어들이 정당성, 공평함, 옳음과 같이 다른 의미로 번역될 수도 있다. 프랑스인들은 영어 단어 fair를 번역할 때 juste나 equitable을 쓰고, 독일인들은 gerecht를 쓰는 경향이 있다. 비어즈비스카는, 현재 존재하는 모든 주요 언어와 나처럼 그녀가 '앵글로' 국가(영어가 역사적으로 모국어이거나 현재 형태로 바뀐 이후 모국어였던 모든 국가)라고 칭하는 것 중 하나에서 태어난 누군가에게도 해당되는 이야기라고 말한다. 나도 딱히 반박할 생각은 없다(하지만 누가 나 대신 딴지를 걸어주길 은근히 바라는 중이다).

비어즈비스카는 이렇게 덧붙였다.

'**공정성**은 실제로 다른 언어에는 동의어가 없는 앵글로 특유의 개념이다. 왜 앵글로 문화가 이 개념을 만들었는지 묻는 것이 중요하다. 앵글로 문화를 이해하고 싶다면 공정성 개념을 이해하려고 노력해야 한다.'

나는 공정성이 앵글로 특유의 개념이라는 비어즈비스카의 말에 동의하지 않는다고 말할 수밖에 없다. 정말 그랬다면 원숭이에게는 이 개념이 없을 것이다. 모든 인간은 불공정성을 인식하고, 본능적이고 직감적인 형태의 불공정성을 나타내는 다양한 단어를 쓸 수 있다. '부당하다'나 '불공평하다'로 번역되는 단어들을 사용할 수도 있다. 하지만 그 단어들은 우리가 불공정이라는 단어로 느끼는 것과 같은 의미다.

그러나 비어즈비스카가 영국에는 공정성이 어디에나 있다고 말한 것은 맞는 말이다. 그녀는 코빌드Cobuild '영국 구어' 말뭉치라는 데이터베이스를 예로 들어 설명한다. 온라인상에 기록된 구어들의 가장 큰 모음 중 하나인 이 데이터베이스에서 백만 단어당 'just(정당한)'는 33회, 'fair(공정한)'는 101회 등장했음을 보여줬다. 그냥 'fair'

보다 더 많았을 것 같은 'not fair(공정하지 않은)'를 포함하긴 했다.

말했듯이, 어떤 언어에서든 '…을 나타내는 단어가 없다'는 주장은 언어학자들의 세상에서 흥분한 비둘기들 사이에 던져진 커다란 고양이와 같다. 비어즈비스카 교수는 큰 소동을 일으켰다. 그러나 그녀의 책에 반응을 보였던 사람들 중에 그녀에게 진지하게 이의를 제기한 사람은 없었다. 약 10년이 지나서야 비로소 역사학자 데이비드 해킷 피셔가 『공정과 자유Fairness and Freedom』에서, 공정성이 뭔가에 고유한 것이라면 그것은 고대 프리지아어, 덴마크어, 노르웨이어, 아이슬란드어를 포함한 북유럽의 언어군이라고 밝혔다. (우리는, 9세기 말 노르웨이 북부 출신의 순록 농장주가 앨프레드 대왕의 법정을 방문한 기록을 통해서, 고대 영어와 고대 노르웨이어 사용자들이 서로를 이해하기 위해 통역사가 필요하지 않았다는 사실을 알 수 있다)

그러나 영어 사용자(세계에서 첫 번째 세계적 언어가 되는 언어에 유창할 수 있는 사람들)에게만 공정을 나타내는 특별한 단어가 있다는 점에서 잠시 그 이유를 생각해 보는 게 좋겠다. 그러면 그 단어가 오늘날 사람들의 사고 패턴에 어떻게 부합하는지 더 잘 알 수 있을 것이다. 또 공정이 쇠퇴하고 부활하는 징후를 찾는 데 도움이 될 것이다.

간단한 이유는, 영어 사용자는 다른 언어 사용자보다 더 폭넓은 어휘에 접근할 수 있다는 것이다. 여러 언어가 섞인 역사 때문에(일부는 고대 영어, 일부는 프랑스어, 일부는 라틴어, 일부는 그리스어, 일부는 허세에서 비롯된 어려운 말) 영어는 비록 미묘한 차이가 있더라도, 기본적으로 같은 것을 의미하는 다양한 단어를 사용하는 경우가 많다. kingly(왕), royal(국왕), regal(제왕)은 각각 고대 영어, 노르만 프랑스어, 그리고 중세의 소위 '도그^{dog} 라틴어'◆에서 유래했다.⁴⁵ 영어에서는 일부 작가들에게 총애를 받는 동시에 다른 작가들에게는 멸시를 받는 부사가 이 생각을 적절히 뒷받침한다. 예를 들면, 어떤 성질을 부분적으로 가지고 있는 뭔가를 묘사할 수 있는 부사가 있다. 영어 사용자는 가령 어떤 생각에 대해 quite good(꽤 좋다), pretty good(매우 좋다), reasonably good(알맞게 좋다), moderately good(적당히 좋다), good enough(충분히 좋다)라고 말할 수 있다. 또는 fairly good(상당히 좋다)이라고도 말할 수 있다.

내가 이러한 예를 선택한 이유는 영국인의 특성에 대해 말하는 것이기 때문이다. 그리고 어느 정도는 호주인, 뉴질랜드인, 남아프리카 공화국인, 미국인에 대해 말하는 것이기도 하다(나는 아일랜드인을 앵글로의 범주에 포함하는 것이 망설여진다. 내 아일랜드인 친구가 내게 다시는 말도 걸지 않을까 봐 두렵다). 그 특성은 얼버무리는 것이다. 타협, 절제, 합의, 동의는 영국인의 정치 사회적인 삶의 정신에서 핵심 요소다. 이 근거들을 몇 페이지에 걸쳐 살펴보겠다. 18세기 공손함의 발달과 관계가 있는데, 이것은 결국 이전 두 세기 동안 벌어진, 영국 내전과 종교적 억압의 충격적인 폭력과 분열에 대한 반작용이었다.

그리고 너무 확고하게 또는 결정적인 방식으로 표현하고 싶지 않은 이 기질(내 성격의 많은 부분을 차지해서 영국인이 아닌 내 아내를

◆ 격식을 무시한 라틴어를 의미한다.

화나게 하는 기질이다) 때문에, 나는 마음대로 이용할 수 있는 단어들이 너무 많다는 것이 공정 fair이라는 단어가 생겨난 유일한 이유일 것 같지 않다.

'앵글로' 사람들이 서로를 대하는 방식과 영국 역사의 특색을 살펴보기 전에, 비어즈비스카가 공정성이 특별한 국가적 특성을 가지는지를 연구하면서 공정성의 의미에 대해 했던 고찰을 좀 더 살펴보자.

예를 들어 그녀는 '정의'가 법의 개념과 일치하듯이 '공정성'은 규칙의 개념과 일치한다고 지적한다. 법은 사회에 전달되기 위해 우세한 집단에 의해 설계된 반면(사람들 사이의 역학 관계가 수직적이다) 규칙은 사람들 사이에 합의된 것(역학 관계가 수평적이다)이라는 개념에 부합한다. 법은 시행되면 지배를 받는 사람들에게 받아들여져야 한다. 그렇지 않으면 사람들이 저항할 가능성이 있다. 하지만 규칙은 기획을 시작하기 전에 합의되어야 한다. 이렇게 요약할 수도 있다. 규칙은 사람들'과' 함께 지킨다. 법은 사람들'에게' 집행된다. 규칙의 성질은 우리가 스포츠(그리고 전쟁)에서의 공정성을 볼 때 다시 나올 것이다.

우리는 법이 평가되는 방식은 알고 있다. 그럼 규칙은 어떻게 평가할까? 우리는 규칙을 평가하지는 않는다. 단지 규칙에 동의한다. 규칙은 처음에 합의에 의해 받아들여지지만, 만약 사람들에게 효과적이지 않으면 더는 받아들여질 수 없고, 합의에 의해 변경된다. 받아들여질 가능성이 가장 클 때는 공정성에 대한 합의가 가장 잘 되었을 때다.

그리고 이 생각은 우리를 다시 롤스에게로 데려간다. 롤스는 이렇게 썼다.

'사회적 협력의 공정한 조건들은 그것에 참여한 사람들의 동의에 의해 주어진 것이다. 그러한 한 가지 이유는 이성적 다원주의를 가정해 볼 때 시민들은 어떤 도덕적 권위, 가령 신성한 글 또는 종교적인 관습이나 전통에 동의할 수 없기 때문이다. 또 그들은 가치의 도덕적 질서나 일부가 순리로 여기는 것에 대한 명령에 동의할 수 없다. 그렇다면 모두에게 공정한 상태에 이른 시민들이 스스로 동의한 것보다 더 나은 대안은 무엇인가?'[46]

그러면 일반적으로 동의를 얻은 '도덕적 권위'(즉, 종교)에서 멀어지는 이 다원주의는 전 세계에서 영국인들과 그 사촌들만이 겪은 일일까? 아니다. 하지만 현대 서양 문화권에서는 아마 그들이 최초로 그렇게 한 사람들일 것이고, 최초로 그 일들을 다 기록한 것으로 보인다.

이어지는 내용에서 우리는 영국과 스코틀랜드의 정치사상이 이동한 경로를 찾기 위해 역사로 잠시 돌아갈 것이다. 그 경로는, 윤리가 더는 강제적 명령이 아닌 이성에 기반을 두고, 절대적 도덕성이 아닌 절차적 도덕성에서 파생되는 곳에 도달하기 위한 것이다.

그리고 영국인들만 공정성을 고려한 게 아니라는 몇 가지 증거를 찾을 것이다. 그 증거들은 바로 북해 건너 네덜란드에서도 찾을 수 있다. 이 두 나라가 힘을 합쳤을 때 세상이 발전하는 방식에 극적인 효과가 생겼다. 긍정적인 효과도 생겼다.

영국 역사의 특색

오늘날에도 큰 사건들은 우리의 태도에 큰 변화를 가져오고, 모든 공동체의 상류층부터 하류층까지의 사람들이 서로 어떻게 관련되는지 생각하게 한다. 전쟁, 전염병, 기아, 죽음의 파괴적인 결과들은 오늘날 지난 세기들보다 덜 발생한다. 코로나바이러스가 우리 삶에 미친 영향이 훨씬 더 충격적으로 다가왔던 이유는, 우리가 죽음과 관련되는 일들을 과거의 일이라 믿으면서 재정적, 지적, 지리적, 기술적 혼란의 영향만을 두려워했기 때문이다.

영국이 공정성 개념의 도가니일 수 있다고 생각하는 한 가지 이유는, 사회의 관계가 수평적으로 바뀌는 과정에서 큰 사건들이 일어날 때, 수직적으로 바뀔 때만큼이나 거대한 파괴적 압력에 영국이 반응했던 방식 때문이다. 즉 지배 계급이 거대한 분열에 반응하는 통상적인 방법은 위에서 아래로 더 큰 권력을 행사하는 것이다. 무기 독점과 조직화된 군부대는 국가, 지방, 지역 차원의 정부들이 비조직적이고 무기가 없는 대중에게 명령할 수 있게 했다.

어떤 이유에선지 잉글랜드는(그리고 때에 맞춰 특히 스코틀랜드, 그리고 웨일스, 그다음에 아일랜드도 어느 정도는) 이 접근법을 강요당했을 때, 다른 국가들보다 협력을 추구함으로써 거대한 변화와 위협에 반응하는 듯이 보였다. 그리고 동료들 간에 더 좋은 때가 왔을 때의 상호 보상과 상호 원조 교환에 암묵적 동의를 한 것 같았다.

이들이 이렇게 한 유일한 사람들은 아니었지만, 다른 국가들보다 영국에서 더 역사가 길었던 것으로 보인다. 또 합의되고 받아들여진 시점이 더 빨랐던 듯하다. 그리고 타협, 애매모호함, 갈등 회피, 잔혹함을 통해 달성된 이 통합으로의 접근은 분열에서 탄생했다.

역사에 더 잘 기록된 첫 번째 사례는 바이킹이 온 것에 대한 반응이었다. 아마 서기 4~6세기 앵글로색슨인의 침략에 대해, 그리고 현대 독일과 덴마크에서 온 폭력적인 사람들이, 비교적 평화로웠던 로마 이후의 영국에서 꼭 수적으로 밀어붙이지 않고도 이곳의 문화와 삶을 어떻게 완전히 변화시켰는지에 대한 이야기가 기억날 것이다. 어쨌든 똑같이 탐욕스러웠던 데인인과 노르웨이인은 8세기 말부터 잉글랜드의 북부와 동부를 습격하고 정복하기 시작했다. 그 해안에서 더 먼 지역까지 미친 영향은, 이질적인 왕국들을 '잉글론드 Englelond'로 합쳐지도록 만드는 것이었다. 그것은 9세기 말 앨프레드 대왕과, 10세기 대★ 에드워드 Edward the Elder와 애설스탠 Athelstan 같은 후계자들의 저항 과정에서 합쳐졌다.

저항이 계속 성공적이었던 건 전혀 아니다. '데인인'으로 알려진 북부의 전쟁 무리들이 보통은 우세했다. 각각의 왕들은, 하나의 연합임을 내세우기 시작한 국가의 왕으로 정체성을 확고히 했음에도 불구하고, 군사 또는 행정의 지도자로서 요구되는 기준까지는 충족하지 못한다는 약점이 있었다. 하지만 덴마크의 위협에 직면해 몰락하는 대신 이 시기에 아이슬란드나 맨섬과 같은 일부 다른 북유럽 사회에서도 발견된 전통으로 고문들의 의회가 출현했다. 그 의회는 우리가 앞에서 본 것처럼, 왕에게 정책에 대해 조언하고 왕국의 상태를 알려주며 때로는 질책하기 위한 연장자들과 부자들의 모임, 위탄이었다.

노르만 정복은 잉글랜드 지배층의 집단적 의지(11세기 중반에 이미 귀족 집단의 모략으로 약화되어 있었다)를 박살 냈다. 그 대신 사회는 150년 동안 소규모 지배층의 지배를 받았다. 그 시기에는 모두가 인정하는 왕이 거의 모든 것을 주도했다. 아무도 정복자 윌리엄의 전제 정치를 문제 삼지 않았다. 또 잉글랜드와 노르망디의 통치권을 지켜낸 헨리 1세가 세금을 부과하는 일에 누구도 반대하지 않았다. 헨리 2세가 다스리는 축소된 북서부 유럽 제국의 일부였던 잉글랜드를 확장하는 것은 대부분의 지배층에게 이득이었다.

그러나 영국인이 법과 질서에 대해 배운 교훈이 피로 점철되었던 시기가 있었다. 매우 격렬한 논쟁을 불러일으킨 헨리 1세의 왕위 계승에 뒤따랐던 무정부 상태가 그랬다. 1135년, 헨리의 사촌인 블루아의 스티븐Stephen이 헨리의 딸 마틸다Matilda가 모든 관례에 반하는 여성 통치자가 되는 것을 막기 위해(노르만족이 싫어하는 이웃 나라 앙주의 통치자와 결혼했다는 사실은 그녀의 대의명분에 도움이 되지 않았다) 후보로 추대되었다. 이 끔찍한 시간들은 1190년대 헨리1세의 증손자 존John이 분쟁을 일으킬 여지가 있고 효과적이지 못한 통치를 시작했을 때, 아직 살아 있는 몇 명의 기억에 여전히 남아 있었다. 존이 프랑스 왕의 정복으로부터 노르망디를 구하기 위해, 종국에는 피해가 막심했던 전쟁 자금을 대려고 잉글랜드 국민에게서 포학하게 현금을 착취한 것은 용인될 수 없었다. 그 전쟁에서의 패배는 사실상 귀족들이 잉글랜드인이 될지 프랑스인이 될지를 선택하도록 강요했다. 존의 무능함은 그의 탐욕과 오만만큼이나 잉글랜드 귀족에게 있어 (비록 신의 뜻에 의해 왕으로 간주되는 것을 그들이 받아들였더라도) 한 남성의 한계를 인식하게 했고, 그를 멈추기 위해 여럿이 단결하게 했다.

그러나 귀족들은, 1215년 존이 마그나 카르타에 서명하도록 강요할 때 위탄의 영향을 받은 뭔가의 이름으로 그렇게 했다. 이 국왕의 굴복을 위해 선택한 장소는 런던 서쪽에 있는 러니미드로, 이곳은 위탄이 모였던 전통적 장소 중 하나였다. 자신들이 왕권을 제한하는 일반적인 전통에 따라 행동하고 있다고 믿었기 때문에 의식적으로 선택한 것이었다. 귀족들이 포악한 존에 맞서는 행동에서 인용한 개념은 '왕국의 공동체'(앞 장에서도 이야기했다)였다. '왕국의 공동체' 개념은 이후 수 세기 동안 잉글랜드의 중앙집권화된 권력과 나머지 세력의 갈등에서 왕의 '상대방'이 되는 것이었다.

로버트 툼스Robert Tombs 교수가 그의 포괄적인 저서 『잉글랜드와 그 역사The English and Their History』에서 말하듯, 통치자와 피통치자 사이의 계약은 중세 유럽에 이미 알려져 있는 개념이었다. 그러나 마그나 카르타는 왕권에 제약을 가한다는 점에서 특별했다. 즉, 그 방식은 공정성 행사에 대한 하나의 정의였다. 잉글랜드의 역사는 공정성 행사가 '왕국의 공동체'에 구체화된 일종의 합의된 규칙으로 방향을 전환하게 했다. 툼스는 말한다.

'프랑스는 이와 대조적이다. 왕위 계승이 거의 확정적이었기 때문에, 프랑스의 왕은 잉글랜드의 왕이 어려운 시기에 그랬던 것처럼 끊임없이 국민의 승인을 구하지 않아도 되었다. 그래서 잉글랜드 왕조의 약점은 헌법에 따르는 전통을 육성했다.'[47]

툼스 교수는 이 책에 대한 인터뷰에서 잉글랜드가 공유하는 공동체라는 개념은 결코 평등주의 정신에서 비롯된 게 아니며, 어쩌면 관습법의 존재와 관련이 있을 수 있다고 추측했다. 관습법은 강요된 법규와 대비되며 잉글랜드에만 있었다. 금지된 행위가 아니라면 관습법에 따라 허용되었다. 성문화된 법은 로마와 중세 시대에 같은 방법을 채택한 유럽 왕국들에 의해 시행된 것과 같이 관습법과는 다른 방향에서 시작되었을 가능성이 크다.

배심 재판과 같은 또 다른 잉글랜드의 유산들은 잉글랜드에만 있었던 건 아니지만, 여기에 더 오래 존속하며 무죄 추정이라는 개념에 기여했다. 작가 존 모티머John Mortimer는 이 기여를 다년초를 심은 화단 가장자리, 완전히 익힌 아침 식사와 함께 영국이 세계 문명에 기여한 몇 안 되는 것 중 하나라고 말했다. 앞서 언급했듯이 정의가 어디에서 시작되었는지에 대해서는 희망 사항적인 요소들이 있다.

공정성 개념을 내놓은 레시피의 재료였을지도 모르는 잉글랜드 역사의 또 다른 측면은 과세와 농노 제도다. 최초의 제도는 노르만 정복 이전부터 존재했다. 사실 정복자 윌리엄은, 11세기 잉글랜드의 관료 체제가 잘 발달되어 있어 그의 고향 노르망디에서는 상상할 수 없었던 방식으로 새로운 국민에게 세금을 부과할 수 있다는 걸 알고

기뻐했다. 툼스 교수에 따르면, 공동의 국가 목표를 달성하기 위해 공동 지불하는 개념은 데인겔드^{Danegeld}로 거슬러 올라갈 수 있다. 데인겔드는 바이킹 침략군이 잉글랜드 정복을 포기하는 대가로 돈을 주기 위해 10세기에 처음으로 거둬들인 세금이었다. 시간이 흐르면서 이것은 하나의 제도로 자리 잡았다. 결코 인기는 없었지만 대개는 용인되었다. 부자들이 등급과 소득에 따라 공정한 몫을 납부했기 때문이다. 그러나 다른 국가들에서는 그렇지 않았다. 중세 프랑스의 소작농들은 세금이 인상되면 지주보다 훨씬 더 많이 납부했다. 프랑스는 보통 석탄과 같은 재화에 특별세를 부과했기 때문이다. 영국은 때때로 매우 특이하게도(점점 더 흔해졌다) 누진세를 적용했는데, 프랑스보다 인구가 더 적었음에도 18세기까지 매우 잘 적용했다. 그래서 17세기 후반부터 19세기 초반까지 이어진 두 초강대국 사이의 고통스러운 전쟁에 돈을 지속적으로 더 많이 쓸 수 있었다.

툼스는, 잉글랜드는 프랑스나 다른 국가들보다 기꺼이 국가를 신뢰하려는 정신이 더 컸다고 말한다. 세금이 인상될 때는 의회의 동의가 있었다는 것이 그 이유 중 하나였다. 의회는 강한 왕 밑에서는 엉터리로 운영되었지만 약한 왕에게는 영향력을 끼치며 왕의 신경을 거슬리게 했다.

농노 신분은 잉글랜드에서 유럽보다 4세기 앞서 자취를 감췄다. 18세기 미국인 집단에서 커진 자유에 대한 사랑은 영국에서는 아무도 다른 사람에게 속하지 않는다는 의미가 되었다. 그러나 대서양의 양쪽에서, 피부색이 다른 사람들에게는 자유에 대한 사랑이 적용되지 않았다. 대영 제국의 많은 부가 카리브해 지역과 미국 농장의 노예가 흘린 피 위에 떠 있었다.

또 다른 국가들이 계속 절대주의 체제를 고수할 때, 잉글랜드의 역사가 이웃 나라에서 갈라져서 합의와 타협의 패턴을 가지게 된 이유 중 하나로 종교를 살펴볼 수 있다. 1558년, 엘리자베스Elizabeth 1세는 왕위에 올라 종교적 열성이 아니라 타협으로 반응함으로써 피비린내 나는 종교 분열의 역사적 상황에 맞섰다. 엘리자베스의 이복 오빠인 에드워드 6세가 통치할 때에는 대주교 토머스 크랜머Thomas Cranmer의 42개조에 의해 가톨릭 미사가 사실상 폐지됐다. 그에 대한 반발로 이복 자매인 메리Mary가 크랜머와 수백 명의 다른 개신교도들을 화형에 처했다. 1558년 즉위한 엘리자베스는 신속하게 사람들을 단결시키기 위해 두 신앙의 전통 사이에 타협안을 내놨다. 엘리자베스의 잉글랜드 교회는 정말 큰 포용력을 유지했다. 엘리자베스 1세 시대의 잉글랜드는 가톨릭교도를 박해하고 처형하기도 했지만, 프랑스나 스페인의 지령에 따라 여왕을 타도하거나 암살하려는 사람들에게만 그렇게 했다.

전반적으로 잉글랜드의 지배층은, 엘리자베스의 즉위 이후 1642년부터 1649년까지 자체적인 내전을 제외하고 종교 문제에 대해서는 서로 타협하려고 애썼다. 하지만 종교 문제가 늘 그렇듯 유혈 사태를 동반하는 정치 문제로까지 번진 후에야 타협에 이를 수 있었다.

두루뭉술하게 회복하기

대부분의 역사학자가 그렇듯이 영국의 역사학자들은 종종 자신이 논쟁의 펜을 보유했다고 생각한다. 역사학자들은 영국 중앙지 칼럼이나 트위터에서 여전히 흔적을 찾아볼 수 있는 350년에 걸친 대립 이야기들을 보며, 국가를 개인 자유의 옹호자 또는 온건한 국가 통치를 통한 문명의 지지자로 보는 상반된 견해를 제시했다. 지금 2020년대에는 전자를 토리당(보수당)의 관점, 후자를 자유주의의 극단적 형태로 볼 수 있다. 그러나 대부분의 시간 동안, 특정한 양극화 사건을 어떻게 보는지에 따라 정의가 그 반대였다(미국에서는 공화당과 민주당이 이와 유사한 이념적 행보를 보였다).

양극화 사건은 정치 조직 내 분열의 근본적인 지표, 즉, 내전이었다. 잉글랜드는 다른 유럽 국가들보다 훨씬 빠른 1642년에서 1649년 사이에 내전을 겪었다. 30년 전쟁에 직접 관여하지 않았기 때문이다. 두 충돌은 비슷한 핵심 질문을 두고 싸웠다. 누가 통치할 것인가? 하지만 유럽의 충돌은 기독교 신앙의 두 부류, 가톨릭교와 개신교의 우위에 관해 벌어졌다. 반면 영국에서는(영국 내전은 세 왕국 사이에서 벌어져 아일랜드와 스코틀랜드를 완전히 파괴한 전쟁의 일부일 뿐이었다) 개신교의 어느 부류가 우위를 차지하는지에 더 관련이 있었다. 한 부류는 공정한 협력의 조건에 동의하는 인간의 조직, 즉 의회의 지배를 기반으로 했다. 다른 부류는 공동체의 삶을 결정하는 권리를 신에게 부여받은 한 인간의 지배를 기반으로 했다.

앞에서 본 것처럼 내전은 잉글랜드를 둘로 갈랐고, 얼마간 그렇게 갈라져 있었다. 하지만 전쟁에 대한 공포와, 의회의 승리 이후 크롬웰이 강요했던 억압적인 금욕 생활은 영국인들을 몸서리치게 했다. 그들은 국가 통합이 가져온 경제력과 엘리자베스의 접근법인 타협을 맛봤다. 그리고 그것을 좋아했다.

이런 이유로 오라녜의 윌리엄을 초대하고, 윌리엄과 의회의 힘이 균형을 이루게 했으며, 이러한 균형이 권리 장전과 뒤이은 법규에 표현되었다. 하원이 과세 제도를 승인하는 권한을 가지는 게 그 한 가지 예다. 국가가 자금을 모으는 방식의 근본적인 개혁도 있었다. 영국은 1964년에 잉글랜드 은행을 창설하면서, 제국의 기초를 닦는 해외 모험주의에 자금을 댈 수 있는 더 나은 방법이 생겼다. 그러나 경제적 복지에 대한 책임을 국가의 다른 부분으로 분산하는 동시에 왕권을 제약하는 국가 기관의 본보기를 설립한 것이기도 했다. 잉글랜드는 1701년부터 스코틀랜드와의 연합법 이후로 그들의 헌법에서 균형을 찾았다고 말해야 한다. 항상 균형적이었던 것은 아니고 항상 공정했던 것도 아니지만, 내전으로 불거진 정서는 사라지지 않았다. 정치와 사회 철학의 대립하는 힘이 항상 작용하고 있었기 때문이다.

이때는 낯선 협력과 낯선 대립의 시기이기도 했다. 저교회파◆ 오라녜의 윌리엄은 가톨릭교도 제임스 2세를 타도하고 영국 왕위에 오를 때 교황의 지지를 받았다. 제임스가 교황의 적이었던 프랑스의 루이 14세와 손을 잡았기 때문이었다. 하지만 윌리엄의 대관

◆   성직의 특권, 교회의 정치 조직 등을 비교적 가볍게 보는 영국 교회의 한 파를 말한다.

식은 이론상으로 같은 개신교도였던 캔터베리 대주교의 반대에 부딪혔다. 대관식이 신이 임명한 군주의 타도를 정당화했기 때문이었다. 대주교는 새 왕에게 왕관 씌우는 일을 거부했다는 이유로 면직되었다.

인간이 어떻게 서로 조화를 이루는지에 대한 갑론을박, 복잡한 이데올로기적 문제 속에서도 공정한 답을 이끌어 내는 것은 무엇인지에 대한 논쟁. 이러한 흐름은 더 폭넓은 철학적 사고에 기초해 자라났다. 존 로크와 같은 이들은 경험주의와 함께 역사를 진보로 봤고 인간에게는 생각, 경험, 노력을 통해 문제에 대한 답을 찾는 무한한 능력이 있다고 주장했다. 계몽주의 시대를 거치면서 과학의 발달은 우리가 무엇이든 할 수 있는 종이라는 생각을 공고하게 했다. 법이 아니라 여전히 종교를 통해 표현되는 우리의 더 고차원적 본능이 행동의 지침이었다. 인간은 설교를 통해서가 아니라 스스로 도덕성을 형성했다. 영국인들은 종교를 정치와 분리했다(물론 완전히 분리한 건 아니다. 하나가 다른 하나를 결정할 수 없고, 자유에 대한 믿음이든 타협에 대한 믿음이든 공동의 이익에 대한 믿음이든, 다른 부류의 믿음을 위한 여지를 남길 수 있을 정도로만 분리했다). 그렇게 해서 사고방식에 따라 둘로 나뉘진 국가를 만들었다. 왕당파와 원두당부터 휘그당과 토리당, 자유당과 보수당, 떠나는 쪽과 남는 쪽으로 나뉘었다. 그들은 서로를 계승했지만, 영국인들이 항상 통합하길 원하는 분열의 기반을 제공했다.

툼스는 명예혁명을 이렇게 묘사한다.

'대부분의 유럽은 동일한 신앙을 가진 종파, 단일 종교를 가진 국가와 국민의 일체화를 향해 나아갔다. 하지만 잉글랜드는 법적으로 나뉘어졌다. 그래서 종교적, 문화적, 정치적 통합 또는 합의조차도 되찾을 수 없을 것이다. (…)'**48**

그러나 또 다른 무언가가 우세했다. 그것은 영국이 반복된 내란으로 추락하지 않았음을 의미했다. 18세기 내내 영국은 자유의 등대로 보였다(몽테스키외Montesquieu는 영국을 세계에서 가장 자유로운 국가라고 불렀고, 장 자크 루소Jean-Jacques Rousseau의 '사회 계약'은 적어도 부분적으로는 런던에 망명을 가서 보낸 몇 년에서 비롯되었다). 미국의 혁명가들은 존 로크가 없었다면 자유사상을 가질 수 없었을 것이다. 그들은 건국 문서에서 마그나 카르타를 인용했다. 나는 삶을 바라보는 두 가지 관점 사이에 놓인 생각의 시소가 어느 한쪽만 오래 올라가 있는 일 없이 행복한 중간 찾기에 힘을 실은 결과라고 생각한다.**49** 그리고 원두당이 왕당파에게 가한 폭력, 회상해 보면 1인당 더 많은 잉글랜드인을 죽여서 사망자 수가 제1차 세계 대전 때보다 더 많았던 폭력에 대한 혐오감으로 인해 합의에 중점을 두게 되었다. 우리가 오늘날 가끔 사용하는 단어는 '두루뭉술'이다.

툼스는 다시 말한다.

'휘그당 덕분에 통치자는 법을 따라야 하고 적법한 권력에는 국민의 동의가 필요하다는 원칙(마그나 카르타의 현대적 표현)을 만들 수 있었다. 사람들이 동의하지 않았다는 이유로 정부에 저항할 권리는 없다는 원칙(모든 정치 질서에 근본적인 것이다)은 토리당에서 나왔다. 겉보기에는 상반된 이 원칙들이 결합해 영국 정치 문화의 특성을 만들었다. 바로 유토피아와 광신도에 대한 의심, 상식과 경험에 대한 믿음, 전통 존중, 점진적인 변화 선호, 배신이 아닌 '타협'이 승리한다는 생각이다. 이러한 특성들은 왕의 절대주의와 독실한 공화주의 모두의 실패에서 나온다. 비싼 실패이자 유익한 실패다.'**50**

몇 번이고 이 글을 다시 쓰는 동안, 종착역을 향해 달리며 여러 역을 거치는 기차처럼 역사의 큰 그림과 웅장한 주제 또는 인류 진보의 패턴을 고상하게 묘사하고 있는 나를 발견한다. 간단히 말하면 나는 이삼십 번의 일생의 가치가 있는 변화, 혁명, 새로운 발견을 영화 대본의 일부나 역사 영상의 자막처럼 표현할 수 있다. 그러나 그러한 대본은 존재하지 않는다. 절대 기억되지 않고 복구되지 않을 삶의 시간들이 있을 뿐이다. 웅장한 주제 대신 지나가는 시간의 우연과 인간 관습의 대혼란이 있을 뿐이다. 공정성과 협력의 패턴을 찾은 곳에서 야만성과 억압과 절도와 무의미한 잔인함을 찾으려 했다면 똑같이 찾아낼 수 있다. 영국인, 잉글랜드인, 노르만인, 앵글로색슨인은 지구상의 다른 사람들과 다르지 않다. 그들 중 일부는 평화롭게 살기 위해 애썼고, 다른 일부는 무엇이든 뺏을 수 있는 것을 이미 가지고 있는 사람들에게서 뺏으려고 했다.

대영 제국의 일부분에서 우리에게 자유의 본질과 젊은 신사들을 위한 교육의 적절한 형태를 논하던 학계를 보여줬던 시기는, 또 다른 부분에서 젊은 남녀가 영국에서 생존에 필요한 충분한 음식도 없이 불결하게 사는 모습을 보여줬다. 또 델리에서 인도 반란군을 대학살하고 벵골의 기근을 초래했다(한 번 이상). 아일랜드인들은 어떻게든 체념이나 지혜로 용서했거나 적어도 잊어버렸지만, 용서할 수 없는 엄청난 기근도 있었다. 1860년대 살육이 동반된 중국 해안 지역 정복이 있었고, 아프리카인 수백만 명을 노예로 만들고 살해하기도 했다. 영국인들은 그들의 정치 조직을 상호 행동의 어떤 이상으로 이끌었지만, 또 다른 영국인들은 외국 문화의 정치를 파괴했다. 그들 중 일부는 노예 매매 기술과 사업을 완전히 익혀 엄청나게 부유해졌고, 다른 일부는 모든 인간의 권리를 지지하기 위한 이론을 최초로 개발하고 격분했다. 그 결과 노예 제도의 폐지가 국제적으로 이루어졌다.

영국인들은, 미개하고 문명화될 수 없다고 여긴 사람들의 목을 베고 뼈를 부수는 한편 서로에게 공정성을 실천하려고 했다. 그런 점에서 영국인들도 지구의 일부에 그들의 관점을 강요했던 백에서 이백 종의 다른 우세한 인류 종들과 다르지 않았다. 그렇다. 우리가 역사에서 선을 찾지 않으면 우리 자신에게서 선을 찾을 수 없다. 이전의 악을 보지 않으면 지금의 악을 이해할 수 없다. 영국인들에게는 공정성이라는 개념이 있었으므로 특별한 관심이 필요할까? 아니다. 물론 아니다. 다른 사람들과 똑같은 관심이 필요하다. 그러나 그 개념은 좋은 쪽으로 흘러가는 경향이 있으므로 여전히 세상에 드러나야 하고 앞으로도 계속 보존되어야 한다. 우리가 가장 확실하게 할 수 있는 말은 다음과 같다. 비록 영국이 공정성을 생각하는 사람들을 만들어 낸 유일한 나라는 아니지만 잉글랜드 그리고 그 후 영국의 정치 특성상 사람들이 자신의 생각을 표현하고 동시대 시민들에게 영향을 미칠 수 있는 큰 기회를 다른 국가들보다 더 많이 허용했다는 것이다. 바이킹과 싸우던 때로 거슬러 올라간다면 아마도 타협을 추구하는 영국인들의 성향이 서로에게서 선을 찾도록 이끌었을 것이다. 두루뭉술함이 애거티스트를 만든다.[51]

TO BE FAIR

PART 2

오늘날 공정성은
어떤 모습일까?

◇◇◇

공정성 개념이 어디에서 오든 그리고 그 개념을 어떻게 정의하든 역사를 통해 확인할 수 있는 하나의 경향이 있다. 공정성의 축은 수직이 아니라 수평이라는 것이다. 오늘날, 공정성이 어떻게 작용하는지 살펴본다면 그게 어디에 있는지 알 수 있다. 공정성은 자신이 지구상에서 보낸 시간의 결과에 대해 본질적으로 동등한 몫을 가진다고 생각하는 사람들 사이에 있다. 공정성이 없거나 거의 없는 곳은, 무엇이 정당하고 공평하고 옳은지를 소수 집단이 다수 집단에 전달하는 경향이 만연하기 때문에 그런 것이다. 종교와 법이 그 예인데, 그 안에서는 신성한 문제든 정치적인 문제든, 사회의 대다수가 전문 지식이나 정의를 결정하는 궁극적 근원과의 독점적 관계를 주장하는 집단을 통해 무엇을 해야 하는지 듣는다.

우리의 협력적, 경쟁적 본성이 싸우면서 균형을 이루는 가운데, 공정성을 우리에게 더 유익하게 만들려면 그게 실생활에서 작용하는 방식을 살펴봐야 한다. 일반적으로 합의된 규칙에 따름으로써 경쟁하기 위해 협력하는 사람들 사이에 어떻게 수평적인 공정성이 확산되었을까? 법을 지키도록 수직적으로 강요된 명령을 따르는 사람들의 행동과는 어떻게 다른가? 스포츠에서, 비즈니스에서, 인간관계에서, 정부에서, 그리고 사회의 모든 중요한 영역에서 공정성을 실제로 적용했을 때, 우리는 공정성의 본질과 무엇이 바람직한지에 대해 배울 수 있을까?

이 책의 나머지 부분에서 인간의 복잡한 삶의 영역에 공정성이 어떻게 관여하고 있는지에 대한 내 견해를 제시하도록 하겠다. 내 견해가 틀릴 수도 있다.

스포츠(그리고 그 다른 형태인 전쟁)에서의 공정성

페어플레이에 기반한 스포츠 규정

이 책의 첫 부분에서 페어플레이Fair Play에 관해 이야기했다. 인간 관계에서 공정성 개념을 영어로 처음 표현한 것은 이 두 단어와 관련이 있다. 언어학자들도 공정하다는 현대적 개념이 경기의 요소는 모두 뺀 '공정하게 경기하다'의 축약된 형태일 수 있다고 말한다. 어쩌면 경기가 바로 삶의 예행연습일지 모른다.

경기를 세련된 문화의 일부로 만들고, 열정과 세부 사항과 감정적인 언어로 가득 채우며, 큰 집단 안에서 협력하며 사냥 본능과 안전 본능 사이의 관계를 형성하기 위해 사용하는 것은 인간의 고유한 특성이다. 또 우리는 경기를 비슷한 금전적 가치의 교환과 연결하고, 우리 삶의 중대한 비즈니스로 만들어서 공정성 감각에 의해 통제되어야 하는 것으로 만든다. 우리는 지금 그것을 '스포츠'라고 부른다.

그래서 우리가 함께 경기하는 방식에서 공정성을 어떻게 이해하는지 살펴봄으로써, 주변의 공정성 탐구를 시작하고 싶다. 이 특별한 탐구가 끝나면, 내가 그랬던 것처럼 여러분도 공정성이 삶에서와 마찬가지로 스포츠에서도 기대를 넘어서는 열망이라는 결론을 내릴 수 있을 것이다. 경쟁에서 이겼을 때의 보상이 물질적으로든 정신적으로든 너무 훌륭해서 공정한 협력을 버리고 싶은 유혹에 사로잡힐 수 있다. 그러나 우리는 올바른 이유든 잘못된 이유든 유혹에 넘어가거나 넘어가지 않았던 사람들을 생생하게 기억하고 있다. 우리가 스포츠에서 특정 결과가 공정했다고 생각했는지 아닌지는 말할 것도 없이 우리가 유혹에 넘어가거나 넘어가지 않은 사람들 중 어느 쪽 편에 서는지에 달려 있다.

로버트 툼스 교수는 공정성이 영국의 특성일 가능성에 대해 논할 때, 영국이 제국의 영향력으로 다른 관념과 공정성 개념, 특히 조직적인 스포츠에서의 공정성 개념을 수출했는지에 대해 나와 함께 의문을 제기했다.

축구와 하키, 심지어 크리켓과 같은 스포츠를 만든 나라는 영국이 아니었다. 하지만 영국은 규칙을 작성하는 일을 도맡았다. 다른 어떤 국가도 축구와 같은 활기 넘치는 활동(고대 시대부터 팀 간 때로는 전체 공동체 간 전투로서 존재했던 활동이다. 이상적으로 유일하게 기대되었던 것은 실제 무력 충돌로 끝나지 않아야 한다는 것이었다)에 대한 규칙을 먼저 정하지 않았다.

19세기 중반, 영국 공립 학교가 증가하면서(젊은이들 사이의 무질서 증가에 대응할 필요성이 인지되면서 촉발된 현상이었다) 스포츠가 더 높은 목표를 위해 어떻게 이용될 수 있는지 재평가되었다. 어린 사람들에게 팀워크와 리더십을 가르치고 신체적으로도 건강하게 만드는 것은 언제나 전쟁에 대비하는 것으로 보였다. 그래서 워털루 전투의 승리는 이튼 학교의 교정에서 나왔다는 웰링턴 Wellington 공작의 명언(그가 말한 건 아니다)도 있다. 워털루에서 나폴레옹이 패배한 이후로 경기 침체를 겪는 중에, 사회 전체적으로 도덕 수준이 낮아지는 상황에 대응해 젊은이들에게 기독교적 가치관을 심어주려는 움직임이 나타났다. 이 젊은이들은 점점 커지는 대영 제국을 지배해야 했다. 다른 유럽 국가들에서도 미국에서와 같이 이러한 경향이 군대 또는 웨스트포인트Westpoint, 프랑스의 생시르Saint-Cyr, 독일과 중유럽에 있는 많은 크리그슐레Kriegsschule 같은 군사 학교에 더 직접적으로 표현되었다. 잉글랜드의 공립 학교는 사실 더 일반적인 교육 기관이었지만('공립'이라는 용어는 개인 이익을 위해 운영되지 않으며 누구나 지원할 수 있다는 의미를 함축한다) 군사적인 요소도 가지고 있었다. 이 시기 일부 교육 철학은 운동과 (종종 매우 신체적인) 신체 단련 경기를 젊은이들의 도덕성 발달에 좋은 것으로 본 소위 근육적 기독교를 포함했다(그리고 팀 경기는 자위행위의 유혹도 어느 정도 해소해주는 것으로 여겨졌다). 페어플레이는 명시적으로 도덕 교육의 일환이었고 남자다운 기독교적 노력의 징표였다. 대체적으로 공동체 정신을 존중하게 했으며, 개혁가들이 주변 사회에서 목격했던 방탕함에 대항하게 했다.

축구는 잉글랜드 어디에나 있던 전통적인 마을 활동에 기반한 시합이어서 어떤 형태로든 영국인 모두에게 친숙했지만, 경기가 진행되는 정확한 방식은 그렇지 않았다. 이 학교들이 배출한 인간 상품이 대학에 진학했을 때 그들은 경쟁적인 스포츠를 계속 하길 원했다. 하지만 학교마다 경기를 통제하는 방식이 다르게 발달해 왔음을 알게 되었다. 예를 들어 럭비 학교Rugby School에서 온 선수들은 다른 학교 선수들과 다르게 공을 발로 차기도 하고 손에 들고 뛰기도 했다. 젊은이들은 대학에서 나왔을 때 여전히 서로 대항하고 싶어 했고 그래서 공동 규칙이 필요했다. 그렇지 않으면 더 큰 시합을 꿈꿀 수 없었다. 결국 1863년 축구 협회가 창설되었고, '해킹hacking'(상대 선수를 발로 차는 것)과 공을 손으로 만지는 행동을 금지한 케임브리지대학교의 규칙을 채택했다. 8년 후 럭비 버전의 규칙을 선호하는 사람들은 그들만의 클럽 연합인 럭비 축구 협회를 만들었다.

축구는 조직화된 스포츠를 기술하는 것의 본보기가 되었다. 그리고 올림픽을 탄생시킨(비록 이 조직이 피에르 드 쿠베르탱Pierre de Coubertin이라는 프랑스 귀족의 수중에 있었지만) 육상 경기와 오늘날 우리가 보는 많은 다른 스포츠의 규정을 발달시켰다.

일찍부터 특정 스포츠에 뛰어난 젊은이들을 보는 것에는 대중적, 상업적 매력이 있었다(백 년이 넘는 기간 동안 크리켓과 경마가 증명한 사실이다). 런던의 세인트 존스 우드에 있는 토머스 로드Thomas Lord의 경기장은 수익성 있는 사업이었다. 많은 국가에서 조직된 경마는 엄청난 관중을 끌어모았고 입장권, 음식, 음료 판매와 도박으로 큰 수익을 거뒀다. 사람들은 축구를 보기 위해 돈을 냈고, 특색 있는 경기장을 준비하고 장비를 갖추고 장소를 조직하는 비용을 지불했다. 전국 대회에서 우승할 수 있는 뛰어난 팀을 배출한 클럽이나 공동체에 소속되는 영광을 누리기 위해 부자들은 자신만의 팀을 만들고 싶어 했다. 지역 밖에서 최고의 선수들을 끌어모으려면 재정적인 유인책이 필요했다. 사회적 배경이 열악한 사람이, 경기 결과에 돈을 내고 도박을 하는 다른 사람들의 이익을 위해 이동 또는 숙박에 돈을 쓸 거라고 기대하는 사람은 아무도 없었다.

스포츠에서의 프로페셔널리즘professionalism은 축구 협회를 만들었던 부유한 젊은이들의 사고방식과 충돌했다. 그들은 그에 대한 반응으로 아마추어적 세계관 속에서 점점 더 금욕주의적으로 변했다. 그런 사례 중 가장 유명한 것은 프로페셔널리즘에 대응해 1881년 결성된 코린티안 캐주얼스 클럽Corinthian Casuals club이었다.[52]

축구 기자이자 작가인 헌터 데이비스Hunter Davies는 〈뉴 스테이츠먼New Statesman〉에 '코린티안 정신'을 이렇게 요약했다.

> '그들은 완전히 아마추어, 공립 학교, 옥스브리지 팀이었다. 페어 플레이와 도덕적 가치를 승리와 같은 비도덕적이고 저속한 것들보다 중시했다. 그들은 결코 심판과 언쟁을 벌이거나 상이 있는 대회에 나가지 않았다. 우연히 상대 팀이 퇴장이나 부상으로 선수를 잃으면 대등한 상황을 유지하기 위해 즉시 자발적으로 팀에서 한 명을 퇴장시켰다.'[53]

코린티안 클럽은 클럽 멤버를 '제국의 선교사들'이라고 불렀다. 초기 전국 축구 대회를 제패했던 사람들과 올드 이트니언스Old Etonians, 원더러스Wanderers(방랑자라는 의미가 있는 이 이름은 자기 땅을 소유하는 것처럼 저속하고 상업적인 생각을 고집하지 않는다는 느낌을 풍겼다) 같은 팀들은 영국의 스포츠맨 정신을, 전 세계에 또 다른 영국의 미덕들을 전파하는 것으로 연결시켰다. 이는 물론 정복하고 점령한 땅을 착취하기 위한 편리한 위장이었지만, 내부적 관점에서 식민지와 '본국' 사이의 관계를 유지하는 효과도 있었다. 만약 명시적 규칙이 없었다면 불가능했을 것이다.

참고로 축구는 바르셀로나Barcelona, 제노바Genoa, 함부르크Hamburg 같은 항구에서 가벼운 축구 경기를 즐겼던 잉글랜드 상인들에 의해 세계로 널리 퍼졌다. 르아브르Le Havre에는 프랑스 최초의 프로팀이 생겼다.[54]

시간이 지나면서 특히 반칙이나 천재적인 플레이를 느린 동작으로 다시 보는 것이 가능해졌고, 많은 텔레비전 시청자가 스포츠맨 정신이 무엇을 의미하는지 생각해 볼 수 있는 기회를 가지면서 페어플레이의 이동 방향이 바뀌었다. 코린티안 캐주얼스는 프로페셔널리즘의 해악이라고 생각했던 것에 대항하려고 노력했지만, 오늘날 일요일 공원의 축구 선수 집단을 찾아가 보면, 아마 프로 축구 선수들의 행동이 아래로 향하는 영향력을 보게 될 것이다(심판에게 따지기, 부상당한 척하기 등). 어린이 팀이 불공정한 플레이를 모방하는 것은 사이드라인에 선 부모들이 소란스러운 관중 흉내를 냈던 것처럼 영국 미니 축구에서 문제가 되어, 2000년대에는 리그에서 뛰는 어린이의 나이를 6세에서 11세로 높이려는 목적으로 '시합을 돌려주세요Give Us Back Our Game'라는 단체가 만들어졌다. 협력은 (과도한) 경쟁에 맞서고 있었다. 이 단체는 여전히 존재하지만 제한적인 성공만을 거뒀다.

페어플레이가 프로의 승리에 대한 경쟁심을 이겼다고 주장하기는 어려울 것이다. 물론 피파FIFA는 인정하지 않겠지만.

피파의 페어플레이 감각

1987년 국제축구연맹 피파는 페어플레이상Fair Play Award을 만들었다. 페어플레이라는 명칭을 사용함으로써 이 영어 개념을 전 세계에 널리 알린 것이다. 대단히 훌륭한 수상자가 많았다. 한 가지 예를 들자면, 수비수가 부상당한 채 쓰러져 있는 것을 모르고 골을 넣은 뒤 상대편에게 동점 골을 허용함으로써 코린티안의 스포츠맨 정신을 보여준 구단이 있었다. 하지만 피파는 페어플레이로 인정한 다른 사례들에서 특히 돈과 정치 측면에서 세계 대회가 직면하고 있는 어떤 문제들을 암묵적으로 인정하는 모습을 보였다.

바르셀로나Barcelona는 부유한 개인 또는 기업으로 위장한 국가가 아니라 그 선수들이 소유한 구단으로, 수익성 좋은 셔츠 협찬을 거절하고 그 대신 가슴에 유니세프UNICEF◆ 로고를 달고 한 시즌을 뛰었다. 그래서 2007년에 피파 페어플레이상을 수상했다. 구단 회장은 후에 그 합의가 '유토피아적'이었다고 말했다. 그러나 유토피아는 몇 시즌 만에 끝났다. 바르셀로나 구단은 걸프 국가의 정부 기관인 카타르 스포츠 인베스트먼트Qatar Sports Investments와 6년간 약 2천억 원의 유니폼 계약을 체결하면서, 유니세프 로고를 셔츠의 등 쪽으로 옮겼다. 회장은 실제로 스페인의 축구 라이벌 레알 마드리드와 경쟁하는 것이 UN의 아동 프로그램을 홍보하는 것보다 더 중요하다고 말했다. 그럴 수 있다. 비즈니스는 비즈니스다. 5년 후 바르셀로나는

◆   개발 도상국 아동의 복지 향상을 위해 설립된 국제 연합의 특별 기구이다.

카타르의 사회적, 정치적 상황, 그리고 이주 노동자 처우에 대해 철저히 조사한 결과, 계약을 조기 종료하는 것을 고려하고 있다고 공개적으로 밝혔다. 하지만 실제로는 한 시즌 더 유지되어 계약한 6년을 채웠다. 경쟁이 치열한 스포츠 세상에서 도덕론이 밥을 먹여주는 건 아니다.

미국과 이란은 1998년 월드컵에서 경기를 치른 후 페어플레이 상을 받았다. 경기는 사고 없이 진행됐지만 그게 오히려 이례적이었다. 선수들이 19년 전 호메이니 혁명 Khomeini Revolution 이후 두 나라 사이에 벌어진 적의에 찬 외교 전쟁을 재현하지 않았기 때문에 상을 받은 것으로 보인다.

피파는 또한 모순에 대한 인식이 부족할 수도 있다. 2010년 월드컵에서 디에고 마라도나 Diego Maradona에게 페어플레이 홍보 대사가 되어줄 것을 요청했기 때문이다. 영국 언론은 1986년 대회에서 잉글랜드가 탈락한 이유가, 이 뛰어난 아르헨티나인 선수가 공을 골대 안으로 집어던지고 나중에 그 행위를 자랑스럽게 떠벌린 것 때문이라고 지적했다. 다른 해설자들은 마라도나가 마약 범죄로 2회 출전 금지되었고, 1983년 스페인 월드컵 결승전에서 여러 번 상대 선수들의 신체에 난폭하게 발차기를 하는 바람에 구단에서 쫓겨났던 것을 언급했다. 그리고 페어플레이를 완전히 이해하려면 이탈리아 당국에 미납한 세금 약 4천만 달러(한화 약 485억 원)를 지불해야 한다고 지적했다.

그러나 페어플레이 옹호자인 피파의 권위를 가장 떨어뜨리는 요소는 파란만장한 뇌물 수수와 부패의 역사일 것이다. 특히 월드컵

유치권이라는 수익성 좋은 특혜의 '담합fixing'을 둘러싸고 벌어지는 일이다.

돈은 물론 모든 것을 바꾼다. 축구의 초창기는 사교육을 받은 상류층과 재능 있는 노동자 계층 선수들 간 아마추어 정신에 대한 논란으로 얼룩졌다. 럭비는 1895년 보수 지급 여부에 따라 협회와 리그의 두 가지 규약으로 나뉘었다. 잉글랜드의 크리켓은 1963년까지 아마추어 '신사'와 돈을 받는 '선수'로 나뉘었고 선수들은 1953년까지 국가 대표팀 주장이 될 수 없었다. 삶의 모든 영역에서 장교를 '일반 사병'과 구별하는 영국의 역사적 집착이 반영된 결과였다.[55]

그러나 이러한 현상 대부분은 위선에 젖어 있었다. 페어플레이가 규칙으로 기록된 스포츠인 크리켓의 역사에서 가장 유명한 '아마추어'는 W.G. 그레이스W.G. Grace였다. 그는 자격증이 있는 의사였지만 오랜 스포츠 활동을 통해 약 2억 4천만 원을 벌었다. 2020년대였다면 약 1,500억 원에 이르는 가치였다. 오늘날 럭비와 같은 스포츠는 다른 문제에 직면하고 있다. 임금 인플레이션이 미국 스포츠와 (럭비식) 축구를 넘어 확산되었고, 최고의 인재들은 재능의 오락적 가치 덕분에 천문학적인 돈을 벌어들였다. 럭비, 야구, (미식)축구, 농구, (아이스)하키는 모두 팀 연봉 상한제(구단이 감당할 수 있는 인건비 총액의 한도)를 시행한다. 그러나 경쟁 심리가 운동장부터 회의실까지 확산되었고, 구단은 이 규칙을 회피하기 위해 최선을 다한다. 최근 유럽의 럭비 역사에서 가장 성공적인 구단 중 하나인 사라센스Saracens는 2020년 초, 상한제를 어긴 행위에 대해 무거운 벌금형을 받았고 잉글랜드 경기의 1부 리그에서 밀려났다. 유럽 축구는 구단이 벌어들인 금액보다 돈을 더 많이 쓰지 못하게 하는 제도를 도입했지만, 이것도 하나의 '시합'인 듯 항상 부채를 안고 거래하는 상위권 팀이 많다.

선수들이 부패한 역사는 오래되었다. 1919년 월드 시리즈에서 야구 관중의 특별한 사랑을 받던 맨발의 조 잭슨Shoeless Joe Jackson과 시카고 화이트 삭스 동료 일곱 명은 '경기장으로 뛰어든 행위' 때문에 제명되었다.[56] 경마와 권투의 방해 공작은 말할 것도 없다.

축구에서부터 올림픽 대회까지 약물을 사용해 손쉽게 연이은 승리를 거둔 사건들 때문에 대회의 명성이 더럽혀졌다. 러시아의 경우 복잡한 도핑 방지 규정을 악용한 일이 드러나 국가 전체가 출전 금지되었다. 냉전 시대 이후 국가들이 제대로 된 정밀 조사를 받게 되자 구소련 지역이 육상 경기에서 우세를 보이던 현상이 사라졌다.

정치는 스포츠의 연장인가, 아니면 그 반대인가? 우리는 올림픽을 세계 국가들을 모아 친선 경기 시합을 하기 위해 이상적으로 만들어진 대회로 봐야 한다. 영국은 1908년 런던 올림픽을 약해진 제국을 선전하는 용도로 이용했고, 영국이 2위 국가보다 세 배 많은 메달을 땄을 때 편파 판정 의혹이 제기될 것을 쉽게 예상할 수 있을 정도로 심판을 모두 선택할 수 있었다.[57] 히틀러Hitler는 1936년 베를린 대회를 유대인이 아닌 백인 남자들의 영광을 위한 무대로 기획했지만, 결국 '열등 인간'이라고 불렸던 아프리카계 미국인 제시 오언스Jesse Owens가 백인 선수를 완패시킴으로써 그의 터무니없는 이론이 비웃음거리가 되는 상황을 지켜봤을 뿐이었다. 1980년 모스크바 올림픽에서는 1979년 아프가니스탄을 침공한 소련에 항의하기 위해 미국의 보이콧이 있었다. 4년 후 소비에트 연방은 1980년 미국의 모스크바 올림픽 보이콧에 항의하기 위해 로스앤젤레스 올림픽에 보이콧을 선언했다.

축구는 특히 훌리건이라는 형태로 경기장 밖에서 일어나는 폭력과도 관련이 있다. 영국인들은 경기가 벌어지는 거의 모든 곳에서 무성한 '병폐'의 가장 대담한 실천가일 뿐이다. 축구는 전쟁(1969년 엘살바도르와 온두라스 간)을 유발했고 경기장에 난 풀잎의 수보다 더 많은 폭동을 일으켰다.

스포츠가 공정성에 관해 우리에게 말하는 것은 공정성이 염원이라는 것이다. 인간은 영광을 위해, 승리가 가져오는 존경과 지위를 위해 무엇이든 할 것이다. 돈과 정치를 포함하면 페어플레이 같은 개념이 살아남는다는 게 오히려 놀라운 일일지 모른다. 페어플레이가 어떻게 그리고 왜 살아남는지 살펴보자.

평평한 운동장의 진짜 의미

나는 버락 오바마가 글로스터셔Gloucestershire의 슬래드 밸리Slad Valley에 있는 쉽스컴Sheepscombe에서 크리켓을 해봤을 거라고 생각하지 않는다. 하지만 만약 그런 경험이 있었다면 그는 평평한 운동장의 중요성에 대해서도 다시 생각해 보았을 것이다. 오바마 전 대통령은 특히 무역 협상과 관련해 은유적 표현을 사용하는 것을 좋아했지만, 사실은 공정성 보장을 위해 평평한 운동장은 필요하지 않다.

쉽스컴의 경기 구역은 여러 단으로 아주 가파르게 경사져 있어서, 가장 낮은 가장자리에서 수비를 보면 실제로 양 끝에 있는 타자나 심판이 보이지 않는다. 그래서 공이 자기 방향으로 높이 올라오면 팀 동료가 공이 온다고 소리쳐 알려줘야 한다. 또 그 공을 한 번에 잘 잡아냈는지 팀 동료나 심판이 볼 수 없기 때문에 외로운 수비수로서 어느 정도의 정직함이 요구된다.

이 모든 게 경기를 훨씬 더 흥미진진하게 만드는 요소다. 사실 나는 땅이 은유적으로나 물리적으로나 평평하지 않을 때 스포츠가 더 재미있을 거라고 확신한다. 크리켓의 본거지인 로즈Lord's 크리켓 경기장에도 한쪽에서 다른 쪽까지 거의 3미터에 이르는 경사가 있다. 팀 경기에는 인공 잔디 사용이 늘고 있다. 예를 들어 필드하키 는 이제 거의 인공 잔디가 있는 곳에서 진행된다. 하지만 럭비식 축구에서는 그게 절대 받아들여지지 않았다. 반면 미식축구에서는 많이 받아들여졌다. 럭비 선수들은 인공 잔디가 무릎 부상을 일으킨다고 주장하며 좋아하지 않지만, 옹호자들은 인공 잔디가 울퉁불퉁한 경기장의 불공평함을 균등하게 한다고 말한다. 플라스틱으로 만든 경기장보다 더 평평한 경기장은 없다. 그러나 진흙에는 어린 소년, 소녀의 흥미를 끄는 뭔가가 있다. 그것은 스포츠가 우리 모두의 안에서 손쉽게 끌어내는 무언가다.

평평한 운동장은 물론 문자 그대로의 뜻이 아니다. 경기가 공정해지려면 양 팀이 같은 규칙과 조건에서 뛰어야 한다는 의미다. 예를 들어 축구(어떤 형식이든)나 하키, 헐링, 라크로스와 같은 경기에서 전반전이 끝나고 두 팀이 자리를 바꾼다는 규칙이 있으면 운동장이 평평한지는 중요하지 않다.

중요한 건 조건이 아니라 규칙이다. 한쪽이 규칙을 일방적으로 정하면 상황이 안 좋아진다. 데이비드 해킷 피셔는 『공정과 자유』에서 한때 세계에서 가장 화려하고 유명한 요트 경기였던 아메리카 컵을 예로 들어 이 점을 지적한다. 수천만 달러에 달하는 보트를 타고 우승하기 위해 경쟁하는 갑부들 사이에 볼썽사나운 싸움이 몇 번 벌어지면서 대회가 퇴색되고 말았다. 피셔가 지적했듯이, 규칙을 정하는 미국인들은 자신의 보트가 이길 수 있도록 규칙을 변경하는 습성이 있다. 1995년에는 미국 팀만 보트를 바꿀 수 있고 다른 참가자들은 바꿀 수 없도록 규칙을 변경했다. 그래도 미국이 졌지만, 그런 생각을 했다는 사실이 중요하다. 이후, 놀랄 필요도 없이 아메리카 컵에 더 이상 관심을 가지는 사람이 없었다. 오직 맞바람에 의한 갈지자 몰기를 계속했던 억만장자 패거리만이 남아 상대방의 스포츠맨답지 않은 행동을 서로 욕하곤 했다.

사람들이 규칙을 왜곡할 때 상황이 나빠진다. 사람들은 물론 모두 발뺌을 하지만, 모든 스포츠에서 속임수를 쓴다. 공교롭게도 양쪽 입장에 모두 있었던 또 다른 뉴질랜드인 브라이언 맥케크니Brian McKechnie가 그 사실을 잘 알 것이다. 그는, 1978년 올블랙스 럭비 팀이 웨일스를 이긴 경기에서 팀 동료 앤디 헤이든Andy Haden이 웨일스 선수가 반칙으로 민 것처럼 심판을 속이기 위해 라인 아웃◆에서 밖으로 넘어진 후, 승리의 페널티 킥을 넣었던 당사자다. 3년 후, 럭비

◆   공이 터치라인 밖으로 나가 경기를 다시 시작할 때 양 팀의 포워드가 두 줄로 서서 공을 서로 다투는 일을 말한다.

와 크리켓 두 종목에서 세계적인 선수였던 맥케크니는 크리켓 역사에서 가장 논란이 된 투구를 받은 타자였다. 상대 팀을 따라잡으려면 여섯 번 달려야 했던 그의 팀은 멀리 떨어진 경계선 너머로 공을 쳐야 했다. 상대 팀인 오스트레일리아의 주장 그렉 채플Greg Chappell은 투수에게 경기의 마지막 공을 땅 위로 굴리라고 주문했다. 이 사건은 (채플의 팀 동료 몇 명을 포함해) 페어플레이 정신에 매우 반하는 것으로 간주되어, 1932년 바디라인 시리즈만큼의 효과는 아니었지만 정치인들의 관심을 받았다. 바디라인 시리즈는 잉글랜드와 오스트레일리아가 거의 외교 관계까지 단절했던 사건이다. 잉글랜드 팀의 상급 감독과 주장이 가장 빠른 속구 투수(전직 광부인 해럴드 라우드Harold Larwood)가 오스트레일리아 선수들, 특히 명타자 도널드 브래드먼Donald Bradman의 몸에 공을 던진다는 전략을 개발했는데, 몸에 공을 던져 그들 주위에서 기다리고 있는 포수 집단 중 하나로 공의 방향을 바꿀 심산이었다. 이 사건은 스포츠맨 정신이라기보다 유혈 스포츠에 가까웠고 거의 90년이 지난 지금까지도 논란이 되고 있다. 이 사건의 핵심은, 영국인들은 '레그 시어리leg theory'라고 부르고 그 외 사람들은 '바디라인'이라고 부르는 이 전략이 엄밀히 말하면 규칙을 어기지 않았다는 사실이다. 그냥 페어플레이가 아니었을 뿐이다.

일부 스포츠는 부당한 이득이 주어지는 상황을 막기 위해 배트와 라켓, 공의 종류나 크기, 무게에 엄격한 규칙을 적용하고, 또 다른 스포츠는 상황을 가능한 한 대등하게 만들려고 불리한 조건을 만든다(예를 들면, 경마). 경기의 또 다른 무언가가 평평하지 않더라도(전직 광부 옆에서 뛰는 부유한 귀족이나, 시간제로 일하는 직공에 맞선 프로 슈퍼스타) 평평해질 가능성을 위해 두 팀이 동의해야 하는 유일한 게 규칙이다.

그런데 평평해지는 게 좋은 걸까? 다른 모든 조건이 같고, 가장 잘하는 팀이 항상 이긴다면 누가 스포츠를 보겠는가? 평등을 위해서는 법을 제정할 수 있지만 공정성에 대해선 다른 것에 호소해야 한다. 바로 무엇이 공정한 일인지에 대한 개인의 의식이다. 존 롤스는 자유 민주주의의 본질이 자유롭고 평등하며 '공정한 협력 체계'에 동의하는 거라고 말했다. 스포츠의 본질은 더 간단하다. 경기를 펼칠 자유로운 공간, 거의 대등한 실력의 상대편, 공정한 경쟁 체계만 있으면 된다.

그리고 쉽스컴에서 사실은 공을 놓쳤을 때 잡았다고 주장하지 않는 것도 포함된다. 자기 자신은 모든 것을 알고 있다.

스포츠는 어떻게
협력과 경쟁의 조화를 가르쳤는가?

세푸를 기억하는가? 고대인에게 공정성 개념이 있었는지 살펴볼 때 봤던 음부터 피그미족이다. 세푸는 사냥 중에 자신의 이기적인 목적을 추구했기 때문에, 평등주의 수렵 채집인 부족으로부터 치명적인 배척을 받았다가 가까스로 벗어났다. 시간이 흐르면서 스포츠는 세푸들을 다루는 방법을 발달시켰다. 삶에 공정성이 왜 필요한

지 이해하고 싶은 사람들에게 스포츠가 줄 수 있는 가장 중요한 교훈 중 하나는 다음과 같다. 정상적인 형태의 인간관계는, 공동의 노력에서 불균형적으로 혜택을 얻거나 산출물을 장악하려 하는 일부 개인의 본능을 억제하는 동시에, 건설적인 경쟁을 허용하는 협력 규칙을 발달시키는 경향이 있다는 것이다.

그 경향은 뉴질랜드 '올블랙스' 럭비 팀에게 다음 규칙으로 더 간단히 요약된다. '혼자 잘난 놈은 안 된다.' 잉글랜드 축구의 초창기에 이름을 날린 코린티안 캐주얼스의 아마추어는 더 고상하게 표현했다. '뛰어나지만 이기적인 선수는 용납될 수 없다.' 이 규칙들이 팀의 정관에 포함된 것은 아니었지만 그들의 영혼에 새겨져 있었다.

올블랙스는 100년 넘게 럭비 경기에서 탁월한 모습을 보여줬고 항상 이기는 팀으로 인식되었으며, 스포츠가 종교적인 특성을 일부 가지고 있는 그들의 국가에서 보기 드문 지위를 차지하기도 했다. 요컨대 올블랙스가 뭔가를 하면 그것은 모방할 가치가 있는 것처럼 여겨졌다. 이 팀의 문화를 다룬 최근의 한 책은 웨일스를 격파한(공교롭게도 42점을 득점했다) 경기가 끝난 후의 모습을 소개했다. 올블랙스는 경기 후 모든 선수가 어떻게 하면 더 많이 득점할 수 있었는지 논의하는 보고가 끝나고 나서 가장 고참인 선수 두 명이 탈의실 청소를 했다.[58] 이 '헛간 청소' 방침은 '혼자 잘난 놈은 안 된다.(개인의 영예를 협력을 위한 노력보다 하위에 두기)'의 표명이다. 올블랙스에 아마추어적인 것은 없다. 그들의 수입은 뉴질랜드의 모든 스포츠 중에서 가장 높고, 선수들은 국가의 모든 분야를 막론하고 최고 연봉을 받는다. 그들에게는 국가 고유의 마오리족 문화에 기반한 '화나

우 whānau'(대가족이라는 의미지만 족보, 부족 통합과 유사성의 영향을 받는다)라는 철학이 있다. 올블랙스 선수단에는 마오리족과 다른 폴리네시아 또는 멜라네시아 출신의 선수가 많이 포함된 사실 외에도, 백인(영국 백인 식민지 개척자의 후손)이 마오리족의 사상을 차용하는 오랜 전통이 있다. 이 백인들은 그들의 선조가 18, 19세기에 떠났던 영국 사회보다 더 비국교도이고 평등주의인 전통에서 자신의 뿌리를 찾는다. 비록 (서기 13세기에 뉴질랜드에 온) 마오리족은 수렵 채집인 사회의 모든 평등한 전통을 보유하고 있는 것 같지 않지만, 공동의 목표 의식은 강하게 남아 있다. 마오리족에 대한 백인의 태도는 지금도 과거에도 공정성을 보여주지 않는다. 하지만 국가의 '공정한 기회'에 대한 집착은 마오리족의 전통이 시간이 흐르면서 결합되었음을 시사한다. 올블랙스가 항상 공정한 방식으로 경쟁한다는 건 아니다. 지난 몇 년 동안 올블랙스의 상대편은 '공정한 기회'라는 개념이 실제로는 '화나우' 내에서만 적용되었다고 말할 것이다. 그 밖의 다른 사람들은 모두 그들의 기회를 빼앗을 수 있다.

그리고 이것이 모든 스포츠가 발달한 방식이다. 별개의 공동체로부터 모여서 다루기가 까다로울 수 있는 사람들은, 공정한 조건에서 경쟁하기 위해 협력하기를 원한다. 18세기 크리켓은 경마, 닭싸움, 그 밖에 본질적으로 도박 성격을 띠는 사업으로 제한되는 다른 활동들의 대안으로 발달했다. 유럽 사회에서는 내기가 없이는 어떤 체계화된 스포츠도 생기지 않았다. 이상적인 균형을 가장 크게 위협하는 것 중 하나는, 돈이 스포츠에 미치는 영향이다. 진퇴양난이다. 돈 없이는 최고의 스포츠가 있을 수 없고, 스포츠는 최고 수준이 아니면 돈을 벌 수 없다. 다행인 점은 공정성이 내가 계속 이야기하고 있는 균형을 이루려는 노력으로 지켜진다는 것이다. 상황이 힘들어지고 있는 곳은 가장자리다. 바로, 스포츠가 실제로 시작된 지점인 도박이다.

인간의 경쟁은 예측할 수 없어서 도박의 대상으로 삼기에 완벽하다. 스포츠에서 어느 한쪽에 돈을 거는 행위는 (지금은 건전하다고 말할 수도 있겠지만) 스포츠가 다소 덜 건전했던 때로 거슬러 올라간다. 근래의 조상들이 스포츠라고 불렀던 것은 닭싸움과 소 골리기◆, 토끼 사냥 같은 것들이었다. 하지만 돈을 몇 푼이라도 벌지 못하면 지속적인 관심을 끌지 못했다. 동물들을 피투성이로 죽게 하는 스포츠의 유행이 시들해지자 그 다음에는 인간을 불구로 만드는 잔혹한 스포츠가 관심을 끌었다. 맨손으로 하는 싸움은 고대 로마의 검투사가 겪었던 일에 비해 피가 낭자하진 않았지만, 내기를 하기는 쉬웠다.

도박은 물론 속임수를 동반했다. 경쟁자가 뇌물을 받고 져줬다. 사람들은 거의 모든 것에 돈을 걸 수 있다. 그리고 거의 모든 것으로 속일 수 있다. 속임수를 통제하지 않으면 조직화된 스포츠의 재정적 토대를 위협할 거라는 진퇴양난에 빠지자 나온 해결책이 경기의 법, 또는 규칙이었다.

속임수를 없애야 한다는 점에서 공개적이고 합의된 규칙이 요구되었지만, 그 규칙은 조정자에 의해 강요될 수 있었다. 심판 또는 진

◆　개를 부추겨 황소를 성나게 하는 영국의 옛 오락을 말한다.

행 요원은 다른 경쟁자들뿐만 아니라 부수적으로 돈을 거는 사람들을 위해 페어플레이가 이뤄지게 하려고 존재한다. 퀸즈베리 후작이 권투 규칙을 제정한 이유는, 권투 선수를 더 안전하게 하려는 것이기도 했지만 내기를 더 공정하게 만들려는 것이었다.

이 모든 것들은 싸움, 스포츠, 내기 사이의 관계가 복잡하다는 것을 보여준다. 그러나 그것들은 우리의 끝없는 경쟁 욕구를 자극한다. 결과의 불확실성, 우위를 차지하기 위해 다른 사람들과 맞서고 싶은 욕망, 성공의 맛, 싸움의 전리품 등이 모두 같은 곳에서 비롯된다. 바로 인간의 마음이다.

다른 종은 폭력을 연습한다. 연습할수록 완벽해진다는 점을 이야기하고 싶다. 대부분의 포식성 포유류는 어린 시절 내내 싸우면서 논다. 사자나 늑대나 여우의 혼전 난투는, 공격을 받거나 죽임을 당하는 상황에 대비하는 행동이다.

이와 비슷하게, 사람이 스포츠를 조직하기 시작했을 때 그것은 폭력을 연습하려는 욕구의 연장이었다. 첫 번째 올림픽 대회는 타고난 기량과 본능의 발달을 나타내는 스포츠(레슬링, 권투, 달리기, 던지기, 승마, 초기 무술의 일종인 '판크라티온pankration')로만 구성되었다. 이것들은 인간이 우선 자신을 먹일 수 있게 하고, 자신을 방어하게 하고, 그다음엔 다른 사람에게 속한 것을 빼앗을 수 있게 하는 능력이었다. 현대의 올림픽은 다른 스포츠를 많이 추가했다. '아티스틱 스위밍'과 같은 호전적이지 않은 종목과 양궁, 펜싱, 사격과 같이 죽이는 것에서 파생되었음이 분명한 종목이 추가되었다.

우리는 금지 약물 복용, 승부 조작, 중역 회의실에서 모의한 교묘한 속임수와 같이 몇 가지 아주 심각한 예외를 제외하고는 스포츠를 좀 더 공정하게 만드는 데 성공했다. 증거는 수치로 확인할 수 있다 (그렇게 많은 사람이 그렇게 많은 스포츠 오락에 그렇게 많은 돈을 쓴 적이 없었다). 모두 조작되었거나 경쟁과 협력의 균형을 잃었다면 그럴 수 없었을 것이다. 한 부유한 구단, 클리블랜드 브라운스Cleveland Browns가 장악하고 있던 초기 미식축구 리그는 불과 한 시즌 후에 실패했다.

우리가 스포츠를 더 공정하게 만들었다면 스포츠의 할아버지 격인 전쟁은 어떻게 했나? 전쟁은 여전히 인기가 있지만, 더 공정해졌을까?

전쟁에도 공정성 의식이 있다

서기 6세기 비잔티움의 경기장에 있던 녹색당이나 청색당 지지자들에게는 전쟁과 스포츠를 구별하는 게 다소 학문적으로 느껴졌을 것이다. 고대 로마와 그리스의 선조들처럼, 동로마 제국의 시민들은 정치 파벌, 공동체 집단, 스포츠 '극성팬'이 혼합된 집단인 '데메스demes'로 나뉘었다. 녹색당과 청색당은 해당 색을 띤 이륜 전차 경주 팀의 지지자였다(적색과 백색도 있었지만 스포츠와 정치 측면에서 등외로 밀려나 있었다). 그들은 팀을 응원했을 뿐만 아니라 하루 내내 진행된 경주들 사이에 당대 황제의 정책에 대해 지지나 반대를 표하는 구호를 외쳤다. 서기 532년 1월, 급진적이고 개혁적인 법전을 일사천리로 통과시켰던 유스티니아누스가 그런 방식으로 부패를 공격했고, 법정을 장악해 도시를 운영하는 데 익숙했던 귀족과 고위 공무원을 전반적으로 휘어잡았다(로마의 역사 내내 공정성에는 대가가 따랐다). 이 상류층 사람들도 청색당이나 녹색당으로서(유스티니아누스 자신은 청색당이었다) '데메스'에 영향력이 있었고, 태생이 비천한 황제에 반대하는 두 파벌을 통합했다. 이들은 3일간의 폭동(통합된 훌리건들이 '니카Nika' 또는 '이겨라Win!'라는 구호를 반복해 외쳤고 수백 명이 죽었다) 후에 경기장 관중석에서 새로운 황제에게 왕관을 씌우려고 했다. 하지만 유스티니아누스의 환관 나르세스Narses가 청색당의 지도자에게 뇌물을 주고, 새롭고 증오스러운 녹색당 협력자들을 버리게 했다. 그렇게 황실 근위대의 많은 병력이 경기장에 들어가 남아 있는 팬들을 대학살하기 시작했고 3만 명 가까이 목숨을 잃었다.

이렇게 스포츠, 정치, 전쟁이 혼합되었던 사례를 살펴보다 보면, 내가 스포츠를 다소 순수하고 고결하게 묘사했음을, 그리고 지저분한 부분은 거의 빼먹었음을 깨닫는다. 스포츠는 실제로 매우 추잡해진다. 앞에서 봤듯이 스포츠는 어쨌든 형식화 또는 의례화된 전쟁이라는 강력한 주장이 있다.

폭력은 스포츠 및 전쟁과 관련이 있다. 일반적으로 받아들여지는 관점은 스포츠가 전쟁에서 진화되었다는 관점이지만, 최근 수십 년 동안에는 반대 기류가 있었고, 주입된 공정성의 일부를 대학살하려는 많은 노력이 있었다. 스포츠로 만들기 위해 전쟁을 의례화한 것처럼, 과거 몇 세기 동안 인간은 전쟁을 시작할 때 개인과 사회가 무릅쓰는 위험을 조직화하고 의례화하려고 노력했다. 물론 역사의 전쟁터와 강제 수용소에 쌓인 시체를 세려고 할 때는 그 노력이 업적이 아니라고 생각할 수도 있다.

제네바 협정(사실은 네 개의 협정과 여러 가지 중요한 보충 협약이 있으므로 제네바 협정들이라고 말해야 한다)에 대해 대부분 들어봤겠지만, 그 협정이 스포츠 활동에 대한 믿음에 뿌리를 두고 있다는 사실을 알고 있었는가? 19세기 초 프리드리히 얀Friedrich Jahn이라는 사람이 이끌었던 독일인 집단은 투르너Turner◆로 알려진 운동을 창시했다. 이는 체조 협회를 의미하는 독일어 투른페라인Turnvereine에서 유래했다. 그들은 표면적으로는 스포츠와 운동을 교육과 사회생활 전반에 도입하기 위해 협회를 설립했다. 표면적이라고 말한 이유는 이 일이 사실 나폴레옹이 독일 영토를 대규모로 점령하고 있을 때 일어났기 때문이다(국가로서의 독일은 1871년까지 존재하지 않았다). 투르너의 숨겨진 목적은, 프랑스에 저항하고 침략자의 굴레에서 어떻게 벗어날지 계획하기 위해 비슷한 생각을 가진 자유주의자들의 회의를 소집하는 것이었다. 나폴레옹이 마침내 패배하자 투르너는 독일 연방을 구성하는 소자치주의 보수적인 연결 조직에 맞서는 자유주의 반대 세력의 일부가 되었다. 자유주의자들은 정부 당국과 사이가 좋지 않았다. 프란츠 리버Franz Lieber와 같은 일부 투르너는 1820년대 반복되는 체포를 피하기 위해 우선은 더 관대한 영국으로 떠났다. 다른 투르너들은 독일에 남아 1848년의 혁명에 참여했고, 혁명 실패 후 억압을 피해 미국으로 도망갔다. 리버는 얀과 같은 방식으로 체육관을 세우기 위해 이미 미국에 도착해 있었다. 이때의 스포츠는

◆   독일식 단어로 체조인을 뜻한다.

여전히 정치적인 사상을 나타내고 있었지만, 동료 투르너들처럼 리버는 점점 더 미국의 교육적, 사회적, 정치적 발달을 내면화했다. 그후 리버는 사우스캐롤라이나대학교의 전신에서 역사학과 경제학교수가 되었다. 그의 철학은 그가 자신을 위해 생각해 낸 것 같은 라틴어 격언으로 요약되었다. *Nullum jus sine officio, nullum officium sine jure*(의무 없이 권리 없고 권리 없이 의무 없다).

지금 우리가 리버에 대해 주목하는 점은, 그가 남부 주들의 연방 탈퇴에 반대하고 연방에 열렬한 지지를 보내서 에이브러햄 링컨Abraham Lincoln의 행정부에 알려졌다는 사실이다. 그는, 아들 중 하나가 남부 연합 편에서 싸우다 죽은 다음 해였던 1863년, 리버 규칙 또는 출정군 통제를 위한 규칙으로도 알려진 일반 명령 100호 작성을 도왔다. 그 명령은 전쟁 수행에 일종의 질서와 공정성을 강제하는 첫 번째 시도였고, 포로와 민간인에 대한 대우, 심지어 재산 취급 방법까지 다뤘다.

이듬해에는 첫 번째 제네바 조약이 체결되었다. 이것은 스위스의 기업가 앙리 뒤낭Henry Dunant이 세운 별개의 계획이었다. 그는 1859년 솔페리노 전투 부상자들이 사용할 수 있는 의료 시설이 부족하다는 사실에 깜짝 놀랐던 것이다. 제네바 조약은 전투 부상자들의 권리를 다뤘다.

1868년에 러시아 황제 니콜라이Nicholas 2세는 후에 세인트피터즈버그 선언으로 이어진 회의를 소집했다. 이 선언은 '전쟁에서의 필요성보다 인류의 요구를 우선시해야 하는 기술적인 한도'를 정하기 위한 것이었다. 특히 전쟁의 부수적 피해를 제한하는 데 초점을 맞쳤다. 심지어 병사가 해야 하는 행위를, 반드시 죽이기보다는 무력화시키는 정도로 제한하려고 했다. 약간 이상적이지만, 소형의 폭발발사체를 금지하는 규정도 포함했다. 그 폭발 발사체는 우리가 오늘날 '집속탄'이라고 부르는 것으로, 지금도 금지되어 있다. 이에 더해, 1899년과 1907년 헤이그 조약에서는 '기구에서 또는 비슷한 성질의 새로운 방법으로 발사체 및 폭발물을 발사하는 것'을 금지하는 합의를 포함했다. 합의가 얼마나 성공적이었는지는 게르니카, 코번트리, 드레스덴, 히로시마의 시민들이 강한 견해를 가지고 있을 것이다. 그러나 그러한 노력이 있었다는 사실은, 인류가 가장 파괴적인 본능을 다스리고 강자를 억제하려는 욕구가 커지고 있음을 보여줬다.

물론 전쟁 범죄는 계속되었다(짧은 기간에 있었던 몇 가지 예만 들자면, 1899~1902년 보어 전쟁 기간 중 영국의 반란 진압 활동과 강제 수용소, 1914년 독일과 오스트리아–헝가리 군대의 민간인 학살, 1915~22년 아르메니아 학살, 제1차 세계 대전 때 가장 호전적인 사람들의 가스 사용이 있다). 뉘른베르크 재판에서 참상이 드러나고 히로시마와 나가사키에 의해 촉발된 공포가 마침내 세계를 움직여, 1949년에 네 번째 제네바 협정이 체결되었다.

상황이 바뀌었을까? 그렇기도 하고 아니기도 하다. 수많은 잔혹 행위는 여전히 자행되고 있다(스레브레니차, 할랍자, 지뢰 사용, 소년병, 수족 절단, 강간 등을 전쟁 무기로 사용하고 있다). 그러나 처음으로 국제 재판소에서 그러한 범죄들 중 일부에 대해 책임을 묻고 있다. 인간이 할 수 있는 가장 무질서한 행위에 질서를 가져오려는 노력이 진행 중이다. 노자가 말한 대로, 가장 긴 여정은 한 걸음으로 시작된다.

전쟁에서 얼마나 많은 사람이 죽었는지는 셀 수조차 없다. 우리의 조상들은 다른 사람과의 폭력적인 충돌을 생활 방식의 일부로 생각했을 것이다. 초기 문명에서 전쟁은 무력을 써서 승전국이 땅과 자원을 빼앗는 것이었다. 전투에서의 기술과 성공은, 그전에도 그랬겠지만 기록된 역사에서 언제나 매우 높게 평가되는 자질이었다. 인간을 죽이고 복종시키는 데 필요한 자질은 동물을 사냥하고 사육하는 데 필요한 자질과 비슷했다. 우리는 어쩌면 그 유사성에서, 전쟁에서 공정성이 아니라면 규제라도 해야 한다는 개념의 시작을 볼 수 있을 것이다. 약 3만 6천 년 전 스페인 북부, 알타미라의 기이한 들소 동굴 벽화에서부터 사냥꾼은 항상 먹잇감을 숭배했다. 추상적으로 표현되었던 이러한 초기 시도들은, 죽음을 통해 삶을 제공한 거대한 짐승들에 대한 감정을 표현하려는 사람들에 의한 것이었다. 동물의 희생으로 인간을 위한 공동의 선이 창조되었다.

전투에서 적의 용감함이 병사의 영광과 승리를 위해 필요한 교환임을 인식하는 것은, 앞 내용에서 크게 도약한 것은 아니다. 그러한 점에서 명예(공교롭게도 이 단어의 어원은 알 수 없다)라는 개념의 명확한 설명을 볼 수 있다. 전쟁의 행동 강령은 '전쟁에서 무엇을 하지 말아야 하는지'와는 별개로 '무엇을 하는지'로 진화되었다. 중세 유럽의 기사도 규칙, 화약의 발명이 칼싸움을 쓸모없게 만들었을 때 기술적 변화에 저항하는 일본 무사의 윤리, 리버 규칙이 그렇다. 이 규칙 또는 윤리들은 모두 전쟁 중에 커지는 인간의 과도한 의지에 제약을 가하려고 한다. 스포츠가 중재와 협력적인 경쟁이라는 공정한 시스템을 통해 참가자들이 동의할 수 있는 규칙을 적용하려는 것과 같은 방식이다. 효과가 없을 수도 있지만, 그냥 하는 말이 아니라, 생각이 더 중요하다.

그리고 이제 돈의 효과에 대해 생각해 봐야 한다.

비즈니스와 경제에서의
공정성

비즈니스 언어
─ 신탁, 채권, 신용, 교환

비즈니스에서 공정성을 찾는 것은 그 말의 의미를 찾는 것과 많은 관련이 있다. 우리는 공정성이라는 말과 공정이 포함된 말을 어떻게 사용하고 있는지 살펴봄으로써 공정성 자체가 무엇을 의미하는지 알아내려고 한다. '공정하게 하자Fair's fair'는 말은 우리가 공정성이라는 말의 의미를 이해하고 있음을 내포한다. '공정한 교환'이나 '공정한 합의'는 우리가 두 상품 또는 서비스에 어떤 가치를 두는지 문서화되지 않은 합의에 의해 거래 과정이 지배된다는 의미다. '공정 거래'는 구매자의 가격 결정력을 억제함으로써 우위를 차지하는 구매자의 변덕에 맞서 취약한 판매자 이익의 균형을 유지하려고 노력한다는 의미다. '괜찮다fair enough'는 말은 공정성이 언제나 만족도를 정확히 측정할 수 있는 기준은 아니지만, 대체로는 합의된 거래로 이끈다는 사실을 우리가 인식하고 있음을 시사한다.

이런 단어들을 살펴보는 건 모두 우리가 얼마만큼 과거로 되돌아가고 싶은지에 대한 문제다. 왜냐하면 우리가 우리의 목적을 위해 그 의미와 공정성에 대한 이해를 어떻게 바꿔왔는지 이 단어들이 많은 것을 알려주기 때문이다. 예를 들어 은행^{bank}이라는 단어는 르네 상스 초기 피렌체의 금융업자가 일할 때 앉았던 '방카^{banca}' 또는 벤치에서 유래되었다. 그러나 이중적 의미가 분명한 단어는 어원을 알 필요가 없다. 비즈니스 언어에서는 자주 있는 일이다.

나는, 협력을 장려하고 경쟁을 제한하는 최선의 방법이 무엇인지에 대한 인간의 이해가 발달함에 따라, 낯선 사람들 간의 거래와 상호 작용에서 흔히 쓰는 언어가 변화했다고 생각한다. 책을 처음 집어 들었던 때로 기억을 되돌려 보면 신화 창조에 대한 언급이 떠오를 것이다. 초기 인류가 자신의 생각을 존속될 수 있는 형태(글 또는 그림)로 남긴 기록에는, 아마 그 이전에 살았지만 생각을 기록하지 않았던 사람들의 생각도 반영되었을 것이다. 우리가 수메르인들과 이집트인들이 무엇을 말했는지 이해할 수 있기 때문에, 그들도 '그들' 이전의 사람들이 무엇을 말했는지 이해할 수 있었다고 추정할 수 있다.

창조 신화에서 우리가 찾을 수 있는 협력의 언어는 세상을 창조한 더 높은 존재 또는 존재'들'을 믿는 것에 초점이 맞춰져 있다. 이때 우리에게 요구되는 것은 규칙 모음집(이집트인의 경우 마아트의 42가지 질문)이나 이야기를 통해 분명하게 드러나는 삶의 방식이 있다는 믿음과 신앙이다. 이야기는 대부분 혼돈과 질서 간의 싸움에 대해 말한다. 혼돈과 질서 사이에 균형을 찾는 것의 이점은, 모든 사람(물론 노예는 예외고, 여성도 예외일 수 있다)이 좋은 것을 공유하고 나쁜 것을 피하는 능력을 얻게 된다는 점이다. 반대로 불균형으로 인한 결손은 좋은 것과 나쁜 것의 불공평한 분배로 나타난다.

금융과 상업 분야의 많은 용어는 안정성에 관한 단어에서 유래한다. 예를 들면, 신용Credit은 라틴어 'credere'('믿다')에서, 그리고 'credere'는 인도 게르만 공통 조어의 어근 'kerd-dhe'('마음을 주다')에서 유래한다. '투자 신탁'에서 신탁Trust은 확고하거나 단단하다는 의미의 인도 게르만 공통 조어(중국 서쪽과 사하라 사막 북쪽 모든 언어의 조상이 되는 언어)의 어근에서 유래한다. '채권Bond'은 강하게 결속시키는 것이다(이 경우에는 빌려주는 사람과 빌리는 사람을 결속시킨다). 자본금Stock은 '내기에 건 돈stake'과 같은 어원에서 유래했고 17세기 초부터 '기업의 납입 자본'을 나타내는 단어로 사용되었다. 자금fund은 그 어원에 따라 거래하는 사람들에게 있어 자본의 기초bottom이자 기반base이자 토대foundation다. 덧붙여 말하면 '거래Trade'는 과정이나 경로를 의미했고, 훨씬 더 오래된 의미로는 흔적을 의미했다. 18세기에 이르러서야 영어에서 교환이라는 의미를 가지게 되었다.

안정성과 관련 없는 비즈니스와 금융 용어들은 분배에 대한 것일 수 있다. 주식, 지분, 배당금 등이다. 우리는 우리 종의 우선순위를 반영하는 언어로 비즈니스를 하고 돈이라는 공통의 신을 분배한다. 따라서 우리는 우리 자신보다 더 큰 뭔가(우리와 우리 공동체 가치의 조정자)에 대한 믿음과 혜택이 어떻게 분배되는지 살펴볼 필요가 있다.

서로 거래하는 방식에 있어서 언어는 중요하지만, 다소 미묘한 중요성을 가지게 되었다. 처음에는 표시 형태의 언어가 물품이 의도하는 바를 보여주려고 했다. 귀금속의 순도 표시와 그것으로 만든 주화가 가장 확실한 예시이다. 특정 상품이 팔리는 곳을 표시하는 상업용 간판은 중국, 중동, 로마에서 수천 년 전에 나타났다. 길거리에서 외치는 사람들은 중세 유럽에서 움직이는 광고판으로 고용된 사람들이었다.

인구가 증가함에 따라 수요가 공급을 앞질렀고 다양한 공급자가 경쟁하는 시장이 개방되었다. 그리고 주관적인 척도인 질은, 더 부유한 손님을 위한 가치 지표로서 양보다 더 중요해져서, 메시지가 더 중요해지고 복잡해졌다. 공정성의 시녀인 진실은 뒷자리로 물러났다. 예를 들어 신문에서 초기 담배 광고는 '질병을 확인할 수 있을 뿐만 아니라 폐를 보호하는' 특정 유형의 흡연이 건강상으로 이롭다고 주장했다. 20세기 담배 제조업자의 활동이 상대적으로 가볍게 느껴진다.

오늘날의 신뢰와 거래를 얻기 위한 싸움에서 경쟁하는 기업들은 이미지뿐만 아니라 말을 통해 우리의 관심을 얻어야 한다는 사실을 알게 되었다. 그래서 경쟁에 이롭다고 생각하는 것을 언어에 반영시킨다. 이러한 반영은 그들이 원하는 대로 당신이 생각하게 만들려는 시도다. 즉 신뢰를 얻기보다 유도하기 위한 시도다.

현대 기업계에서 가장 유명한 슬로건들 중 많은 것들은, 성공한 삶을 살 가능성을 높이기 위해 특정 방식으로 행동하라는 믿음이나 권고의 표현이다. 이게 진짜다It's the real thing, 그냥 한번 해봐Just do it, 다르게 생각하라Think different, 집 나설 때 꼭 챙기세요Don't leave home without it.◆ 이 메시지들의 성공은, 어떤 기업이 사용하는지 말할 필요

PART 2 | 오늘날 공정성은 어떤 모습일까?

◆   순서대로 코카콜라, 나이키, 애플, 아메리칸 익스프레스의 슬로건이다.

가 없다는 사실에서 알 수 있다.

그러나 우리는, 기업들이 특정 생각을 당신에게 퍼부을 때, 당신이 반대로 무슨 생각을 하는 걸 기업이 원하지 않을지 질문해 봐야 한다. '이게 진짜다.' 이것은 가짜일지도 모른다. 아니면 몸에 좋지 않은 인공적인 것들로 가득할 수도 있다. '빠르게 움직이고 관습을 깨라Move fast and break things.'◆ 그러나 그렇게 하고 나서의 결과는 신경 쓰지 말라. '사악해지지 말자Don't Be Evil.'◆◆

당신이 우리만큼 큰 힘을 가지고 있다면 그렇게 되기가 정말 쉬울 것이기 때문이다. '공정하라Be Fair'(아니다, 나도 그런 적이 없다).

우리 조상들 사이에서의 신뢰와 거래

공정한 거래는 둘(또는 그 이상) 중 한 사람이 돌도끼나 단검, 권총을 들고 있으면 가능하지 않다. 무기가 진짜일 필요는 없다(위협은 공정성에 아무런 도움이 되지 않는다). 그 생각을 뒤집어라. 공정하게 교환하면 사람을 때리거나 찌르거나 쏘지 않아도 된다는 사실을 알게 될 수도 있다. 이 사실은 쌍방 모두에게 이롭다. 침략자를 쏘거나 찌르거나 때리러 올 친구들이 인근에 있을 수도 있기 때문이다. 거래는 강도보다 덜 위험하지만 더 어려운 일이기도 하다. 덜 위험한 선택을 할수록 잘 되었을 때의 보상이 적다. 협력은 경쟁과 비교해

◆　페이스북의 모토이다.
◆◆　구글의 모토이다.

약간 따분하지만 장기적으로는 모두가 더 많은 것을 얻을 수 있다.

유발 하라리는 신에서 유한회사에 이르기까지, 우리가 창조한 허구들이 우리에게 거래할 수 있는 환경을 제공한다는 개념을 소개했다. 그리고 거래할 때 그 모든 허구 중에서도 가장 큰 허구인 돈을 이용한다고 했다. 거래에서 일종의 사은품처럼 얻을 수 있는 것은 협력을 증가시키는 학습된 능력이다. 또 일종의 원 플러스 원으로서 더 효율적으로 경쟁하도록 학습된 능력이다. 모든 거래는 최후통첩 게임이지만 동등하거나 더 큰 가치를 얻기 위해 가치 있는 것을 포기한다는 점에서 위험이 더 크다. 거래는 인간 활동의 동력인 기어박스다. 이 비유를 믿는다면, 신뢰와 평판은 톱니바퀴고, 공정성은 거래를 계속 부드럽게 돌아가게 하는 윤활유다.

거래는 정신과 시야를 넓힌다. 거래된 상품은 사람보다 멀리 여행한다. 잉글랜드 켈트족 왕의 무덤에서 발견된 중동의 목걸이는 아마존에서 주문한 스마트폰 충전 케이블과 마찬가지로 최종 목적지에 닿을 때까지 여러 명의 손을 거쳤을 것이다. 제조사, 배송 기사, 공항 대행업체, 항공사 직원, 반대쪽에 있는 또 다른 항공사 직원, 아마존 창고와 집으로 이어지는 또 다른 대행업체와 또 다른 배송 기사 등의 손이다. 우리는 켈트족 왕과 아시리아의 목걸이처럼 충전 케이블과 함께 묻힐 가능성은 거의 없겠지만, 과정은 같다.

그리고 거래는 지금처럼 정보에 의존했다(무엇을 살지, 어디에서 살지, 누구에게 살지, 어떻게 돈을 벌지, 얼마나 벌지, 어디에서 팔지, 누구에게 팔지, 어떻게 청구할지, 얼마나 청구할지 등의 정보). 지금은 더 빠른 과정을 거친다. 몇 초 안에 응답하는 검색 엔진에 물어본다. 네덜란드의 동인도 회사나 허드슨만의 사냥꾼은 이동하고 생존하는 위험을 무릅쓰는 데 몇 달이 걸렸다. 이동과 생계와 화약 비용은 모피 또는 실크 한 필의 최종 가격에 포함되어야 했다. 그 과정을 더 쉽게 만드는 것은, 거래 비용을 줄여 거래자의 이윤을 증가시키거나 소비자의 비용을 줄여 수요를 자극하는 것이었다. 망망대해를 건너 이동하고 거래하기 위한 규칙과 법률을 발전시키는 일은 그렇게 간단하지 않았다. 그렇지만 모두를 위해 꼭 필요한 일이었다. 동시에 비즈니스에 대해 내기하는 것과 비슷한 산업인 보험 산업의 발달도 위험성을 줄여주었고, 합의된 거래 규정을 통해 위험과 위험 감소 모두에 대한 욕구를 증가시켰다. 그리고 무역이 확산된 만큼 이 현상도 멀리 확산되었다.

정치이론가 그로티우스Grotius(휴고 그로티우스Hugo de Groot, 1583~1645)는, 네덜란드의 동인도 회사 선장인 친척이 1604년 인도네시아 군도에서 약탈한 포르투갈 무장상선의 화물에 대한 분쟁에 휘말리면서 처음으로 국제 협력 개념과 최초의 '해양법'에 관심을 가지게 되었다. 해양법에서 오늘날의 복잡한 세계 무역 체계가 출현할 수 있게 한 국제법 개념이 나왔다. 열한 살에 대학에 갔고 불쾌할 정도로 조숙한 아이였던 그로티우스는 사람들이 권리를 '소유'하고, 원한다면 거래할 수도 있다고 주장하는 인권 이론을 발전시켰다. 이 생각은 토머스 홉스, 존 로크, 장 자크 루소가 통치자와 피통치자 사이의 사회 계약에 대해 다양한 버전을 그리려고 할 때 영향을 미쳤다. 잠시 후 그로티우스와 그의 영향력을 다시 살펴보도록 하겠다.

하지만 근본적으로, 적어도 유럽 무대에서 인류가 배우고 있었던 것은, 위험을 분산시키는 방법을 찾을 수 있다면 무역을 이용해 훨씬 더 많은 사람을 부유하게 만들 수 있다는 사실이었다. 그리고 특별 보너스로, 이 방법은 사람들을 죽이거나 협박하는 것을 포함하지 않았기 때문에 비즈니스를 할 때 자신에 대해 좋은 감정을 느낄 수 있었다. 사실 좋은 사람이 되는 것은 많은 사람들에게 좋은 비즈니스를 하기 위한 전제 조건이 되었다. 거래하는 방식에 있어서, 부드러워야 하는 것까지는 아니지만 약간의 미덕과 윤리적 행동에 대한 일말의 책임감을 보여야 했다. 왜 그럴까? 그래야 상인으로서의 평판이 좋아지기 때문이다. 셰이커교라는 미국의 한 종파는 상대방을 행복하게 만들고 싶다는 마음을 보여주기 위해 곡물이나 소금, 또는 그들이 팔고 있던 게 무엇이든 덤으로 더 주곤 했다. 그들은 소박함, 선행, 공정성에 대해 존경을 받았지만, 애석하게도 번식에 반대했기 때문에 더 이상 존재하지 않는다. 경쟁심이 너무 강한 사람에게 약탈당하는 것처럼 보이는 것은, 사실 관대하다는 평판을 쌓아 더 많은 고객을 불러오는 일이었다. 즉, 신뢰가 바로 눈앞의 거래에서 미래를 내다보는 거래로 진화한 것이다('미래'는 또 다른 어휘의 기교다. 우리가 비즈니스 관행을 어떻게 인간 신뢰의 복잡한 성질을 더 포함하고 이용하도록 만들었는지를 표현한다).

신뢰와 무역이 정치적 영향력 확대, 영토 획득, 그리고 제국 시대와 식민지 시대를 가능하게 하는 세계 무대를 마련하고 있었다. 보는 관점에 따라 이것은 식민지 개척자들이 거래 상대방의 이익을 공정하게 평가하지 않았으므로 좋은 게 아니었다. 자신이 '발견한' 사람들보다 수적으로나 기술적으로 우세하다고 인식하기 시작하면 사실상 거래할 때 권총을 들고 있는 셈이다. 그러다 보니 공정한 교환이라는 생각이 조롱거리가 되는 시대가 도래했다. 거래의 한쪽만이 위협 없이, 대형 범선이나 대포, 소총 없이 행동하고 있었기 때문이다. 거래를 일괄 인수해서 약화시키는 것과 같은 행위를 한쪽만하지 않았다. 공정성은 이 시대에 모험가의 특권으로 부상해 유럽인들 사이에 점점 더 관여하는 여러 금융 장치들을 통해 작용했다. 하지만 유럽인들이 수개월 간 항해하면서 거래하는 상대방과의 관계에서는 그렇지 않았다. 대체로 그 과정에서 거액이 갈취되었다.

이를 통해 우리가 최근 수십 년 동안 공정한 거래 개념을 회복하려고 애쓰고 있었음을 알 수 있다. 공정성이라는 사치를 누릴 수 있는 많은 사람들이, 아동 착취와 부채로 인한 강제 노동이 예전의 강탈보다는 낫다고 생각하는 것은 상품 마케팅의 매력적인 부분이다.

공정한 교환은 강탈이 아니다 ◆

2019년의 마지막 3개월 동안 신뢰와 평판에만 근거해 220억 달러(한화 약 26조 원)어치의 상품이 전자 교환 시스템을 통해 팔렸다. 우리가 흔히 추측하는 것처럼 사람들이 이기적이고 속임수를 쓰고 탐욕스럽다면 이베이eBay는 1995년 9월에 문을 연 후 며칠 만에 문을 닫았을 것이다. 나쁜 사람들이 위조품을 팔고 나쁜 사람들이 훔

◆   부당한 교환을 강요할 때의 변명으로서 '교환은 강탈이 아니다'라는 말이 있다.

친 신용 카드로 값을 치러서 실패한 웹사이트가 될 수도 있었다. 하지만 사람들은 그렇게 하지 않았고 이베이는 실패하지 않았다. 플랫폼에서 팔기 위해 광고되는 모든 상품이 설명과 일치하는 것은 아니고 모든 결제가 합법적인 것도 아니다. 나쁜 사람들이 늘 그랬듯이 일부 사람들이 편법을 쓰려고 하는 흔적이 있다. 그러나 한쪽은 충분히 정직하고 다른 한쪽은 충분히 신용이 있어서 거래가 성사된다. 수백만 번 이상 그랬다.

윈스턴 처칠 Winston Churchill은 개인적 이유를 넘어 은행가, 비즈니스, 파산 위기를 싫어했다. 그는 이렇게 말했다. '금융에서는, 기분 좋은 모든 것은 믿을 수 없고, 믿을 만한 모든 것은 불쾌하다.' 이 말은 간단한 말 같지만 지긋지긋한 경멸에서 나온 표현이다. 금융의 기초는 거래와 위험을 완화하는 신뢰다. 개념으로서의 거래와 신뢰의 기초는 아는 것 또는 평판이다. 우리는 아는 사람 또는 평판이 알려진 사람과 거래한다. 우리는 아는 사람을 신뢰하고 평판이 알려진 사람을 신뢰한다. 아는 것이나 평판, 두 경우 모두 직접 관찰하거나 다른 사람이 묘사한 행동이라는 증거가 있다. 직접 눈으로 봤든 제삼자의 묘사를 들었든, 우리가 눈여겨보는 것은 관찰 대상이 행동하는 방식이다. 곧 비즈니스에서의 언어 사용에 대해 살펴보겠지만 우선은 한 단어에 집중해 보려고 한다. 바로 '행동 behave'이라는 단어다.

고대 영어 단어 'be-habban'은 '포함하다'라는 의미다. 'Habban'은 '유지하다' 또는 '붙잡다'라는 의미를 가진 인도 게르만 공통 조어의 어근 'kap'에서 유래한다. 앞에 오는 'be'는 '야기하다 beget'나 '필요하다 behove'에서처럼 '자기 자신에게'라는 의미다. 어원학자들은

'behave'가 무엇에서 유래하는지 완전히 확신하지 못하지만, 선호하는 이론은 '자신을 유지하다to hold oneself'에서 발전했다는 것이다. 즉, 자제력이라는 개념을 가지고 행동하도록 자신을 유지하겠다는 의미다.

사람은 행동할 때 무엇을 억제할까? 노왁과 지그문트의 '간접적 호혜성' 개념을 다시 생각해 보면, 우리는 보상이나 대가를 확실하게 바라지 않으면서 남에게 선행을 베풂으로써 이기심을 억누르는 행동이 공동체 안에서 좋은 평판을 확고히 하는 방법이라고 배웠다. 누군가의 행동을 좋게 평가할 때, 우리가 평가하는 부분은 이기심이나 반사회적 행동의 억제다. 그럼으로써 그들이 우리에게 공정할 거라고 믿을 수 있다.

심리학자들의 말에 따르면, 우리에게 뭔가를 팔려고 하는 사람들(만병통치약 판매원, 온라인 인플루언서, 정치인 등)이 공유하는 공통 요소 중 하나는 그들이 '신뢰성 향상 전시'라고 부르는 것이다. 뭔가를 사게 하려면 우선 시도하게 만들어야 한다는 의미다. 어떤 상품이든 기본적인 검사를 통과했는지(해가 되지 않을지) 여부도 알지 못한 채 우리가 새로운 것을 시도할 이유가 있겠는가? 따라서 판매원은 상품을 직접 소비함으로써 안전성을 보여주는 게 중요하다. 만병통치약 패거리는 약을 병째 마시면서 활력을 보여주고, 관중 사이에 앉아 있던 한통속인 사람을 가리키며 한눈에 보이는 그의 건강이 이 불로장생약 덕분이라고 말한다. 인플루언서는 특정 상품을 사용한 후에 자신이 얼마나 예쁜지를 보여줘야 한다. 정치인은 자신이 추진하는 정책에 맞게 살아야 한다. 그러나 각 사례에서 그들이 파는 건 그들의 지지자 중 적어도 일부가 원하는 것이다. 그렇지 않으면 영업을 하지 않을 것이다.

그들의 거래 결과로 우리 모두 조금은 얻는 게 있다. 만병통치약은 아무 효과도 없고, 모두가 카메라 앞에서 예뻐 보일 수 없으며, 정치인이 말하는 내용이 반드시 진심은 아니라는 지식들이다. 거래는 목걸이를 교환하는 수준이든 수십억 달러에 달하는 계약을 맺는 수준이든, 협력을 강화하고 사회를 개선한다.

'이제 거래를 하려면 어느 정도의 신뢰가 필요하다. 또 세상을 보면 일부 사례에서 자본주의, 민주주의, 인권에 대한 신념 같은 현대의 신념이 총검 앞에서보다 거래와 경제적 관계를 통해 이루어졌을 때 훨씬 더 효과적으로 확산되는 것을 알 수 있다.'[59]

하라리가 인터뷰에서 위와 같이 말했듯이, 신뢰와 거래의 관계는 와이파이와 스마트폰의 관계와 같다. 전자가 없으면 후자는 기본적인 수준으로 작동하긴 하지만, 알다시피 제대로 된 혜택을 누리지 못한다. 신뢰하지 않는 사람들과 어떻게든 거래할 수는 있다(처음 그렇게 할 때 평판을 통해 상대의 성격과 행동을 알 수 없다면 정확하게 거래해야 할 것이다). 그러나 자기 보호 의식이 조금이라도 있다면 명백할 때만 거래할 것이다. 오직 바보만이 모르는 사람에게서 아이디어를 산다.

사실 처칠은 틀렸다. 비즈니스에서 믿을 만한 것이 실제로 매우 기분 좋은 것일 수 있다. 우리는 다른 사람들을 믿고 싶어 한다. 왜냐하면 세상에 신뢰할 수 있는 사람이 많을수록 교환, 상품, 음식, 정보가 더 다양해지고 다른 모든 생존 도구들을 이용할 수 있기 때문이다. 간단하게 설명하자면, 이베이를 생각하라.

최후통첩 게임으로 돌아가자면, 쌍방에 적합한 교환이 동등할 필요는 없다. 공정하기만 하면 된다. 이것이 우리 인간 종이 비즈니스를 무척 좋아하는 이유다.

물론 비즈니스에는 가혹한 측면이 있다. 먹느냐 먹히느냐의 악덕 자본가, 악덕 변호사, 사기꾼들이 시장에 출몰하지 않은 때를 찾기 어렵다. 자유 시장은 마음 여린 사람들을 위한 장소가 아니다. 우리는 냉혹한 자본주의에 대한 순수주의자, 애덤 스미스만 기억하면 된다.

다만, 『국부론』을 쓴 애덤 스미스를 기억하는 대신 전작인 『도덕감정론』을 쓴 애덤 스미스를 기억해야 한다. 그 책의 시작은 다음과 같다.

'인간이 얼마큼 이기적이라고 생각하든 천성적으로 몇 가지 신념이 있는 것은 분명하다. 그 신념 때문에 타인의 안녕에 관심을 둔다. 또, 타인의 행복을 바라볼 때 즐거움 외에 얻는 것이 없어도 타인의 행복을 필요로 한다.'

스미스(소위 인정사정 봐주지 않는 경쟁의 지지자)는 인간이 공감하고, 공정하고, 가치뿐 아니라 관점을 '교환'하며, 다른 사람의 입장에서 생각할 수 있는 능력을 가졌다는 점에 관심이 있었다. 우리는 이기적인 활동보다 사교적인 활동에 가장 자연스럽게 참여한다. 스미스는 이런 글을 쓰기도 했다.

'사랑받는 것, 그리고 사랑받을 자격이 있음을 아는 것만큼 큰 행복은 무엇일까? 미움 받는 것, 그리고 미움받아야 마땅함을 아는 것만큼 큰 고통은 무엇일까?

인간은 천성적으로 사랑받길 바란다. 또 사랑스럽길, 또는 사랑의 자연스럽고 적당한 대상이 되길 바란다. 그리고 천성적으로 미움받는 걸 두려워한다. 또 미워지는 걸, 또는 미움의 자연스럽고 적당한 대상이 되는 걸 두려워한다.'

인간은 아첨을 들음으로써, 스미스는 '자기기만'이라고 불렀지만 우리는 '확증 편향'이라고 부를 수 있는 것을 통해, 자신이 '사랑스럽다고' 확신할 수 있다고 그는 생각했다. 그러나 사적인 순간에는 정신이 온전한 사람이라면 누구나 자신이 정말로 존경받을 만한 사람인지 아닌지 안다. 그리고 받고 있는 것을 받을 자격이 있다고 느끼지 않는 한 진심으로 행복할 수 없다. 애덤 스미스는 동시대 인간에게 자신에게 솔직해지기를 요청하고 있었다(이것은 확실하게 이집트로, 그리고 고대 그리스로 거슬러 올라가는 철학적 장치였다). '너 자신을 알라'는 의미인 γνῶθι σεαυτόν[그-노-티 세-아우-톤]이라는 문구는 밀레투스♦의 탈레스Thales부터 소크라테스Socrates까지 모든 사상가들의 생각으로 여겨지고 있다. 스미스가 특히 경제학자로서 그 생각을 이해할 때, 우리는 이 개념을 자신의 행실에 대해 공정하게 평가하라는 명령으로 볼 수 있다. 자신이 다른 사람들에게 얼마나 공정한지에 대해 스스로에게 공정하라는 것이다.

스미스는 30대에 '이론'에 대해 썼고 50대에 '부'에 대해 썼지만 더 일찍 썼던 글이 그의 마음에 더 가까웠던 것으로 보인다. 그는 생의 마지막 몇 주와 몇 달을 나중에 쓴 책이 아니라 일찍 썼던 책을 손보면서 보냈다. '탐욕은 좋은 것'이라고 말하는 스미스(어차피 존재한 적도 없었다)는 기억되고 싶은 그의 모습이 아니었다.

애덤 스미스와 그의 동료 스콧Scot, 데이비드 흄David Hume은 우리가 계몽주의 시대라고 부르는 시기에 살았다. 그 시기는 사람들이 어떤 세상에서 살게 될지를 알기 위해 싸우던 때였다. 암흑시대부터 존재했던 오래된 질서가 다시 영향을 미칠지, 아니면 새로운 과학의 시대가 우위를 차지할지 아직 두려움이 있었다. 오스트리아와 튀르키예는 애덤 스미스가 태어나기 5년 전까지도 전쟁 중이었다. 싸움이 몇 세기 전과 마찬가지로 18세기 유럽 대륙을 지배했다.

과학과 산업 혁명은 비즈니스 세계에 다른 유형의 사회가 탄생했음을 알렸다. 모든 사람이 참여할 수 있는 완전한 상업 사회였다. 이 시기 이전의 상업은 어느 정도 자급자족하던 대다수의 사람들을 참여시키지 못했다. 고용은 주로 농장 노동자와 지주 사이에서 이뤄졌고 물물 교환은 현금 거래만큼 흔했다. 그러나 자본주의, 산업화, 세계화의 시작은 모든 것을 바꿨다.

더 많은 교환 규칙, 복잡한 금융 언어, 인류 공통어인 돈과의 친밀함이 필요해졌다.

◆　　고대 그리스의 도시 국가 중 하나이다.

금융 위기가 어떻게 공정성을 망가뜨렸는가?

1980년대 중반 런던시의 규제 완화와 레이건의 경제 정책을 시작으로, 정부는 금융 서비스에 종사하는 사람들의 창의력을 표출시키는 데 초점을 맞췄다. 그러던 중 일부 직종에서는 창의력이 반드시 좋은 것은 아니라는 사실이 밝혀졌다. 뉴스 보도가 그렇고 은행 업무가 그렇다. 더 큰 효율성을 찾기 위해 시작한 것이 컴퓨터화와 디지털 네트워크라는 영약과 결합되자 연금술을 탐구하는 것처럼 되었다. 20세기 후반과 21세기 초반의 연금술사들은 납을 금으로 바꾸는 대신 돈을 더 많은 돈으로 바꾸려고 애썼다.

당시 우리 조상들에게는, 사람들이 라틴어로 말하는 게 보통은 뭔가 이상한 일이 벌어지고 있으니 변호사가 필요하다는 좋은 신호였다.

유럽에서 종교 개혁이 있기 전에, 라틴어로 말하는 성직자들은 그들이 성경 해석에 독점권을 가지고 있다는 것과 독점권을 지키기 위해 필사적이라는 것을 보여줬다. 그 방식이 경제적 이득을 가져왔기 때문이다(지옥에 대한 두려움에 휩싸인 죄 많은 일반 신도들은 영원한 지옥살이를 피하려고 교회에 돈을 쓰고, 쓰고, 또 쓸 가능성이 훨씬 더 컸다). 그러나 구약 성서나 신약 성서에 나오는 예수의 가르침에서도, 하늘에 있는 정의의 저울에 영향을 주기 위해서 교회와 그 대리인들에게 돈을 아낌없이 내야 한다는 내용은 도무지 찾을 수 없다. 이는 교회를 매우 곤란하게 했다. 그래서 독점을 추구하면서 두려움을 금으로 바꾸려고 하던 옛 교회는, '신의 말'을 평범한 사람들이 이해할 수 있는 말로 바꾸려는 사람들을 좋게 보지 않았다. 그래서 그들을 가장 고통스러운 방법으로 죽이려고 했다. 그 당시에 누구나 생각할 수 있었던 방식은 화형이었다(이 집행 방법에는 유용한 부작용도 있었다. 그 부작용은, 종교를 이해하려고 하는 것과 같은 사악한 뭔가를 시도하면 지옥에서 무슨 일이 일어나는지 구경꾼들에게 상기시키는 것이었다. 참고로 그러한 종교의 중심이 되는 글은 영벌에 처해졌을 때의 온도를 언급하지 않고 심지어 영벌에 대해서도 언급하지 않는다. 사람들이 성경 글을 검토하는 것을 교회가 원치 않았던 건 전혀 놀랄 일이 아니다).[60]

종교 개혁 이후 19세기가 된 지 꽤 되었을 때도 의사들은 서로에게 라틴어로 말했다. 환자가 무슨 병인지 모르거나 무슨 병인지는 알지만 어떤 치료도 할 수 없을 때, 또는 이제 막 지어내려고 하는 진단에 대해 얼마를 청구해야 합리적일지 잘 모를 때 그 사실을 환자에게 숨기기 위해서였다. 어떤 경우든 비용을 지불하는 사람에게는 모두 나쁜 소식이었기 때문에 그들이 이해할 수 없게 하는 것이 중요했다. 무엇보다도 중요한 건, 지나치게 복잡한 의료 체계가 중세에 발달했고 그게 17세기까지 이어졌음에도 병을 치료하는 데 덜 효과적이라는 사실이었다. 선사 시대 조상들로부터 전해진 민간요법과 약초를 사용한 수천 년의 시행착오보다도 효과가 없었다. 진보가 직선이라고 누군가가 말한다면 라틴어로 말하는 쪽을 선택할지도 모르겠다.

더 최근에는 일반인들이 법정에서 라틴어로 말하는 사람들을 만나는 경우가 많았다. 라틴어로 계속 말하는 건 아니고, 길고 복잡한 논쟁 과정에서 변호사가 아닌 똑똑한 사람들이 방향을 상실할 정도로만 라틴어를 사용한다. 이런 행동은 종교와 의료 분야의 사기꾼보다도 더 위험한 형태의 불명료화라고 주장할 수 있다. 만약 당신이 법을 이해하지 못하는 사람이라면, 당신에게 법을 설명하는 대가로 돈을 받는 사람들이 당신이 이해할 수 없는 언어로 말하는 경우에 도와줄 수 있는 사람이 누가 있겠는가? 오늘날 라틴어를 사용하는 변호사들에 대해 생각했을 때 특히 더 아이러니한 점은, 일상적인 말로 법을 작성한 것(평범한 사람들이 법을 따르려면 법을 이해할 수 있어야 한다는 이유였다)이 종교적, 의학적인 글을 바꿔 쓴 것보다도 훨씬 이전의 일이라는 사실이다.

순종을 강요하기 위해 진실을 숨기려고 노력하는 것은 여러 가지 이유로 공정하지 않다. 권력자를 견제할 수 없게 하고, 모든 시민에 대한 기회 균등 요구를 무효화하며, 한 집단(지옥, 고통스러운 죽음, 감옥을 피할 수 있는 사람들)에 다른 집단에 대한 특권을 부여함으로써 협력적인 행동을 약화시킨다.

사후 세계는 말할 것도 없고, 삶의 나쁜 것들로부터 도망갈 수 있다는 주제는 우리를 필연적으로 부채담보부증권 collateralised debt obligation(CDO)으로 이끈다.

부채담보부증권이 뭔지는 몰라도 된다. 사실 CDO를 만든 사람들은 오히려 당신이 묻지 않기를 바라고 있다. '신용부도스와프 credit default swap'가 뭔지, AAA 신용 등급과 BBB 신용 등급의 차이가 뭔지, 자국어로 쓰였지만 약간씩 섞여 있는 다른 언어 모두를 알 필요가 없다. 차라리 읽기 어려운 공문서 서체로 양피지에 쓰여진 채 몇 톤의 암석 밑에 파묻히는 편이 낫다. '파생 상품'과 '금융 상품'에 대해서 우리가 알아야 할 것은, 우리보다 더 잘 훈련되고, 더 잘 교육을 받고, 틀림없이 더 많은 돈을 받는 다른 사람들이 그런 것들을 이해하고 있다는 사실이다. 세계 금융 위기의 설계자들은 우리가 여전히 이렇게 믿기를 바란다. 그들은 자신이 왜 그렇게 일부에게는 압도적으로 이득을 안기고 그 외 사람에게는 압도적으로 손실을 입혔는지 안다. 왜 2007~2008년에 자신들이 모두 그렇게 처참하게 망가졌는지 알고 있으며, 똑같은 일을 언제 다시 시작해도 안전할지를 물론 알고 있을 것이다*.

* 스포일러 주의: 이미 안전하다.

　〈파이낸셜 타임스〉의 기자였던 나는 자랑스럽게도 CDO와 CDS가 무엇인지 아는, 믿을 수 없을 정도로 똑똑한 사람들에 둘러싸여 있었다. 내 동료들은 악성 부채를 한데 묶어 회수 가능한 부채가 된 것처럼 가장하는 것(CDO)에 내재하는 위험에 대해 정부와 규제 기관에 경고하려 했다. 그리고 보증하는 부채 액면가의 20~30배 보험료를 받는 보험 시장을 형성하는 것(CDS)에 대해 경고하려 했다. 그런 일들을 정부와 규제 기관에 경고하기로 되어 있는 신용 평가사는 CDO와 CDO를 발행하는 은행을 평가해서 돈을 벌고 있었다. 그래서 성 전체가 모래 위에 세워졌다는 의혹에 대해 적극적으로 목소리 내는 것을 꺼려했다. 나는 나 자신이 그런 일들을 잘 이해하지 못했던 게 부끄럽다. 그러나 2007년 말, 내 동료 질리언 테트^{Gillian Tett}와 이야기했던 고위 은행 간부보다는 부끄럽지 않다. 그 간부는 결재를 받기 위해 그의 앞에 놓였던 파생 상품 약정서의 절반도 이해하지 못했다고 말했다. 교황이 라틴어 읽는 법을 잊어버렸던 셈이다.

전 세계의 금융 서비스 회사들은 더 많은 부를 추구하기 위해 이전의 어느 때보다 돈이라는 개념을 가지고 놀았다. 그들은 점점 더 창의적으로 변했고 아무도 막지 못했다. 다행히, 우리 모두가 알고 있듯이 2008년 세계 금융 위기가 우리를 덮쳤을 때, 정부와 중앙은행이 연대하여 욕심에 눈이 멀었던 은행과 담보 대출업자와 보험회사들을 구제하려고 했다. 그때 이 모든 것을 허가했던 사람들은 감옥으로 보내졌고, 이런 일이 다시는 일어나지 않게 하는 제도가 도입되었다. 갑자기 나타난 금융의 블랙홀을 메우기 위해 세계 곳곳에 은행이 만들어졌고, 일반 국민들은 금융 서비스 산업이 옳은 일을 하고 그들의 잘못에 대해 대가를 치르지 않았다면 갈기갈기 찢겼을 중요한 공공 서비스를 잃지 않았다. 우와!

지금까지 읽었던 모든 내용 중에 기억하길 바라는 한 가지가 있다면, 마지막 구절은 공상이었다는 것이다. 우리의 인생에서 일어났던 많은 사건 중에 가장 불공정한 사건 중 하나는, 금융 위기를 초래한 사람들이 거의 처벌받지 않고 풀려난 일이었다. 남은 우리가 그들의 죗값을 대신 치렀다. 코로나바이러스의 영향으로 우리 경제가 앞으로도 오랫동안 약해지는 게 확실시되듯이, 우리는 아직도 대가를 치르고 있다. 이 불공정성 인식이 유발한 격한 감정이 정치 사기꾼들에 의해 분노의 도가니로 왜곡되어 서로에게 예의를 갖추려는 우리의 노력을 질식시키는 것처럼 말이다.

'대중의 신뢰에 가장 심각한 타격을 입힌 것은 아마 수많은 은행이 '앞면이 나오면 내가 이기고 뒷면이 나오면 네가 지는 거야'라는 거품 위에서 운영되었다는 폭로였다. 그 은행들이 위기를 앞두고 한 일은 손실을 사회화(총 15조 달러, 한화 약 18,000조 원의 공적 지원으로)하기 전에 수익을 사유화한 것이었다. 그 위험과 보상을 부당하게 공유하는 것은 불평등에 직접적으로 기여했지만, 거의 그만큼 중대하게 금융이 의지하는 더 광범위한 사회 조직이 부식되는 결과를 낳았다.'**61**

카니**Carney**가 말한 것처럼 경제를 망친 사람들은 여전히 은행에 많은 현금을 갖고 있다. 나는 대부분의 기자들이 그렇듯이 금융, 정부, 법이 하는 일에 진저리를 치고 냉소적인 태도를 갖고 있으며, 체념하고 있다. 하지만 금융 위기와 그 후유증에 대해, 그리고 사회가 절대 잘되지 않기를 바라는 잘난 체하는 금융업자들에 대해 생각해보면, 남은 우리가 그 대가를 치르는 동안 지상 낙원을 찾는 사람들로 보인다. 그들을 생각할 때 뇌의 한 부분에 불이 켜진다. 뇌의 한가운데에 있는, 혐오감을 불러일으키는 부분이다. 이 부분은 불공정성을 인식하고 항의하기 위해 뭔가를 하지 않으면 영원히 경기에서 제외될 수도 있다고 알려주고 있다.

자본주의를 공정하게 말하자면

세계 금융 위기를 초래한 것이 공정성이라는 주장도 있다. 근대를 거치면서 세계화는 기술의 변화와 마찬가지로 사람들이 거래하는 방식에 영향을 미쳤다. 그래서 신뢰와 평판에 근거해 일하는 전통적 방식(솔직히 말해 우리는 노와과 지그문트를 통해 이 방식이 '매우' 오래된 방식이었음을 안다)에서 명예라는 말을 넘어서는 뭔가로의 변화가 필요해졌다. 거래는 제도와 규칙의 문제가 되었다. 이것의 20세기 징후는 세계무역기구의 설립과, 금융과 경제의 세계 질서를 위한 규칙을 정한 브레턴우즈 협정이었다.

다 괜찮지만 '내가 한 약속은 반드시 지킨다'에서 일단 멀어져서 규칙 안에 포함된 것을 기반으로 거래하면, 경쟁하려는 인간의 본능이 협력하려는 인간의 본성을 능가하게 될 것이다. 둘 중 어느 쪽이든 우위를 점하면 공정성 감각은 위태로워진다.

일부 전문가들은 다음에 일어난 일을 밀턴 프리드먼Milton Friedman과, 그가 가장 영감을 준 정치인 로널드 레이건Ronald Reagan과 마거릿 대처Margaret Thatcher의 태도에 구체적으로 나타나는 금융 자유주의의 직접적인 결과로 본다. 독자적인 경계를 정하도록 금융에 더 큰 자유를 준 것은, 물건 제조, 소매, 채취와 같은 더 전통적인 산업보다 은행업과 다른 형태의 화폐 제조업이 우위를 차지하는 것으로 이어졌다. 세계적인 규칙 내에서 새롭게 등장한 시대 정신에 맞게 개별 문화가 발달했다. 특히 뉴욕의 성과주의자들이 시대의 풍조가 되었다. 말하자면 나의 좋은 친구 이언 데이Iain Dey가 내게 말했던 것처럼 뉴욕의 태머니홀 실력자들과 허드슨만의 모피 사냥꾼 문화는 시대의 풍조였다.

실적은 없지만 숫자와 창의력 측면에서 천재인 사람들이 월가의 대형 은행에서 출세하기 시작했다. 아버지가 고급 목재로 장식된 사무실의 좋은 자리에 앉아 있는 게 직장에서의 주요 자격인 사람들 (거의 모든 사람이 해당되었다)은 나갔다. 이때는 공정성이 작용했다. 브롱크스 출신의 집배원 아들 로이드 블랭크파인 Lloyd Blankfein 같은 사람을 생각해 보라. 그는 생필품 시장이라는 피 튀기는 곳에서 금속을 성공적으로 거래하고 평판을 쌓았다. 혈연관계에 의한 게 아니라 발바닥에 땀나도록 노력해서 얻은 성취였다. 성과가 평판인 시대에서 무엇도 그를 막을 수 없었고, 그는 월가에서 가장 피 튀기는 곳인 골드만삭스의 CEO가 되었다. 그리고 정상에 오르기 위해 권투 전략을 활용해 싸웠던 자들(주로 남자들이었다)은, 그곳에 들어갔을 때 퀸즈베리 후작의 규칙을 채택할 특별한 필요성을 느끼지 못했다. 새로운 사업 방식에 대해 투덜대는 사람들은 해고 통지서 또는 사직서를 각오해야만 그렇게 할 수 있었다. 전면에 나선 사람들 중 다수는 부모나 조부모가 20세기 초에 월가의 명문 출신에게 착취당했거나 1929년 대폭락으로 파산한 사람들이었다. 공정한 결과였다.

〈선데이 타임스 The Sunday Times〉의 전 경제부 편집장이자 월가 전문 기자, 이언 데이는 이 과정에서 공산주의 이후의 러시아와의 유사점을 본다. 강제 노동 수용소에 보내진 사람들의 자식과 손자들은 소련의 몰락과 그 자산과 자원의 약탈을 가장 빠르게 이용했던 사람들이었다.

하나의 관점에서 이 일은 기존의 법을 없애고 거리의 규칙으로 대체한 공정성의 폭발이었다. 월가의 규칙이 아니었다. 그러나 역사의 맥락에서는 오래가지 못했다. 공정성 폭발이 야기한 피해는 엄청났고, 이 새로운 문화를 세운 사람 중 다수는 아주 행복하게 살아남았다. 리먼 브라더스와 베어스턴스는 도중에 실패했을지 몰라도 산업은 대부분 지속되었다.

경제학자들은 별로 도움이 되지 않았다. 경제학의 진정한 가치는 어쩌면 이 정글을 제한할 수 있는 '법'을 제공할 때 드러나겠지만, 경제학자들은 거의 동의하지 않는다. 동의할 때는, 그들 중 가장 저명한 사람이 숫자 놀음에 홀려 공정성의 간단한 진실 몇 가지를 무시하게 만드는 깔끔한 대수 방정식을 제시했을 때다.[62]

공정하게 말하면, 자본주의는 더 나아지기 위해 노력해 왔다. 자본주의 역사 내내 밀려드는 부를 고르게 분배하려는 노력이 있었다. 초기의 대형 무역 단체들(베네치아, 제노바, 피사 등의 국가들, 한자 동맹, 네덜란드와 영국의 동인도 회사)은 모두, 인도 제국에서 돌아오는 배가 고장나 무역이 실패하면 멀리 떨어진 곳과의 국제 무역 위험을 분산할 준비가 되어 있었다. 서로 힘을 합쳐 향신료와 비단 화물을 가득 싣고 돌아왔을 때의 막강한 보상을 생각하며 이 엄청난 위협에 맞섰다. 엘리자베스 1세는 프랜시스 드레이크Francis Drake 경의 1577~80년 세계 일주에 많은 돈을 투자했다. 그가 돌아왔을 때 거래 가치(그리고 스페인 금괴를 대량 절도한 것)는 엘리자베스 1세에게 거의 5,000%의 수익을 안겨주었다. 그 액수는 오늘날 수십억 달러일 수 있다. 그녀는 그 수익으로 외채를 전부 갚았다. 그러고도 추가 무역 사업에 투자할 수 있는 7분의 1이 남아 있었다.

위험 분산은 자본주의의 핵심이다. 개인들은 여럿이 모여서 혼자서는 감당할 수 없거나 성공시킬 수 없는 프로젝트에 자본을 투입했다. 가치가 있으려면 다른 것들은 실패해야 했다. 누군가 모퉁이가게로 걸어가기만 해도 향신료 또는 담배를 쉽게 얻을 수 있다면 그 상품은 가치가 거의 없을 것이다. 기자이자 비즈니스 책 저자인 매슈 사이드Matthew Syed는 말했다. '진화에서처럼 경제학에서도 창조적 파괴로 인해 진보가 이뤄진다.'[63]

자본주의가 창조가 아닌 파괴에 관한 것이었다면 공산주의가 잘 돌아가게 하려고 더 노력했을 것이다. 아니면 봉건주의라도. 그러나 자본주의는 투자할 가치가 있을 만큼 균형이 잘 잡혀 있음이 증명되었다(지금까지는). 위험 대비 보상 비율이 괜찮았다. 그 사실은 애덤 스미스의 생각에 의해 부분적으로 설명될 수 있다. 프란스 드 발 교수보다 약 250년 전에 스미스는 이렇게 썼다.

'자연은 병든 사막에 대한 의식과 그 훼손에 따라 마땅히 받아야 할 벌에 대한 공포를 인간의 가슴에 이식했다. 인류 연합의 훌륭한 안전장치로서 약자를 보호하고 폭도를 억제하고 죄인을 벌하기 위해서였다.'[64]

이것은 우리의 공정성에 관한 정의 중 하나는 아니지만 그렇게 멀리 떨어져 있지 않다.

퀘이커 교도가 세웠던 기업들이 여전히 번창하고 있는 현대 비즈니스 세상에서 그들 집단 공동의 기억, 또 어느 정도는 그들의 행동 윤리 강령을 엄격히 준수한다면, 우리가 정말 그렇게 힘들 수 있을까? 영국에서 바클리 은행은 비즈니스 세계의 롤모델이 아닐지 모른다. 그리고 조지 캐드버리George Cadbury의 원칙은 회사가 크래프트Kraft에 매각된 후 살아남지 못했을지 모르지만, 유니레버Unilever와 존 루이스John Lewis는 여전히 단순한 수익과 손실을 떠나 그들의 헌신을 높이 평가받고 있다.

자본주의는 금융 위기 이후, 존 피어폰트 모건John Pierpont Morgan이나 존 D. 록펠러John D. Rockefeller가 들었으면 웃다가 의자에서 떨어졌을 개혁에 이어 자체 개혁을 위해 애쓰고 있다. 미국에서 비즈니스 라운드테이블Business Roundtable은 '이해관계자 자본주의stakeholder capitalism'(회사의 활동으로 주주만 이익을 얻어야 하는 게 아니라 회사의 종업원, 고객, 회사가 운영되고 있는 공동체도 이익을 얻어야 한다는 개념이다)로 알려진 것을 옹호한다는 서약에 서명했다. 세계 경제 포럼과 포용적 자본주의 협의회는 비즈니스 세계에서 깨어나는 양심을 보여주는 다른 사례다.

하지만 동시에, 우리가 공정한 수준의 과세란 무엇인지 골치 아픈 문제를 살펴보면서 볼 내용이지만, 세계 최대 기업들 중 일부는 여전히 단순한 계산을 하는 데 실패하고 있다. 그들이 국가 내에서 비즈니스를 할 수 있다면 그 이유는 국가의 도로를 이용하고, 교육을 받고, 건강한 노동력을 이용할 수 있기 때문이다. 그리고 경찰과 군대의 보호를 받고 식수를 마실 수도 있다. 그들이 모든 것을 이용할 수 있다면, 이용한 만큼 그 비용의 몫을 지불해야 한다. 코로나바이러스는 새로이 개혁된 자본주의의 일부 황제들의 도덕적인 나체를 보여줬다. 기업들은 거액의 임원 보너스 지급이나 주주를 위한 배당과 자사주 매입을 제한하라는 요구에는 격렬하게 저항하는 한편, 납세자 긴급 구제를 이용하려고 서두르는 모습을 보였다. 그리고 CEO들이 희생을 위해 자기 자신에게 적용한 임금 삭감은 많은 경우에 개선된 보너스 제도로 보전되었고, 사실은 그 이상으로 훨씬 더 많은 금액이 되돌아왔다.[65]

2020년 6월, 사이드 옥스퍼드 경영대학원의 한 교수의 보고서에 따르면, 지난 15년 동안 사모 펀드 회사들(실패한 기업들을 매수해 더 효율적으로 만들고 부채를 최대로 늘린 다음 다시 파는 사람들이다)은 인터넷에서 살 수 있는, 일반적인 지수 추종 펀드에 돈을 넣은 것보다 약간 나은 투자 수익을 제공하면서, '투자자들'에게서 수수료로 275조를 가져갔다.[66] '투자자들'에 인용 부호를 붙인 이유는 비인격적인 인상을 주는 단어이기 때문이다(투자자들은 현실의 사람들이 아니라 사모 펀드 같은 것에 투자할 돈이 있는 부자들인가?). 음, 사실은 당신이 아마 자신이 투자자인지 모르는 '투자자'일 수도 있다. 나는 내가 투자자라는 걸 안다. 연금 펀드가 있다면 일종의 펀드 투자자일 것이다. 당신을 기쁘게 할 소식을 전하자면, 가장 큰 사모 펀드를 운영한 사람들은 현재 억만장자가 되었을 뿐만 아니라 억만장자 몇 배가는 재산을 소유하게 되었다. 그들은 당신을 위해 돈을 버는 일에 그다지 뛰어나지는 않지만 자신을 위해서는 세계 최고 수준으로 뛰어나다. 당신은 그들이 다른 사람들과 같은 세율로 세금을 내지 않기 위해 온갖 수를 다 쓴다는 데에 최후의 돈(남아 있다면)을 걸 수 있을 것이다. 그들에게 공정성은 풋내기를 위한 단어다. 나는 왜 우리가 그들을 그냥 내버려 두는지 모르겠다.

사실 자본주의는 철학이 아니고 힘이다. 자기가 게워낸 토사물의 냄새를 맡지 못하도록 계속 끌어당겨야 하는 개와 같다. 언젠가는 본능을 극복하기를 희망하지만, 당신은 자본주의가 그런 식으로 진화해 왔음을 마음속으로 알고 있다. 정치와 정부와 법의 개입 없이 개가 스스로 목줄을 잡아당길 거라고 기대하는 건 비현실적이다.

PART 2 | 오늘날 공정성은 어떤 모습일까?

법과 과세에서의
공정성

공정 사용, 공정 거래와 합당한 노력 — 민법

경기 규칙을 기록하기 시작하는 순간 심판이 필요해진다. 무엇이 공정한지 우리 모두가 동의할 수 있다면 변호사는 필요하지 않을 것이다. 변호사가 왜 그렇게 많은지 알고 싶다면 이렇게 물어야 한다. 왜 그렇게 많은 법이 있을까?

'fair(공정한)'와 'fairness(공정성)'라는 단어는 미국 헌법 또는 그 수정 조항 어디에서도 찾아볼 수 없다. 한편 'just(정당한)'나 'justice(정의)'는 열세 번, 'liberty(자유)'는 네 번 나온다. 그 이유를, 헌법을 제정한 사람들이 공정성에 관심이 없었기 때문이라고 할 수만은 없다. 1688년 영국의 권리 장전에도 언급되지 않았다. 어쩌면 이렇게 민주주의의 토대가 되는 문서의 작성자들도, 그 이후 대부분의 변호사와 철학자들처럼 공정성을 당연한 것으로 여겼을지 모른다.

공정성은 많은 법적 개념에서 다뤄진다. 하지만 공정성 개념의 가장 중요한 쓰임은 법이 집행되는 방식('절차적인 공정성 procedural fairness') 그리고 법에 의한 공정한 대우에 대한 기대 사이의 차이에서 나온다. 그 기대는 법의 실제적 적용과 이상적(자연적) 적용 모두에 대한 것이다('실질적인 공정성 substantive fairness').

공정성은 사법에 적용될 때 다른 문화에도 존재하는 차이를 반영한다. 아마르티아 센^{Amartya Sen}은 도덕과 법에 관한 산스크리트어 문서에 나오는 니티^{niti}와 니야야^{nyaya}라는 개념을 예로 든다. 두 단어는 정의를 의미하지만, 니티는 법의 집행과 관련이 있고 니야야는 정의와 관련된 제도가 잘 기능할 때 존재하는 세상의 유형을 설명한다. 센은 두 가지 개념이 사법에 대한 더 계획적인 접근법에도 반영된다고 말한다. 하나는 홉스, 루소, 칸트, 심지어 존 롤스(니티), 그리고 다른 하나는 애덤 스미스, 공리주의자들, 카를 마르크스^{Karl Marx} 같은 사람들의 접근법이다. 스미스와 마르크스를 같이 묶은 사실이 놀라울 수도 있지만 센은『국부론』을 쓴 스미스를 생각한 게 아니라 『도덕감정론』을 쓴 스미스를 생각한 것이다. 스미스와 센 모두 경제학자 또는 정치 경제학자로 분류될 때가 많지만, 두 사람 모두 사회가 올바른 상태에 이르려면 공정성을 어떻게 우선시해야 하는지에 관한 작업에서 가장 자부심을 느끼는 것 같다. 둘은 사회 문제에 대한 결정을 내릴 때, 가능한 한 자신을 공평한 상태에 놓으려고 하는 시도에서 정의가 나온다고 생각한다. 그들은 롤스의 '무지의 장막'(앞으로 살 세상에 대해 아무것도 모른다고 가정하고 그 세상에서 무엇이 자신에게 공정한 입장일지 계산하는 것)처럼 인위적인 상태에 놓이라고 요구하지 않는다. 그 대신 그들은 진정으로 공평한 관찰자가 정의의 특정 문제에 대해 할 수 있는 질문을 하려고 한다. 진정한 공평함은 달성하기 어려워 보일 수도 있지만, 특정 스포츠의 특정 팀을 지지하는 사람들은 대회를 볼 때 참가하는 팀이 모두 관심 없는 팀일 경우에 자신이 얼마나 다르게 느끼는지 알 것이다. 관심 있을 때만큼 흥미진진하지 않을 수도 있지만 더 차분하게 볼 수 있고, 선수가 경기하는 방식, 특히 얼마나 규칙을 준수하는지, 규칙의 조정자를 얼마나 존중하는지 등을 더 깊게 감상할 수 있다. (여담이지만 심판은 스포츠 경기장에서만큼 법정에서도 중요하다. 그들의 공정성은 규칙을 어떻게 해석하는지에 있는 게 아니라 양쪽에 똑같이 적용하는지에 있다.)

하지만 센은 이 논쟁을 무해한 스포츠 경기장이라는 편안한 영역 밖으로 꺼내서, 예를 들면 국가가 사형 제도를 폐지해야 하는지 아닌지 논의하는 상황에 적용하곤 했다. 사형 제도 유지나 강화를 지지하는 사람들과, 폐지되거나 법령집에 오르지 않는 것을 보고 싶은 사람들 모두 공평한 관찰자가 그들의 주장 중 무엇을 선택할지 상상해야 한다. 센의 생각은 이것보다 훨씬 더 상세하고 '능력'(센은 무엇을 할 수 있는 기회라는 의미로 이 용어를 사용했다)과 '작용'(성과나 결과의 의미로 이 용어를 썼다) 같은 개념을 포함한다. 본질적으로 그는 사회 안에서 가능한 한 많은 사람이 객관적으로 좋은 결과를 얻을 수 있는 방법을 찾으려 한다. 어떤 수단을 이용하는지는 그렇게 중요하지 않다. 개인 간의 차이가 너무 커서 기회균등이 무엇인지 말하기가 불가능해지기 때문이다. 기회를 좋은 결과로 바꿀 수 있는 가능성은 사람마다 매우 다를 수 있다. 공정성(이 경우에는 절차적 공정성)은 좋은 삶을 살 가능성과 좋은 결과를 성취할 기회가 어떻게 균형을 잘 이룰지 결정하는 데 중대한 역할을 한다.

이런 복잡한 생각은 우리가 사법 체계를 얼마나 잘 세워야 하는지에 대한 현대적 접근법을 뒷받침한다. 그러나 다음과 같은 실용적인 질문에 대답하는 데에는 크게 도움이 되지 않는다. '왜 변호사에

게 그렇게 많은 돈을 줘야 하죠?'

법 절차에 있어서 이상한 점 중 하나는, 앞에서 깊게 논의된 이론과 달리 다소 덜 논의된 수요 공급의 법칙에 반하는 것으로 보인다는 점이다. 아무리 변호사가 많아도 시민의 눈에는 그들이 비싼 수임료만큼이나 모두 아주 유능해 보이고 매우 바빠 보인다. 매년 점점 더 많은 인원이 변호사 연수를 받는다. 아마 그들 중 점점 더 많은 인원이 영구적으로 골프장 가는 것에 집중하고 경력을 끝마쳐야 균형이 잡힐 것이다. 보통은 서비스의 과잉이 가격을 떨어뜨린다. 하지만 법조계에는 그 반대 현상이 일어나는 듯 보인다. 아마 수요 공급의 법칙이 법의 제정에는 적용되지 않기 때문일 것이다. 내가 읽었던 어떤 정치적 성명서에서도 더 많은 법을 만들겠다는 약속은 없었다(다양한 정책 약속에 내포되어 있지만, 그 약속 자체로 많은 표를 얻지는 못한다). 하지만 명백한 수요 부족에도 계속되는 의회 회기와 회의들에 의해 법이 점점 더 많아진다. 삶은 좀 더 복잡해진다.

정의로서의 공정성 — 형법

2017년 래미 리뷰Lammy Review에서 인용한 연구는 흑인, 아시아인, 기타 소수 인종에 대한 영국 형사 사법 재판의 결과에 대한 것이었다. 이 연구는 걱정스러운 결과들 가운데 한 가지 고무적인 결론을 제시했다. 배심원단은 공정하다는 것이다.

연구에서는 의도적으로 여러 인종이 섞이도록 선정한 배심원단을 연출된 재판에 참여시키고(배심원단은 재판이 연출되었다는 사실을 몰랐다), 거의 50만 건에 이르는 실제 사례를 검토했다. 그 결과, 영국의 배심원단이 같은 범죄를 저지른 백인보다 흑인이나 아시아인 피고에게 유죄 판결을 내릴 가능성이 더 큰 게 아니라는 사실이 밝혀졌다. 이 연구는 10년 전에 이뤄졌지만, 2018년까지만 해도 백인, 흑인, 남아시아인 피고인의 유죄 판결 비율은 각각 85%, 83%, 81%였다. 영국인들은 신중하게 생각하고 법정의 규칙에 따라 동시대 인간들을 공정하게 심판한다.[67]

하지만 덜 심각한 사건에서 배심원단을 대신하는 치안 판사는 소수 인종인 구성원들에게 유죄를 판결할 가능성이 25% 정도 더 높다. 배심원들이 아무리 공정하게 숙고해 유죄 평결을 내리더라도 판사들이 유색 인종에게 징역 또는 더 가혹한 형을 선고할 가능성이 크다는 것이다. 2015년 중범죄로 유죄를 선고받은 범죄자의 78%가 백인이었고(2011년 대략적인 추정치로 영국 총인구의 87%가 백인이었다[68]), 9%가 아시아인이었으며(대략 총인구의 5.2% 대비), 8%가 흑인이었다(대략 4%)[69]. 유죄 판결을 받은 사건 중 피고가 흑인인 경우에는 64%가 징역형을 받았다. 피고가 아시아인인 경우에는 61%, 백인인 경우에는 53%가 징역형을 받은 것과 차이가 있었다.

미국에서는 공정성이 훨씬 더 복불복의 문제다. 심지어 배심원단도 그렇다. 2012년에 수행된 연구에 따르면, 플로리다 두 지구의 배심원단은 당시 유죄 선고 비율이 66%였던 것과 비교해, 배심원단이 모두 백인으로 구성되었을 때(재판의 40%가 해당되었다) 흑인 피고의 81%에게 유죄를 선고했다. 흑인 배심원이 한 명이라도 있을 때는 유죄 선고 비율은 당시 비율과 거의 같았다. 각자의 판단대로 하도록 내버려 두면 백인으로만 구성된 배심원단은 공정하지 않았지만, 인종이 섞인 배심원단은 공정했다.

영국과 미국 모두에서 형법의 진정한 불공정성은, 법정에서 피고가 동시대 인간들을 만나기 전후로 나타난다. 두 나라에서 모두 법정에 나타나기 전 체포 및 기소 비율은 유색 인종에게 불균형적으로 영향을 미친다(미국에서 더 그렇다). 판사들도 유색 인종에게 더 가혹한 판결을 내린다. 미국에서 10만 명당 수감률은 흑인이 백인보다 약 5배 높다.[70] 몇몇 주의 연방 검사는, 크랙이라는 코카인을 다량 소지한 흑인을 양형 기준 최소 형량의 두 배로 기소한다. 이러한 경우가 같은 혐의로 백인을 기소한 경우보다 2.5배 더 많다.[71]

통계를 무수히 늘어놓았음을 용서하길 바란다. 형법의 공정성에 대한 주장이 너무 많아서 사실에 근거하는 데 도움이 될 것이다. 그러면 형사 사법 제도를 전체적으로 어떻게 보는지에 따라, 형사 재판 결과의 공정성에 대한 생각이 달라지는 이유를 알 수 있다. 형사 사법 제도를 전체적으로 어떻게 보는지는 형사 재판 결과의 공정성을 어떻게 생각하는지에 달려 있기 쉽다. 공동체의 일부 구성원은 형법 제도를 외부의 위협으로부터 자신을 보호하기 위해 시행되는 것으로 여기는 반면, 일부는 자신을 위협하고 묶어두기 위해 시행되는 것으로 보기도 한다. 물론 그러한 관점은 인간의 사회생활에서 피할 수 없는 부분이다. 사법에서의 공정성은 보는 사람의 관점에 달려 있고 시간과 장소에 따라 달라진다. 사람들이 협력자로서 무엇이 받아들여질 수 있는 행동인지 아닌지 동의하지 않았음을 깨달았고, 그래서 그들 자신의 뇌, '전방 뇌섬엽'이 특정 상황들에 어떻게 반응하는지를 근거로 최초의 법이 작성되었다고 추정해 볼 수 있다. 입증할 수 있는 건 아니지만 그럴 가능성이 충분히 있다. 법은 무엇이 옳고 그른지를 결정할 때 무엇을 고려해야 하는지에 대한 권력자(함무라비 같은 왕이나 의회와 같이 학식과 경험이 풍부한 사람들의 집단)의 명령이다. 그럼 무엇이 옳고 그른지를 어떻게 결정할까?

그렇다, 옳고 그름은 분명 사회가 믿는 것에 달려 있다. 피그미족의 이기적인 세푸가 전체 부족을 위해서가 아니라 자기 자신을 위해서 원숭이 잡는 개인 그물을 만들고 먹이를 잡은 행동은 정말 잘못된 행동이었다. 하지만 그의 동료들이 그를 따돌릴 각오를 하는 것은 사실상 사형 선고나 다름없었기 때문에 정말 심각하게 잘못된 일이었다. 만약 낚시 도구 상점에서 낚시 바늘이나 미끼, 약간의 구더기를 살 수 있었다면 세푸는 자신을 황무지로 내몰려고 하는 다른 시민들에 둘러싸여 있기를 바라지 않았을 것이다.

현대 서양인은 타인의 생명을 강제로 **빼앗는** 행위를 가장 심각한 범죄로 여긴다(비록 많은 나라에서 우리의 최근 조상들은 왕권이나 국가에 대한 반역을 더 중범죄로 봤지만). 앵글로색슨인은 살인자에게 '속죄금wergild'을 내게 함으로써 살인 사건을 해결했다. 그 금액은 희생자의 사회적 지위에 따라 달라졌다. 세푸가 속한 부족과 같은 부족들은 우리가 고령자 살해라고 부르는 것을 범죄가 아니라고 생각했을지 모른다. 스파르타의 어떤 어머니나 아버지도, 허약한 아이를 굶어 죽도록 언덕에 두고 오는 행동에 대해 기소되지 않았을 것이다. 우리의 증조부모 세대는 낙태를 시행한 사람들을 처형하는 일이 사법의 일부라고 생각했지만, 오늘날 우리는 그들을 의사라고 부른다. 우리 조부모 세대는 연인과 섹스를 했다는 이유로 사람들을 감옥에 가뒀지만, 오늘날 우리는 그들의 동성 간 결혼을 축하한다.

요컨대 사법은, 우리가 무엇을 함께 사는 공정한 방식(사회 안에서 협력하는 공정한 방식과 경쟁하는 공정한 방식 모두를 말한다)으로 보는지 반영한다.

그러나 그것만으로는 충분하지 않다.

사법은 자주, 거의 통상적으로 모든 사회에서 모든 집단에 부정당했다. 자유롭지 못한 사람들, 가난한 사람들, 여성, 젊은 사람들, 노인, 흑인, 갈색 인종에게(가끔 백인들에게도) 부정당했다. 법체계(법치주의)는 공정성의 진공 상태에서 아주 만족스럽게 존재할 수 있다. 그러나 사실상 사법 제도가 없으면 공정성이 오래 지속되기 어렵다.

대부분의 국가처럼, 미국은 헌법이라는 법적인 기반을 국민의 명예와 고귀함을 광고하는 것으로 여긴다. 그러나 객관적으로 살펴보면 미국의 헌법이 232번의 여름과 겨울을 얼마나 잘 견뎌왔든, 노예 제도가 사회에 이득이 된다고 믿은 사람들이 작성한 문서라는 점에는 변함이 없다. 기본적인 민주적 권리인 선거권을 인구 전체가 아닌 6%에게만 줬던 사람들이다. 국법이 어떻게 적용될지 규정하는 사람들이 동시대 인간을 당연한 듯이 공정하게 대우하지 않았다면, 그들의 사법이 과연 공정할 수 있을까?

우리가 책의 초반부에서 공정성을 정의하려고 할 때 발견한 것처럼, 사법이 항상 공정한 게 아니고(내가 영어 뉴스 발행물 검색 엔진에 '법이 불공정하다'라는 문구를 입력하자 최근 20년 동안의 검색 결과 1,600개가 나왔다. 법이 성별, 인종, 나이, 재력이 다른 사람들에게 똑같이 적용되지 않는 것이 주요 원인이었다) 공정성이 항상 정당한 게 아니다. 아니, 더 정확하게 말하면 사회가 공정하다고 여기는 게 항상 법전에 반영되는 건 아니다.

애나 비어즈비스카는 두 단어가 동의어가 될 수 없다고 말한다. '정의라는 개념은, 사회에는 권력과 특혜의 자리에('다른 사람들의 위에') 있는 일부 사람들이 있고 그들의 판결과 선고가 다른 많은 사람의 삶에 영향을 줄 수 있다는 사실'을 시사하기 때문이다.[72] 법은 공정성에 대한 사고방식의 변화를 반영하기 위해 계속 개정되고 있다. 공정성은 사람들 사이의 판단으로서, 마찬가지로 바뀔 수 있지만 수직적 관계가 아니라 수평적 관계에서 작용한다.

정의에는 변호사가 필요하지만 공정성은 그저 사람들이 서로와 함께 평화롭게 살기를 바랄 뿐이다.

공정한 몫을 지불하기 — 과세

세금 징수원은 공정성의 화신으로 내세울 가장 확실한 후보자는 아니지만, 어떤 면에서는 그럴 수 있다. 경쟁과 협력의 범위는, 개인주의와 최소한의 정부를 선호하는 사람들과 공동체주의와 국가 개입을 선호하는 사람들 사이에서 조정될 수 있다. 내가 앞에서 몇 번 말했듯이 문제는 우리가 서로 정확히 어떻게 관계를 맺고 있는지이고, 세금 징수원은 가장 중요해 보이는 측정 수단, 즉 돈의 측면에서 그것을 상징하는 인간이다. 세금은 우리가 살기로 선택한 사회에게 우리의 희생을 내놓는 방법이다. 지불하지 않을 수도 있지만, 이는 동료 '호모 사피엔스'와 맺은 계약에 대한 개인 분담금을 내지 않는 것과 같다.

이런 이유로 세금은 공정성에 가장 큰 논란을 불러일으킨다. 특히 소득세와 법인세 문제는 우리가 반복적으로 보고 있는 공정성과 불공정성의 가장 순수한 수학적 표현이다. 금전적 희생은 일부 인간이 법과의 조우에서 겪게 되는 자유 또는 생명의 희생만큼 물리적인 생활에 직접적으로 해롭지 않을 수도 있다. 하지만 세금은 우리가 공통적으로 관련되어 있을 뿐만 아니라 가장 쉽게 계산할 수 있는 공정성의 표현이다. 납세자가 아니더라도, 그 상태는 당신이 고국이라고 부르는 국가와의 관계를 규정한다.

구글의 모회사인 알파벳Alphabet의 CEO는 2020년에 2억 9,100만 달러(한화 약 3,480억 원)의 급여를 받았다. 놀랄 것도 없이, 한 주주 집단이 이러한 이익 분배에 반대했다. 구글은 세계에서 가장 성공적이고 가치 있는 회사 중 하나로 주식 시장에서의 평가 가치는 약 1조 달러(한화 약 1,200조 원)에 이른다. 그런 맥락에서 순다르 피차이 Sundar Pichai가 가져가는 돈이 공정하고 합리적으로 보일 수 있다. 하지만 구글은 회사가 가장 의존하는 사람들에게 돈을 분배할 때에도 공정성에 대해 비슷한 태도를 보일까?

회사가 가장 의존하는 사람들은 고객과 주주뿐만이 아니라 직원, 그리고 회사가 막대한 수입과 이익을 얻기 위해 운영하고 있는 공동체이기도 하다. 노동력과의 관계는 시장 문제다. 구글은 보수가 매우 높지만(영국의 구글 직원은 2018년에 평균 22만 6천 파운드, 즉 한화 약 3억 7천만 원을 벌었고 이는 영국 평균 연봉의 약 10배에 이른다) 그것이 공정한 분배인지 아닌지는 회사와 직원 사이의 문제다. 외부 세계와의 관계에서 공정성이 적용되는 부분은 과세와의 관계다. 과세는 국가가 권리·의무의 주체로서의 '인ㅅ'(법률적인 의미에서 이것은 개인뿐만 아니라 법인을 의미한다)에게 공익을 위해 요구하는 희생이면서, 영국이라는 어떤 특정 국가에 의해 제공되는 많은 호사를 누리는 대가로 지불하는 비용이다. 지금 우리는 당연하게 생각하지만 우리 조상들은 간단하게 가지지 못했던 것들이다. 어디에 사느냐에 따라서 그 '호사'는 의료 서비스, 교육 제도, 전기, 가스, 물, 통신, 도로, 철도, 전파 스펙트럼 등의 사회 기반 시설을 포함한다. 이런 시설들의 일부는 사기업이 제공한다고 주장할지 모르지만(대부분의 다른 서양 국가들보다 미국이 더 쉽게 할 수 있는 주장이다) 그렇더라도 모든 '인'이 기능하고 번영할 수 있도록 '보호'해 주는 것은 국가다.

과거에는 전반적인 사회 기반 시설이 '왕의 평화king's peace'와 같은 말로 불렸을지 모른다. 오늘날 우리는 이것을 주로 '공공질서' 또는 같은 시민이나 국가의 위협과 폭력 없이, 관용과 품위를 가지고 함께 사는 사람들을 나타낼 수 있는 완곡한 표현으로 부른다. 국가의 보호는 저렴하지 않지만 1939~45년의 전쟁이 끝난 이후 75년 동안 익숙해져 왔다. 그래서 우리(더 정확하게는 과세를 통해 대가를 지불하도록 요구받은 우리 중 일부)는 점점 더 그 대가를 합리적이고 공정하게 계속 지불할 수 없는 것으로 보게 되었다. 그게 실수였을지 모른다.

코로나바이러스는 왕의 평화가 없다는 것이 무엇을 의미할 수 있는지 살짝 보여주었다. 조지 플로이드의 죽음 이후 미국에서 일어난 폭동도 그랬다. 약탈당한 커피숍 체인의 분점에서 돈을 벌기는 어렵다. 5G 기술이 어떤 식으로든 코로나바이러스를 퍼뜨리거나 유발한다고 확신한 멍청이에 의해(아마 스마트폰에서 읽은 가짜 뉴스 때문일 것이다) 엄청난 잠재력을 제공하는 5G 안테나용 철탑이 불탄다면 경이로운 발명품인 스마트폰이 제한될 것이다. 소셜 미디어와 구글 같은 검색 엔진의 비즈니스 모델을 뒷받침하는 광고는 메시지를 받기에 너무 아프거나 너무 가난한 사람들에게는 효과가 없다. 그런 모든 상황은 국가에 사람들이 호사를 이용할 수 있게 할 자금이 부족할 때 일어난다. 세계적인 영리 기업이 돈을 버는 국가의 국민들은 주식을 사는 사람들 못지않게 기업에 투자하는 투자자들이다. 수 세기에 걸친 납세자의 희생은 다국적 세금 제도를 조작하는 회사에 의해 아주 빈번하게 반환을 거부당하고 있는 투자다. 이것이 〈파이낸셜 타임스〉의 마틴 울프Martin Wolf가 '조작된 자본주의rigged capitalism'라고 부르는 것이다.[73]

회사들은 주주가 너무 많은 세금을 내지 않게 할 의무가 있다는 손쉬운 주장을 내세우곤 한다. 하지만 더 많은 투자자들이 너무 조금 내지 않도록 해야 하는 심오한 의무가 있다. 비록 가까운 미래에는 과세의 진정한 공정성을 방해하는, 법인세율의 경쟁 시장이 있겠지만, 전 세계의 규제 기관들은 이 부분에 눈을 뜨기 시작했다.

세금을 회피하는 개인들은 그들 자신을 같은 맥락에서 볼 수 있다. 부자들은 교육이나 의료에 대한 공공 서비스쯤은 필요하다고 느끼지 않을 수도 있으므로 그 비용을 내지 않아도 된다. 그러나 숨을 쉬고, 물을 마시고, 다른 사람들과 환경을 공유하며, 길거리에서 공격받거나 전체주의 적들의 침략을 받지 않고 산다. 즉, 사회에서 공정성을 찾는 일은 단순히 대가를 지불한 것 이상으로 삶의 가치가 주어짐을 인식하는 것이다. 동료 협력자들이 수 세기 동안 돈과 피로 대가를 지불해 왔다. 그러니 자유를 위한 대가로 세금을 내라. 그렇지 않으면 세금을 회피하면서 모은 돈이 더 높은 담, 더 많은 경비원, 동시대 인간들과의 더 큰 고립에 쓰일 것이다.

〈파이낸셜 타임스〉의 경제부 기자로서 2008년의 위기와 그 이후까지 내가 여기에 언급한 세금 회피에 대한 모든 정당화를 듣고 보았다. 그 이후 홍보 담당자로 일할 때는 수십억 달러의 수익을 거두는 국제 기업의 최고위 간부들이, 기업 대표가 천문학적 금액의 급여를 받는 사실을 옹호하지 않고, 그 대신 기자들이 그 급여에 대해 질문하는 것을 막는 전략을 논의하는 것을 들었다. 또 상품과 서비스를 팔기 위해 대중의 신뢰를 원하지만, 돈을 번 공동체에 세금으로 돌려준 적은 금액을 정당화할 만큼 대중을 신뢰하지 않은 기업에서 고액 연봉 임원들이 음모를 꾸미는 것을 들었다. 그러나 대중은 주저하지 않고 세금을 낸다. 서구 국가에서 대다수는 동전 하나도 받기 전에 급여 봉투에서 소득세가 공제된다. 물론, 세금이 오를 때의 불만이 정부를 무너뜨릴 수도 있지만, 세계적으로 가장 많은 세금이 부과되는 사회들(덴마크와 노르웨이 같은 국가들)이 대체로 인간 발달과 행복의 순위에서 상위권에 오른다. 공정성 순위(사실 그런 순위는 시스템 자원이 네트워크에 '공정하게' 분배되고 있는지 판단하는 IT산업에만 존재한다)가 있다면 나는 이 국가들이 상위권에 있을 거라고 확신한다.

최근의 데이터는 누가 가장 많은 세금을 내고 있는지 매우 분명하게 보여줬는데 그 주인공은 기업이 아니었다. 사실 기업은 대서양의 양쪽 모두에서 덜 지불하고 있고 특히 미국에서 그렇다. 기업 세계가 나머지 인류에게 초래할 수 있는 피해가 얼마나 큰지 금융 위기가 보여준 이후에도 그 구제책에 필요한 금액에서 기업이 부담하는 몫이 급속히 축소되었다. 경제 협력 개발 기구OECD에 따르면, 신용 경색 및 세계 금융 위기 전인 2006년 미국에서 기업의 이익에 대한 세금은 GDP의 3.08%였고, 2018년은 1.06%였다. 반면 개인의 소득세는 변하지 않았다(9.73%와 9.91%였다).**74** 이러한 일은 돈의 경기에서 페어플레이의 정반대를 보여주는 것이다.

우리 모두는 우리의 공정한 몫이 얼마인지 안다. 그 몫을 전부 내고 싶은 사람은 없다. 오히려 세금 감면을 받고 싶다. 편법을 쓰고, 공제액을 활용하고, 비싼 회계사의 조언을 듣고, 국적과 거주지를 조작해서 우리가 공동체에 속하지 않은 척하고 싶다. 우리 중 일부만이 그 모든 일들을 처리하는 변호사를 고용할 수 있다. 이는 그 자체로 간단한 계산보다 더 적은 세금을 내는 것을 암시하며, 이것은 당신이 같은 종의 나머지들과 불공정한 관계를 맺고 있음을 근본적으로 나타내는 지표이기도 하다.

상황이 어쩌면 바뀔 수도 있다. 이론상 위기는 우리가 모두 똑같이 소중하게 여기는 사회에 어떻게 기여해야 하는지에 대한 사고방식에 변화를 일으킨다. 위기는 보통 전쟁이지만 코로나바이러스에 대한 반응일 수도 있다.

〈파이낸셜 타임스〉의 필자들은 이렇게 말했다.

'소비세는 제1차 세계 대전의 자금 지원을 위해 유럽에서 처음으로 시험되었고, 소득세는 미국 연방 정부가 남북 전쟁 때문에 최초로 부과하게 되었다. 세금 운동가들은 이 전 세계적인 유행병이 국가 재정에 남기는 후유증이 또 한 번의 그런 순간일 수 있다고 생각한다.'

이 기사는 끊임없이 세금을 회피하려고 하는 디지털 기업(주로 미국 기업이지만 일부 유럽과 중국의 기업도 포함된다)에 막대한 세금을 부과하는 문제에 대한 프랑스 재정경제부 장관, 브뤼노 르메르**Bruno Le Maire**의 말을 인용했다.

'그것은 단순히 공정성의 문제이다. 세금을 회피하는 것은 공정한 자기 몫의 세금을 내는 시민과 회사, 특히 중소기업에 빚지는 일이다. (…) 디지털화와 국제 세금 제도 최적화는 일부 회사가 너무 오랫동안 세금을 피할 수 있는 허점을 만들었다. 우리는 공정한 과세에 기반한 제도를 재정립해야 한다.'[75]

어떤 사람들은 공정한 과세에 기초를 두는 제도로 재정립해서 더 거둘 수 있는 세금이 1년에 천억 달러(한화 약 120조 원)도 되지 않을 거라고 주장한다. 또 그들은 코로나바이러스가 세계 경제에 미치는 추가 비용과 비교하면 바다의 물 한 방울과 같다고 말한다.

침대에서 일어날 가치도 없는 말이다. 당신도 동의할 거라고 확신한다. 어떤 경우든, 나는 기업들이 과세에 왜 그렇게 불평하는지 정말 이해할 수 없다. 그들에게는 그냥 수표만 약간 쓰면 되는 정도의 일이다. 솔직하게 말하면 나는 기대도 하지 않는다.

의사소통과 기술에서의
공정성

두려움이나 편애 없이

잡담이 없으면 사회도 없을 것이다.

— 로빈 던바(Robin Dunbar, 1947~, 영국의 진화 심리학자)

인간 사회에서 잡담의 역할은 매우 중요하다. 그래서 자유로운 사회와 그렇지 않은 사회의 정부들은 모두 잡담이 자신들에게 유리하게 작용하도록 특별한 노력을 기울인다.

의사소통은 최초의 거래였다. 잡담은 최초의 거래자였다. '호모 사피엔스'의 빠르고 효율적으로 의사소통하는 능력은 그들의 환경을 지배할 수 있게 했고, 그다음엔 경쟁했던 종들을 지배하고 이용할 수 있게 했다. 사람들 사이의 정보 교환은 개인과 집단의 평판을 규정했다. 평판(공동체 내에서 우리 자신의 행동과 행실에 관한 이야기)은 개인과 집단이 살아가는 전체 환경과 관련해 얼마나 성공적인지를 결정짓는 요소일 수 있었다. 평판은 협력 영역 내에서 우리가 호의의 대상 또는 두려움의 대상이 되게 하는 것이다. 평판은 번영 또는 빈곤을 결정할 수 있고, 수렵 채집인 세푸의 경우처럼 삶과 죽음을 결정할 수 있다. 따라서 평판을 만들거나 깨뜨리는 데 가장 큰 권력과 책임이 있는 사람들은 공정하게 평가할 거라고 믿을 수 있는 사람들이어야 한다는 사실은 근본적으로 중요하다. 이런….

반역자와 혁명가가 국가에서 권력을 잡고 싶을 때 가장 먼저 의사소통 수단을 장악한다는 것은 그냥 하는 말이 아니라 자명한 이치다. 그렇게 하는 게 자유의 전사로 불릴지, 테러리스트로 불릴지, 아니면 권력을 잡을지, 도랑에 처박힐지를 결정한다. 또한 쿠데타가 눈에 보이지 않을 때조차 가장 효과적이고 신뢰할 수 있는 의사소통 채널을 통제하는 사람들에게 막강한 힘이 부여된다.

최근까지 가장 중요한 의사소통 채널은 방송 또는 출판이었지만, 이제 휴대 전화로 인터넷에 접속만 할 수 있다면 모든 사람이 의사소통 채널일 수 있다. 과거에는 의사소통 수단을 통제했던 사람들에게 통제력을 행사하든 하지 않든 권력뿐만 아니라 책임이 있었다. 방송 같은 경우에는, 아주 많은 사람들에게 아주 빠르게 평판에 영향을 미치는 정보를 전달하는 능력이 정부에 아주 획기적 또는 혁명적인(revolutionary가 두 가지 의미 모두로 쓰인 것) 권력으로 인식되어 감시와 통제의 대상이 되었다. 자유로운 사회에서 그 권력은 (적어도 이론상으로는) 의사소통이 더 많은 협력 또는 '공공 서비스'에 사용되게 하려는 의도였다. 자유롭지 못한 사회에서는 이미 가장 큰 권력을 가진 이들을 대신해 두려움과 호의가 확실히 작용하게 하려는 것이었다. 권력이 의사소통에 행사되는 방식은 사회가 얼마나 자유롭고 공정한지를 나타내는 좋은 지표다.

우리는 정보의 출처와 그 정보가 대상으로 하는 시청자 사이에 오는 사람들을 '미디어 media'라고 부른다. 그들이 메시지를 중개하기

mediate 때문이다. 그들에게는 메시지를 출처 또는 시청자 중 한쪽에 이익이 될 수 있는 방식으로 중개할 수 있는 권력이 있다. 이상적으로는 공정한 미디어에서 그 권력을 가진 사람들이 권력을 책임감 있게 행사하여 출처와 시청자 모두의 이익이 균형을 이루고 평판이 공정하게 나타나도록 한다. 시청자는 공정한 이해력을 가진다.

　의사소통은 우리가 분말 세제와 정부를 선택하는 방식에서 매우 중요한 부분이므로, 미디어의 상업적, 정치적 가치는 미디어를 생산하는 기업들의 경제적 가치보다 훨씬 더 크다. 이 때문에 권력이 되고, 이 때문에 책임감이 필요하며, 이 때문에 공정성이 중요한 역할을 해야 한다. 그리고 이 때문에 정부가 관여하지 않게 하는 게 가장 시급하다.

　텔레비전이 상업적으로, 그리고 정치인들을 위해 힘을 과시하기 시작하면서 입법권을 가진 사람들은 텔레비전이 작용하는 방식에 제한을 둘 필요성을 인식했다. 일부 국가에서는 그 필요성에 공정성과 공평성의 등대가 될 수 있는 '국가 소유의 미디어'를 만들고 유지하는 일이 포함되었다(BBC의 중립성에 대한 평판이 적어도 영국 밖에서는 아마 대표적인 예시일 것이다). 또 다른 국가에서는 텔레비전에 두는 제한에 선전의 등대가 될 수 있는 '국가가 통제하는 미디어'가 포함되었다. 이 두 유형의 차이를 구별하기는 어렵지 않다. '국가 소유의 미디어'는 방송 산업을 허가하는 사람들을 평가하고, '국가가 통제하는 미디어'는 그것을 보는 사람들을 평가한다.

　현재 비할 데 없이 경쟁력 있는 텔레비전 산업을 가지고 있는 미국에도, 지금은 해설자가 어떤 종류의 편견이 있더라도 그냥 넘어갈 수 있지만(흥미롭게도 스포츠만 제외하고), 예전에는 제한이 있었다. 의사소통 규약은 불균형적인 정치적 견해의 표현을 막고 정부에 제한을 가하는 정보의 방송을 촉진하기 위해 만들어졌다. 그것은 '공정성 원칙Fairness Doctrine'이라고 불렸다. 공정성 원칙은 1939~45년 전쟁 직후 도입되었다가 로널드 레이건에 의해 폐기되었다. 잘된 일이었다. 그렇지 않은가?

전 세계적으로 뉴스 발행은 항상 지리멸렬한 일이었다. 실제로 뉴스 시장의 많은 경쟁자가 자기들이 편향적이지 '않은' 것에 대해 광고한다는 사실은 꽤 많은 언론의 본질을 말해준다. 광고 문구가 '옷을 망가뜨리지 않아요!'인 분말 세제를 상상해 보라.

언론을 지배하려는 역사적인 시도는 언론의 발명까지 거슬러 올라간다. 요하네스 구텐베르크Johannes Gensfleisch zur Laden zum Gutenberg는 당대의 당국에 세속적이면서도 독실한 혁명가로 여겨졌다. 얼마 안 가서 당국은 그의 발명품(더 정확하게 말하면 활자 이동식 인쇄술의 유럽 도입)에 자신들의 정보 지배에서 벗어날 수 있는 힘이 있다는 것을 알게 되었다. 인쇄술은 사람들이 자신이 아는 것을 공유할 수 있게 함으로써 교육받은 엘리트 계층의 지배권을 산산조각 냈다. 구텐베르크 이전에는 길거리 모퉁이에서 고함을 치거나 오른쪽 귀에 대고 속삭여야만 정보를 공유할 수 있었다. 첫 번째 방법은 위험했고 두 번째 방법은 비효율적이었다. 구텐베르크 이후에는 인쇄기를 제어할 수 있었고, 자신이 아는 것 중 상업, 정치 또는 신앙 부문에서 경쟁 우위에 설 수 있게 하는 뭔가를 다른 사람들에게 말할 수 있었다. 구텐베르크의 기존 권력 구조를 파괴한 도구는 책이었다. 책의 내용이 모든 인간의 삶과 사후 세계의 목적을 규정하는 것이었다고 해도 책을 읽은 소수에게 독점적 권력을 보장했다. 적어도 스마트폰만큼 문명을 변화시킨 것은 구텐베르크 성서였다. 참고로 당시 그 책의 다른 제목은 '42행 성서'였다.

오늘날 인터넷 시대에는 잡담, 평판, 그리고 좀 드물긴 하지만 정말로 유용한 정보가 사람들 사이에 공유되었다. 유감스럽게도 이미 공급이 부족한 책임은 공유되지 않았다. 페이스북 시대에는 공정한 해명 기회가 우연히 생기고 공정한 이해가 우연히 일어난다. 처음에는 익명성이 비겁과 비방의 전달자였다. 그러나 (반사회적) 소셜 미디어의 대담성과 투명성이 증가하면서, 많은 사람들이 다른 사람들을 보며 불쾌함과 불공정함을 느끼는 것을 이제 꽤 편안하게 느끼게 되었다. 모든 사람과 연결되는 것은 지구촌의 지혜로부터 혜택을 얻을 수 있는 기회였다. 하지만 지금까지, 무정부 상태의 목소리를 군중에게 들려줬고 그 목소리마저 더 잘 알아야 하는 사람들, 또는 더 잘 아는 사람들에 의해 조작되었다.

많은 사람이 소셜 미디어에 대해 말하려고 할 때 생각할 수 있는 최악의 사실은, 소셜 미디어가 전통적인 미디어를 꽤 공정하게 보이게 한다는 것이다.

미디어에 대한, 그리고 서로에 대한 공정한 평가

우리는 정치인과 기업에 대해 공정한 판단을 내릴 수 있을까? 또 스포츠 영웅과 악당, 좋아하는 가수와 배우, 가장 경멸하는 유튜버에 대해서는 어떨까? 그들은 우리의 먼 조상이 자신의 삶에 중요한 소수의 사람들을 (친밀하고 사적인 접촉을 통해) 알게 된 것처럼 우리가 쉽게 파악할 수 있는 사람들이 아니다. 우리와 그들 사이에서 누군가가 그들의 말, 행동, 창작물을 우리가 편하게 이해할 수 있도록 기록하고 보도하고 요약해야 한다(도널드 트럼프Donald Trump나 보리스 존슨Boris Johnson이 잘못 말하거나 더듬거린 것을 편집 없이 모두 읽어야 한다면 어떨지 상상해 보라). 중개자 역할을 하는 누군가가 없다면, 물리적으로 떨어져 있는 정치인, 기업인, 유명인이 그들의 유권자, 고객, 팬에게 하는 직접적인 의사소통을 파악하기 어려울 것이다. 또, 그들이 정직하게 말하고 있는지, 진짜 의도와 행동을 공정하게 보여주고 있는지 판단하기 어려울 것이다. 그렇다면 우리가 그들을 신뢰할 수 있는지는 어떤 방법으로 알 수 있을까?

답은 중개자에게 의지하는 것이다. 그 중개자는 바로 미디어다.

기자들의 전투 서열은 대략 세 부문으로 나뉘는데, 그들은 모두 일의 공정성을 위해 똑같이 기여해야 한다. 그 세 부문은 기자(공정하고 정확한 보도에 책임이 있다), 논평자(공정한 논평에 책임이 있다), 편집자(내가 학교 다니던 시절에 선생님이 검사하길 바라는 숙제 버전, 즉 정서본이라고 불렀던 것에 책임이 있다)이다. 언론의 공정성 또는 그 반대는 세 가지 모두에 달려 있다. 공정성은 보는 사람의 시각에 달린 것임은 말할 필요도 없다. 아마 어떤 다른 분야보다도 정보 전달에서 더 그럴 것이다. 우리는 기자들이 글, 소리, 사진을 통해 주목하게 한 사건들은 물론, 그 사건들의 원인과 결과에 대해 각자의 견해를 가진다. 그러나 각자의 판단을 기자들(곧바로 그들의 단점과 좋은 자질에 대해 논의할 것이다)에게 전달할 때 기억해야 할 것은, 그 기자들이 없었다면 전문적인 중개자가 아닌 사람들이 우리에게 알리고 싶어 하는 것 이상으로는 이야기할 게 없었을 거라는 사실이다. 물론 일부 미디어 소유자는 우리를 통치하는 사람들과 한통속이 되어 일한다. 일부 국가에서 때로는 우리를 통치하는 사람들이 바로 미디어 소유자다.

우리는 기자들이, 적어도 그들이 생각하는 진실을 말하려고 애쓰는 장소와 시기에 살 만큼 운이 좋다. 그러나 모든 사람들은 자신이 소비하는 잡담에 대해 한 가지를 기억해야 한다. 미디어가 얼마큼 나쁘다고 생각하든, 미디어가 없다면 잡담은 공정성에 치명적인 영향을 끼칠 거란 것이다. 왜냐하면 구텐베르크 이후의 시대, '소셜' 미디어의 시대에 우리는 덴마크의 교수 톰 페티트$^{Tom Pettitt}$가 '제2의 구술성'이라고 부르는 것으로 되돌아왔기 때문이다. 그것은 중세의 소작농이 그랬듯이 다른 시민들에게 직접 정보를 얻는 방식이다(소문과 잡담의 형태로).

따라서 우리는 아주 최근까지도 전문직 계층에 의한 중개(비록 나는 이전의 구성원으로서 신문잡지계가 때로는 현대 직업보다 중세 길드와 공통점이 더 많다고 생각하지만)에 두었던 가치를 기억하는 게 좋을 것이다. 현재 주류 미디어라고 비난을 받고 있지만, 공정성을 찾는다면, 염분이 섞이고 오염되어 알 수 없는 인터넷의 지류와 개울과 샘보다는, 숙고되고 정제되고 빠르게 흐르는 정보의 물인 '주류'에서 찾을 가능성이 훨씬 더 크다는 점을 기억하라.

일부 상업적인 기자는 특정 태도를 고수하고 속임수를 쓸 수도 있지만, 다른 기자들은 논평만 하기보다는 보도하고 분석하려고 노력할 것임을 기억해야 한다. 그리고 신문잡지계에서 가장 두려워하거나 선호했던 과거의 가장 현명한 사람들도 언론에 대해 복잡한 감정을 가졌다는 사실을 기억해야 한다. 토머스 제퍼슨Thomas Jefferson은 이렇게 말했다.

'신문 없이 정부를 가질지, 아니면 정부 없이 신문을 가질지 결정해야 한다면 나는 주저 없이 후자를 선택할 것이다.'

마하트마 간디는 다음과 같이 말했다.

'기자와 사진가를 제외하고 모든 사람이 평등하다.'

우리는 황색 신문의 아버지인 윌리엄 랜돌프 허스트William Randolph Hearst를 기억해야 한다. 그는 이렇게 말했다.

'언론으로 한 사람을 짓밟을 수 있다.'

조지 오웰George Orwell이 말했다.

'자유가 무엇인가를 의미한다면, 사람들이 듣기 싫어하는 것을 말할 수 있는 권리이다.'

그리고 아마도, 우리가 세상의 소문과 잡담을 중개하려는 사람들을 공정하게 평가할 때, 그들이 어떤 물에서 헤엄을 치든 우리는 프랑스 철학자 알렉시 드 토크빌과 같은 결론에 다다를 수 있다. 대부분의 기자들은 내심 그의 말에 동의할 거라 생각한다.

'언론의 자유가 보장하는 무한한 혜택을 누리려면 그로 인해 생기는 불가피한 폐해를 감수할 필요가 있다.'

영국 언론의 자업자득

> 사회에서 언론의 기능은 알리는 것이지만
> 사회에서 언론의 역할은 돈을 버는 것이다.
> — AJ 리블링 (AJ Liebling, 1904~1963, 미국 기자)

상업적인 압력은 사람들을 여러 이유로 공정한 거래가 아닌 일을 하게 만든다. 삶에서와 마찬가지로, 의사소통과 미디어에서도 그렇다.

나는 2011년 전화 해킹 스캔들에 대한 영국 정부의 공식적인 조사인 레비슨 청문회 Leveson Inquiry에 6개월 내내 참석했다. 영국의 미디어와 정부, 그리고 그 너머의 훌륭한 사람들이 증인으로 많이 와 있었다. 그들 모두 영국 언론의 '문화, 관행, 윤리'를 조사하여 영국의 최고 부장 판사에게 증거를 제공했다.

레비슨 청문회는 〈뉴스 오브 더 월드 News of the World〉라는 신문이 수천 명에 이르는 유명인 및 일반인의 전화 음성 메시지를 가로채 큰 성공을 거뒀다는 폭로 이후, 총리 데이비드 캐머런David Cameron이 의뢰한 것이었다. 〈뉴스 오브 더 월드〉는 무수한 사람들의 사생활을 침해했고 사적인 고민거리까지 엿들었다. 거기에는 밀리 다울러Milly Dowler라는 열세 살 딸이 실종된 가족도 포함되어 있었다(이것이 전체 사건의 댐을 터트린 이야기였다). 아이는 나중에 성범죄자에게 납치돼 살해된 것으로 밝혀졌다. 이 전화 해킹 스캔들은 영국 언론을 뒤흔들었고, 〈뉴스 오브 더 월드〉는 문을 닫았으며 그로 인해 수백 개의 일자리가 사라졌다. 또 어디에나 있던 이 관행에 대해 아무것도 모른다고 말했던 고위 간부들의 수장, 루퍼트 머독Rupert Murdoch은 '내 인생에서 가장 초라한 날'이라고 주장하며 하원 위원회에 출석했다.[76]

청문회가 열렸던 6개월 동안, 184명의 증인이 했던 증언들 중에 아직도 잊히지 않는 한 순간이 있다. 한 증인(전화 해킹 행위에 대해 배심원단에 의해 기소되었다가 나중에 혐의를 벗은, 전 타블로이드 신문 편집자)이 청문회에서 자신과 같은 뉴스 담당 부서 직원이 제보를 받은 순간부터 신문이 발행될 때까지 이야기가 처리되는 과정을 설명할 때였다.

그는 이렇게 말했다.

'누군가 비밀 정보를 줍니다. 그러면 저는 관심이 가는 얘기인지 생각합니다. 괜찮은 것 같으면 기자를 보내서 이야기가 되게 만들어 오라고 해요. (…) 이야기가 될지 보고 오라고요.'

나는 항상 이 네 문장이 전화 해킹에 대한 수백만 개의 말 중에 가장 중요하다고 생각해 왔다. 증인은 말했다. '이야기가 되게 만들어 오라고 해요' 그리고 곧바로 '이야기가 될지 보고 오라고요'라고 다른 표현으로 고쳐 말했다. 그때는 물론이고, 나중에도 나는 이 순간을 〈뉴스 오브 더 월드〉와 같은 신문사에서 일하는 많은 친구들과 논의했다. 사실 그들 중 두 명은 신문사 뉴스 담당 부서의 관리직으로 일하고 있었다. 모두 '이야기가 되게 만들어 오라고 해요'라는 표현이 매우 중요하다는 데 동의했다.

그 표현은 실제 사건이 차후의 이야기에서 어떻게 묘사될 수 있는지, 그리고 왜 신문이 공정한 해명 기회를 제공하는 플랫폼이라고 하기 어려운지에 대해 기자와 다른 인간들 사이의 사고방식 격차를 압축해 보여준다. 기자들은 장의사들을 제외하고 비극을 상품으로 생각하는 거의 유일한 사람들이다. 기자들이 나쁜 사람들이라는 얘기를 하려는 건 아니지만, 그들은 '이야기'를 추구할 때 경쟁적이고 상업적으로 변한다. 가장 순수한 형태의 거래로서의 정보다. 전화 해킹 스캔들은, 대중이 알 필요가 없었던 정보를 전하는 전쟁에서 경쟁 상대보다 한발 앞서 알리려는 욕망에서 비롯되었다.

딱딱한(진지한) 신문을 만드는 일부 기자는 레드톱(〈뉴스 오브 더 월드〉 같은 타블로이드 신문으로, 빨간색 바탕에 커다란 흰색 글씨로 신문 이름이 쓰여 있다)을 얕잡아 봤다. 그러나 눈치 빠른 기자들은 레드톱의 글쟁이가 자신이 자는 동안 진지한 신문을 만들 수도 있다는 사실을 알았다. 반면에 그들 자신은 친구와 적에게 알려진 대로 〈더 스크루스 The Screws〉지 한 부를 결코 발행할 수 없을 것이다. 재능 있는 소수만이 어떻게 '이야기가 되게 만드는지를' 본능적으로 알고 있다.

어떤 비극(사랑하는 사람의 죽음, 대형 기차 사고에서의 생존, 연예인의 결혼 파탄)을 겪은 사람에게 공정하고 싶다면 사실 그들을 내버려 둬야 한다. 기자로 지낸 30년 동안, 카타르시스를 느끼기 위해 자신의 인생 이야기 중 어떤 잔인한 전개를 낯선 사람에게 말한 적이 있다는 사람들은 가끔 봤다. 하지만 누군가가 자신의 슬픔이나 수치심을 침범해 주길 진심으로 원했던 일반인은 한두 번밖에 만나보지 못한 것 같다. 안타깝게도, 불공정한, 때로는 매우 불공정한 대우를 받았다고 느꼈던 이전 미디어의 관심 대상과 이야기하는 게 훨씬 더 흔한 일이었다.

길 건너편에 있는 홍보 부서에서 일하는 동안, 나는 예전에 신문을 만들면서 홍보의 결점을 알게 된 것처럼 언론의 불완전함을 확실히 알게 되었다. 그때 내 일의 일부는 내 의뢰인을 위한 공정성을 추구하는 것이었다(그렇다. 이상적으로는 의뢰인이 좋아할 만한 보도이면서 최소한의 공정성을 추구하는 것이었다).

'이야기가 되게 만들어 오라는 것'은 결국 뉴스 보도 기관의 편집 관리진이 발행하고 싶어 하는 사건에 부합하는 이야기를 쓰라는 말이다. 또 공정하면서 때로는 비열하고, 합법적이면서 때로는 그렇지 않은 모든 수단을 이용해야 하며, 다른 누구보다 먼저 발행해야 한다.

당신은 내가 발행이라고 말하면서 '방송'이라는 말은 하지 않는 것을 알아차렸을 것이다. 미국 방송사와 달리, 영국 방송사는 보도할 수 있는 내용에 대해 훨씬 더 심각한 제약을 받고, 일반적으로 신문보다 방송사의 노선을 더 적게 전하기 때문이다. 사실 정말 솔직히 말해서 나는 여느 방송사가 더 많은 광고 방송 시간을 팔 수 있는 것 외에 어떤 노선을 갖는지 모른다. 그리고 뉴스 프로그램에 대해서라면 어쨌든 방송사 대부분이 광고 방송 시간을 포기했다. 영국에서 뉴스는 텔레비전 채널이 공익적 요소를 갖춘 완전한 서비스로 보이게 한다는 점에서 중요하지만, 실제로도 자동차나 치약을 팔지 않는다.

미국에서는 상황이 매우 다르다. 언론이 더 중립적인 경향이 있지만, 판매 경쟁이 특히 치열한 뉴욕에서 시장과 국가의 언론 부문에 몇 가지 눈에 띄는 예외가 있다. 뉴스 보도와 논평의 분리는 영국의 경우 상상도 할 수 없는 정도까지 이뤄졌다. 공정한 논평을 제공하려는 노력으로 〈뉴욕 타임스The New York Times〉에는 완전히 독립된 논평팀이 있고 편집장은 발행인(소유주)이 맡는다. 하지만 모든 관점을 포함하려는 노력은 여전히 흔들린다. 보수적인 공화당 상원 의원이 '흑인의 생명도 소중하다' 시위자들에 맞설 군대 배치를 요구한 기고문 때문에 신문사 직원들이 들고일어난 이후, 2020년 6월에 논평 편집장이 사직을 강요받았다는 사실에서도 짐작할 수 있다.

하지만 미국의 텔레비전 뉴스 프로그램은 방송국의 더 폭넓은 정체성의 일부로서 뉴스를 팔아 큰돈을 벌 수 있다. 폭스 뉴스Fox News가 확실한 예다. 폭스 뉴스는 스스로 '공정하고 균형을 유지'한다고 말하는 보기 드물게 편파적인 방송사다. 하지만 CNN과 MSNBC도 편파적인 입장을 현금화하는 능력에 있어 순진하지 않다. 사람들은 편파적인 방송에 얼마나 많은 돈과 권력이 따라오는지 깨달았고, 디지털 언론에 의해 중요해진 수익성을 인식하면서 훨씬 더 충격적으로 불공정하고 균형을 잃은 방송사들이 링 위에 올랐다.

특히 신문의 역사는 언제나 험난했다. 그들의 행위는 스스로 정한 도덕규범보다 법(특히 명예 훼손)의 제약에 의해 훨씬 더 많이 통제되었다. 19세기 중반, 주조 활자 인쇄술이 발명되기 전에는 인쇄된 것의 많은 부분이 명예를 훼손하거나 명백하게 잘못된 내용이어도 '대서인'과 그 편집자에게 문제가 되지 않았다. 초기 언론에서 진실은 우연히 따르는 것이었다.

신문이 널리 보급되고 수익성이 생기자 상업적인 전쟁이 시작되었다. 팔리기 위한 신문의 주 무기는 업계 사람들이 '프레젠테이션 presentation'(뉴스의 이야기가 타블로이드 또는 진지한 신문, 좌편향 또는 우편향 또는 표면적으로 편향되지 않은 신문 등 다양한 종류의 신문 독자를 위해 포장되고 제시되는 방법)이라고 부르는 것이었다.

차별화에 대한 필요성은 비극을 상품으로 취급하게 했다.

보도 경력 48년의 베테랑이자 타블로이드 언론의 역사[77]를 기록한 작가인 매슈 엥겔Matthew Engel은 옥스퍼드대학교 미디어 초빙 교수로서 이렇게 말했다.

'언론의 불공정성은 직접적인 거짓말과 사기로 표현되는 일이 거의 없다. 훨씬 더 흔하게 나타나는 경우가 뉴스 보도의 관행에 의한 것이다. 뉴스 기자와 편집자의 노선이 무엇이든 뉴스를 특정한 방식으로 표현하도록 기대되는 운영 방식 때문이다. 그런 방식이 복잡성을 잃게 하고 그래서 불공정으로 이어진다. 뉴스는

강제로 견본에 맞춰져야 하고, 이는 뉘앙스에 맞지 않으며 따라서 공정성에 맞지 않는다.'[78]

엥겔은 1930년대와 40년대 위대한 타블로이드 시대의 슈퍼스타 스포츠 기자인 데즈먼드 해킷Desmond Hackett과 했던 인터뷰에 대해서도 말했다. 해킷의 경력은 텔레비전에 의해 막을 내렸다. 그의 스포츠 경기 해설이 정확한 묘사보다는 이야기가 되게 만드는 것에 더 가깝다는 사실을 텔레비전 때문에 사람들이 알게 되었던 것이다. 엥겔은 그의 해설 방법에 대해 물었다. '어떤 생각을 떠올리고 진실을 그쪽으로 끌고 가면 됩니다.' 해킷이 대답했다.

나는 지난 세기 영국 신문사에서 일했던 뉴스나 스포츠 기자 중에 해킷이 한 말이 무슨 말인지 모르는 사람은 거의 없다고 확신한다.

공정성은 어떻게 BBC를 죽였는가?

친절이 사람을 죽이는 것이 가능하다면 공정성으로 사람을 죽이는 것도 가능할까? 영어의 수많은 표현 중에 '공정하기 위해 몸을 뒤로 구부린다bending over backwards to be fair'는 말이 있다. 고통스럽게 들릴 뿐 아니라 극단적인 경우 목숨까지 위험해질 것 같다는 생각이 든다.

BBC를 보라.

브렉시트◆ 국민 투표 전 해인 2015년, 로이터 저널리즘 연구소Reuters Institute for the Study of Journalism는 스마트폰을 보유한 영국인의 51%가 BBC 뉴스 앱을 다운로드했다고 밝혔다. 미디어 업계에서 그 수치는 '보급' 정도를 나타내는 것으로 알려져 있다. 연구소는 그해 12개 국가에서의 뉴스 사용량을 조사했다. 새로운 뉴스 앱 중에서 BBC 다음으로 많이 보급된 것은 호주의 스마트폰 중 16%에 깔린 ABC 뉴스였다. BBC 웹사이트는 미국에서 〈워싱턴 포스트The Washington Post〉나 내셔널 퍼블릭 라디오National Public Radio, 〈월 스트리트 저널The Wall Street Journal〉보다 인기가 있었다. 이 사이트는 어떤 나라보다도 영국을 신뢰할 수 없는 이유가 있는 아일랜드에서 네 번째로 인기 있는 뉴스 제공자였다. 브렉시트 전에는 BBC가 다소 과거의 BBC였다. 이 뉴스 제공자는 편파적이지 않는 태도, 단조로운 표현, 누군가를 절대 '테러리스트'라고 칭하지 않지만 '자유의 전사'라고도 칭하지 않는 신중함에 대해 세계적으로 신뢰를 받았다.

2020년에 상황이 바뀌었다. 로이터 연구소에 따르면, BBC는 여전히 다른 어떤 뉴스 제공자보다 많은 사람에게 신뢰를 받았다. 그러나 상당한 불신을 받기도 했다. 신뢰에서 불신을 빼는 '순 신뢰' 분석을 적용하면 BBC는 이제 〈파이낸셜 타임스〉(내가 봐온 모든 신뢰 순위에서 신문 이름이 1위에 오른 것은 처음이었다)와 ITV 뉴스(여담이지만 이 뉴스는 여전히 미국에서 많은 주목을 받고 있었다. 로이터 보고서에 따르면 많은 미국인들이 이 뉴스를 〈뉴욕 타임스〉의 인쇄판만큼 출처로

◆　영국의 유럽 연합 탈퇴를 뜻하는 단어이다.

인용했다) 다음인 3위에 머물렀다. 전반적으로 영국에서 미디어 브랜드에 대한 신뢰는 평균 11퍼센트포인트 떨어져 있었다.

로이터에 의하면 'BBC와 같이 가장 신뢰받는 매체조차 노선(특히 브렉시트와 기후 변화처럼 의견을 양극화시키는 문제)을 강요하거나 억압한다고 많은 사람들이 여기고 있다.' 정치적으로 좌파는 우파보다 전달자에 더 환멸을 느꼈다. 2015년부터 2020년까지, 스스로 자신이 정치적으로 우파라고 밝힌 사람들 사이에서는 모든 뉴스에 대한 신뢰가 58%에서 36%로 떨어졌다. 그러나 자신을 중도 좌파라고 칭한 사람들 사이에서는 신뢰가 46%에서 15%로 곤두박질쳤다. 그리고 로이터 조사에서 영국인의 76%가 지지하거나 반대하는 견해를 드러내기보다 적어도 편향되지 않으려고 노력하는 뉴스를 선호한다고 말했지만, 상당수의 영국인이 〈데일리 메일Daily Mail〉, 〈데일리 텔레그래프Daily Telegraph〉, 〈가디언The Guardian〉과 같은 편파적인 매체에서 정보를 얻는다고 말했다.

BBC에 무슨 일이 일어났던 걸까? 음, 공정성이 일어났다. 모든 영국인이 유럽 연합 탈퇴를 두고 52 대 48이라는 투표 결과로 양분되어 있을 때 BBC는 어느 쪽으로도 치우치지 않는 태도를 고수해야 했다. 영국에서는 선거 때와 드물게 국민 투표를 치르는 동안에는 방송사가 엄격하게 중립을 지켜야 한다는 법이 있다.

중립은 오늘날의 미디어 환경에 어울리지 않는다. 어울려야 하는데 그렇지 않다. 우리는 잡담, 뉴스와 다른 관계를 맺는 쪽으로 나아가고 있다. 로이터 저널리즘 연구소의 조사에서 전 세계 인구의 거의 3분의 2가 뉴스 속보를 위한 미디어를 중시한다고 말했고, 절반만이 미디어의 해석을 중시한다고 말했다.

　문제는, 만약 당신이 BBC의 입장이라면, 보도하려는 세상이 논쟁(더 정확하게는 다양한 논쟁)의 양극단에 진을 치고 있을 때 그것을 보도하고 해석하기 위해 모든 악취 나는 난장판을 마주해야 한다는 사실이다. 하수구에서 물러날 수 없다는 것을 알면서도 뛰어들어야 하고 모든 사람이 당신을 혐오스럽다는 듯이 바라보는 눈빛을 감당해야 한다.

　포퓰리스트들은 자신을 비판하는 사람을 자기 영역으로 끌어들인다. 그들은 정치 담론의 규범을 파괴하라고 배웠다. 그래서 다른 사람들이 포퓰리스트들에게 논리나 보도를 적용하는 것은 마치 쇼핑백으로 탱크를 막으려는 것과 같다. 인간이 쇼핑백에 붙어 있지 않으면 탱크는 그 위로 굴러간다. 인간이 붙어 있다고 해도 탱크는 어쨌든 굴러갈지도 모른다.

　미국의 기자들은 그러한 특징을 생전 처음으로 트럼프에게서 발견했다. 그들의 진심, 높은 도덕 수준, 공직에 대한 존중은 오히려 국가 원수의 행동이 실제로 얼마나 형편없을 수 있는지 인식할 때 더욱 실망하게 하는 요인으로 작용했다. 트럼프의 행동은 기자들이 그를 옹호할 사람들에게 지면을 주는 일반적인 관행을 따를 수 없게 했다. 트럼프는 그들이 가진 어떤 객관적인 척도로도 옹호할 수 없었기 때문이다.[79]

　다시 말해서, 기득권층이 된 한쪽이 오수가 새는 지붕과 같이 속임수를 쓰는 세력이라면 '양쪽 주장'을 다 보여줄 수 없다. 똥을 치우려면 삽만 가지고는 안 된다. 세제가 있어야 한다. 소위 포퓰리즘은 합의에 도달할 수 있는 객관적인 타협점을 찾기 위해 어떠한 노력의 의미에서 공정성을 끌고 간다. 목덜미를 움켜잡고 똥 위를 질질 끌고 간다. 그래서 똥이 다 치워진 후에도 공정성은 거쳐온 과정 때문에 여전히 더럽고 악취가 나며 썩어서 회복될 수 없다. 2021년 1월, 트럼프가 권력에 위태롭게 그리고 필사적으로 매달리며 사용했던 어린애 같은 말투로, 양쪽이 공정성과 불공정성을 입에 올릴 때, 미디어의 역할은 그저 그들 중 누가 페어플레이할 자격이 있는지 시청자가 결정하게 하는 것이다. 그것이 절차다.

BBC가 과연 중립(내 입장을 분명히 하기 위해 말하자면, 항상 중립은 BBC의 다른 어떤 방송보다 뉴스를 내보내는 다른 어떤 곳보다 세계 곳곳에서 들을 수 있는 월드 서비스World Service 라디오 방송에서 더 지켜졌던 것 같다. 하지만 중립이 나머지 방송들도 여전히 열망하는 것이었을까?)에 대해 평판을 회복할 수 있을까? BBC가 간판 뉴스 단신과 주력 프로그램에서 속보를 전달함으로써 신문을 따라가는 대신 경쟁하려고 애쓰기 시작했을 때 미끄러운 경사길이 시작되었다. BBC는 일반인들이 내는 강제적인 공공 구독료가 있었기 때문에 실제로 돈을 벌어야 하는 건 아니었지만, 뉴스 취재의 상업적인 측면에 잠깐 손을 대면서(영국 신문업계에서 독점 기사는 돈이다) 불편하게 양다리를 걸치고 있음을 깨달았다.

이에 대한 해답은 무엇일까?

나는 나보다 훨씬 더 똑똑하고 경험이 많은 누군가에게 물어보았다. 그 사람은 BBC 전 사장(그리고 이후 〈뉴욕 타임스〉의 회장 겸 최고 경영자), 마크 톰프슨Mark Thompson이다.

그는 이렇게 말한다.

'한쪽으로 치우치지 않는 것이 가능하기는 한지 의심하는 사람들이 많다(아무리 조심하려 해도 기자의 세계관이 보도에 영향을 주지 않는가?). 강한 이념적 신념을 품고 있는 사람들은 종종 자신의 관점이 정말로 '치우치지 않은' 유일한 관점이라고 믿는다. 그리고 치우치지 않는다고 주장하는 다른 사람들을 정치적인 적일 거라고 생각한다.

이전 세대인, **영국 보수당 정부의 장관** 노먼 테빗**Norman Tebbit**은 "BBC 해설의 표면적인 '중립성'"에 대해 이야기했는데, 너무 치켜세워진 이 기업의 공평함에 대한 전념은 자유민주적 편향을 감췄음을 의미한다고 말했다. 오늘날 대서양 양쪽에서는 우파의 이러한 주장이 어느 때보다 더 시끄럽다. 그러나 이념적으로 좌파인 쪽에서 제기하는 의혹과도 일치한다. 그들은 BBC, 〈뉴욕 타임스〉와 같이 '치우치지 않은' 언론 기관들이 사실은 항상 그들의 세계관(그리고 그들 자신의 이익)을 가장 중시하는, 본질적으로 억압적인 기득권을 유지하고자 자기만족적인 침묵을 지키는 중이라고 말한다.

현재의 정치 양극화는 중립적인 태도를 유지하는 것을 훨씬 더 어렵게 한다. 많은 젊은이들이 보도를 감정(무엇보다 사회적 불평등에 대한 분노)의 진정성이 사실만큼 중요한 정치 활동의 형태로 간주하고 기자가 된다.

중립을 지킨다는 원칙은 점점 더 외롭고 논쟁이 되는 길이다. 그것을 유지하는 것이 BBC가 직면할 가장 큰 투쟁 중 하나다. 그러나 매우 중대한 것은 (…) 기업이 굴복하지 않는 것이다. 현실은 중립적이다.[80]

BBC와 다른 곳에서 기자들이 공정성 의식을 전하기 어렵게 하는 또 다른 요인이 있다. 바로 정치인이다. 그렇게 오래되지 않았을 때 영국 정치인은 같은 화면 또는 같은 스튜디오에서 서로에게 반대하는 모습을 보이는 것에 꽤 만족했다. 그러나 이전에 영국 신문업계의 기자였던 이들이 영국 정당을 위한 '메시지 전달'을 담당하기 시작하자 생방송에서 인터뷰의 대답에 영향을 주기 위해 내부 지식을 이용하는 일이 점점 더 흔해졌다. 그들은 미국 정치에서 수십 년 동안 썼던 전략을 펴기 시작했고, 장관들이 정치적 라이벌과 대화의 일부로서가 아니라 혼자 출연해야 한다고 고집했다. 그 결과 이전에는 중재자였던 진행자가 반대자 역할을 맡아 다른 관점을 취하고 악마를 대변해야 했다. 그건 중립적인 사람이 유지할 수 있는 입장이 아니다. 게다가 미국의 텔레비전과 라디오 방송에서 데려온 '유명인' 진행자가 출현하면서 방송은 더 흥미로워졌을지 모르지만, 그로 인해 정치인과 권력자가 진행자를 자주 능가할 수 있었다. 이러한 진행자는 이 분야의 전문가가 아니었으므로 논쟁에서 '이기기' 위해 자신의 태도, 정체성, 공격성에 더 의지했다. 지켜보는 우리가 정치인에 대해 공정하게 판단하도록 정보를 끌어내는 그들의 오랜 역할은 퍼포먼스로 대체되었다. TV 비평가들의 비평 대상이 된 기자들은 설명하기 어려운 뭔가를 잃어버렸다. 더는 관찰자가 아니었고 그들이 들려줘야 하는 이야기의 관계자였다.

더욱이 이전에 중립적이라고 판단되었던 사람들은 연관된 이들과 함께 여론 재판의 당사자가 되어 있었다. 그들 대부분은 치우치지 않는 것 같은 게 있는지조차 알지 못했고 그저 같은 팀, 교리, 정당을 응원했다. 세상의 나머지 사람들이 죄인일 때, 당신이 비슷한 혐의를 받고 있는 중립적인 정보원이라면 무죄 판결을 받으려고 고군분투할 것이다.

할 수 있는가? vs 해야 하는가?

크고 인구가 많은 현대 국가는 자유 언론이 있어야만
고대 그리스, 로마의 도시 국가에 있던 공공 포럼을 재현할 수 있다.
언론을 통해서만 같은 진실을 수백만 명에게 동시에 가르칠 수 있고,
언론을 통해서만 사람들이 소동 없이 논의하고,
차분하게 결정하고, 의견을 말할 수 있다.

— 자크 피에르 브리소(Jacques Pierre Brissot, 1754~1793)

브리소는 날카로운 칼날에 맞아 비참하게 인생을 마감한 프랑스인 중 한 명이다. 왜냐하면 그가 죽은 해가 1790년대쯤이었기 때문이다. 그는 그들이 '구체제'의 속박에서 벗어났을 때 표현의 자유가 동포들에게 미친 영향에 경탄했다.

그는 우리가 인터넷에서 얻은 혁명적인 표현의 자유에 대해 뭐라고 말할까? 모든 사람이 발행인이 되었고 모든 사람이 해설자, 비

평가가 되었다. 그리고 모든 사람이 어떤 책임도 지지 않으면서 그 모든 힘을 얻었다.

새천년이 시작되고 20년 동안 인류는 주목할 만한 획기적인 사건 없이 질문하는 것에서 소리치는 것으로 옮겨갔다. 기술, 특히 인공 지능이 우리에게 좋은 영향을 미칠지 나쁜 영향을 미칠지 물어야 하는 인터넷 시대가 시작되었지만, 우리는 서로의 약점과 편협함을 악용하기 위해 기술을 사용하는 쪽으로 옮겨갔다. 우리가 보지 못한 것은 이 변화가 인공 지능의 영향이었고, 틀림없이 어쩌면 돌이킬 수 없을 정도로 우리 삶에 나쁜 영향을 미쳤다는 사실이다.

혁명적인 순간은 우리가 자신에게 무엇을 할 수 있는지 묻게 만든다. 그것들은 우리에게 '빠르게 움직이고 관습을 깨기' 위해 기회를 낭비하라고 부추긴다. 수메르와 다른 창조 신화에서 그것들은 혼돈의 시기고, 영웅적인 또는 신성한 인물이 번영의 시기를 위한 상태를 만드는, 어느 정도의 질서를 가져온다. 혁명기에 우리는 자신에게 우선 '할 수 있는지?'를 묻고 그다음엔 '왜 할 수 없는지?'를 묻는다. 둘 다 좋은 것이다. 이것이 인간이 진보하는 방식이다. 더 조심스럽고 보수적인 시기에 자연의 혼돈이 다년생 초본 화단(정원)으로 엄격히 통제될 때는 우리는 자신에게 우선 '왜 하면 안 되는지?'를 묻고 그다음에 '왜 해야 하는지?'를 묻는다. 둘 다 좋은 것이다. 우리는 질서를 무효화하는 것에 의해 '해야 하는가?'에서 '할 수 있는가?'로 옮겨가게 된다. 여기서 질서란 위치를 고정시키고 부당한 것을 굳어지게 하는 것이다. 우리는 우리가 불러일으킨 혼돈에 대한 두려움 때문에 질서로 다시 돌아가려 하고 그 전에 잠시 혼돈을 실험한다. 그것이 오늘날 우리가 겪고 있는 상황이다.

새천년이 시작된 이후 의사소통의 진보는 공정성에 긍정적인 효과를 많이 가져왔다. 나는 〈이코노미스트The Economist〉 작가, 톰 스탠디지Tom Standage가 소셜 미디어는 어쩌면 '아랍의 봄'이나 다른 사건들을 일으키지 않았고 촉매 역할을 했을 뿐이라고 말한 것에 동의한다.

그러나 다른 측면에서 소셜 미디어의 본질은 인간관계의 하향 이동이다. 소셜 미디어는 일부 사람들이 공정한 대우를 받을 수 있게 돕고 해명할 기회를 가질 수 있도록 플랫폼에 똑같이 접근할 수 있게 했다. 하지만 훨씬 더 많은 것에 그 반대의 일을 했다. 이를 생각할수록 익명성의 결과라고 생각하게 된다. 주조 활자 인쇄술이 등장하기 전에는 스탠디지가 지적한 것처럼 미디어는 제한된 범위, 제한된 진실성의 문제였다.[81] 미디어는 주로 소논문, 정계 인물에 대한 과장된 비난이나 지지, 금융 정보와 소문을 한 공동체에서 다른 공동체로 전파하는 수단이었다. 달리 말하면 마치 오늘날의 디지털 미디어처럼 매우 인간적이고 상업적인 활동이었다.

하지만 뉴스와 정보의 보급 과정에서 바뀐 한 가지는 책임이었다. 시간이 지남에 따라 전단지와 팸플릿의 형태로 유통되면서 표현의 자유가 남용되자, 정부 당국은 이를 허가제로 바꾸기에 이르렀다. 영국의 허가제는 1695년 국회가 허가법을 연장하려는 시도에 실패하고 신문 산업이 은밀히 탄생했을 때 거의 우연히 끝이 났다.

그러나 신문은 여전히 19세기 중반까지 인지세를 내야 했다. 그래서 아무나 인쇄 공장으로 들어와 그날 비난받아 마땅하다고 느끼는 누군가의 평판을 쓰레기로 만들겠다고 결심하는 것을 불가능하게 했다.

우리는 지금 도널드 트럼프가 아침이든 정오든 밤이든 자유롭게 의견을 공유하지 못하는 세상에 살고 있다. 거대한 소셜 미디어 기업들은 도널드 트럼프의 직위에 대한 존중(그리고 입법 보복에 대한 두려움)으로 트럼프가 소셜 미디어 플랫폼을 진짜 선동적인 음모에 이용할 때까지 트럼프의 계정을 정지시키지 못했다. 당시 논쟁은 트럼프를 침묵시킬 수 있는지에서 침묵시켜야 하는지로 옮겨가지 않았고, 그것은 다소 늦장 대응이었다. 물론 미국 전 대통령 트럼프는 소셜 미디어가 자신의 입맛에 맞을 때만 소셜 미디어에 우호적이었다. 트위터가 처음으로 트럼프가 쓴 몹시 감정적인 게시글 몇 개에 대해 선동적이거나 허위 정보를 근거로 한다는 이유로 경고 딱지를 붙이기로 한 날, 트럼프는 트위터의 면책 특권을 위협하고 나섰다. 자신이 트위터에 올린 글을 가리지 못하게 하기 위해서였다. 트럼프 대통령의 일부 불분명한 일방적인 결정은 다음과 같았다. '…소셜 미디어와 **공정성**을 위한 중요한 날이다!'

물론 아무 일도 일어나지 않았지만, 트럼프는 소셜 미디어와 포퓰리즘의 세상에서 공정한 것은 당신이 동의한 것이고 동의한 것은 곧 공정한 것이 되는 현실을 확실하게 보여주었다. 그의 소셜 미디어와의 관계, 그리고 연결된 추종자들과의 관계가 어떻게 그리고 어떤 플랫폼에서 발달하는지 우리는 수개월, 수년이 지나야만 알 수 있을 것이다. 하지만 1923년 히틀러가 깨달았던 것처럼 트럼프도 감옥 안에서 추종자들과 연결되는 게 쉽지 않을 것임을 어렵지 않게 추정할 수 있다.

사실, 마크 저커버그^{Mark Zuckerberg}를 포함해 그 누구도 '전 세계를 연결하는' 게 좋은 생각인지 묻지 않은 것 같다. 그것은 '할 수 있으니까 해야 한다'의 범주에 들어갔다. 하지만 이후에 우리는 전 세계를 연결하는 것이 우리에게 제시된 것보다 약간 더 복잡하다는 사실과, 그게 마크 저커버그 팀의 알고리즘 조정에 의해 통제되고 조작될 수 있다는 사실을 깨달았다. 그러한 조정은 다른 언론 기관(예를 들어 지역의 신문 산업을 생각해 보라)을 파산하게 하고 공공 담론의 본질을 왜곡할 수 있다.

리처드 랭엄의 표현대로, 무제한 연결의 진화적 측면에서 공동체의 이익에 반하는 개인의 폭력을 줄인 선제적 공격이라는 개념은, 그 반대인 익명의 분노 자극제가 되어 군중 행동을 촉진하고 개인의 안전성을 감소시킬 수 있었다.

페이스북은 2020년 미국 대통령 선거 준비 기간 중에 민주주의가 확실히 보호될 수 있도록 조치를 취하겠다고 말했다. 그러나 대부분의 사람들이 놓친 포인트는 이전에는 어떤 미디어의 소유주도 그런 말을 할 필요가 '없었다는' 것이다. 어떤 미디어 소유주(만약 마크 저커버그가 미디어 소유주가 아니라면 그는 더 나쁜 미디어 통제관이다)도 정치인과 유권자 사이의 담론에 자신들이 개입하는 것으로부터 어떻게든 민주주의를 안전하게 지키겠다고 약속할 힘을 가진 적이 없었다. 어떤 미디어 소유주도 잘못된 정보 및 가짜 정보보다 진짜 정보가 우선시되고 차별화되도록 하는 프로젝트를 고안할 필요가 없었다. 어떤 미디어 소유주도 '야채를 먹어요^{Eat Your Veggies}'라는 정치 선전 대신 사실을 제공하기 위한 프로젝트를 선언한 페이스북처럼 뻔뻔스러움과 오만함과 우월감을 가진 적이 없었다. 하지만 어쩌면 비겁하고, 멍청하고, 무책임한 반응이 애들의 언어로 표현되는 것은 적절할지도 모르겠다.

왜냐하면 우리는 그들의 힘이 어디에서 나오는지 알고 있기 때문이다. 그 힘은 젊은이에게서 나온다.

전 세계 젊은이들의 거의 4분의 3이 보도에 대해 어떠한 책임도 지지 않는 사람들에게서 뉴스를 얻었다(소셜 미디어 38%, 검색 엔진 25%, 또는 애플 뉴스Apple News와 같이 뉴스를 수집해서 제공하는 서비스 8%). 'Z세대'의 16%만이 뉴스를 공급자에게서 바로 얻었다. 나머지는 스마트폰 앱이나 이메일 알림 서비스를 통해 얻었다. 35세 미만 영국인의 절반 이상은 매일 첫 뉴스를 신문이나 텔레비전, 라디오보다 휴대 전화로 얻는다고 말했다.[82] 그러나 알고리즘과 알고리즘에 의해 지배되는 젊은이들이 사는 세상은 당연히 과거 행동에 의해 정해진다. 미래를 내다보기 위해 우리를 가장 의지하는 사람들은 과거로부터 배우도록 미리 프로그래밍된 환경에서 살고 있다. 나는 괜찮은데, 젊은이들은 정말 괜찮을까?

이러한 사실은 정보 기술 혁명의 수많은 모순 중 하나다. 또 다른 하나는, 모든 사람이 발행인이지만 누가 발행인인지 아무도 모른다는 사실이다. 그렇다면 우리는 무엇이 유용하거나 믿을 만한지 어떻게 평가할 수 있을까? 숨은 의도가 있는 사람들에 의해 정보가 생산되었는지 여부를 그들이 이미 정체를 숨겼다면 어떻게 알아낼 수 있을까?

다른 사람들에게 해를 끼치는(또는 정말로 도움이 되는) 말과 행동을 보도해서 생계를 유지하는 일부 사람들처럼, 참여자가 책임을 회피하기 위해 익명을 이용할 수 있도록 하는 플랫폼에서 인류를 계몽시키거나 조화시키는 활동을 찾을 수 있을 거라는 생각이 바보처럼 항상 떠오르곤 했다. 그것은 유토피아를 꿈꾸는 이상주의자들이 전 세계적으로 작은 천국을 세우도록 격려한 종류의 추론이다. 하지만 그런 생각은 거의 항상 불평분자와 집단 자살 사이의 어떤 결과로 끝났다. '사람들을 연결하는 것'은 사람들의 선의에 의지하면서도 '그들이 말하거나 행동한 모든 것에 책임을 회피할 수 있도록 허용한다.' 이것은 아직 초창기에 있는 분야다. 또는 사람에 비유하자면, 정말 정말 영리하지만 실전 경험이 부족한 컴퓨터공학과 학생이다. 이 말은 내가 한 말이 아니라 레딧Reddit의 CEO이자 공동 창업자, 스티브 허프먼Steve Huffman이 한 말이다. 그는 2020년 6월, 집단 괴롭힘과 인종 차별에 관여한 80만 명 이상의 도널드 트럼프 지지자 토의 그룹을 금지하겠다는 자신의 결정에 대해 이렇게 말했다.

> '15년 전 레딧을 시작하면서 우리는 아무것도 금지하지 않았습니다. 그리고 많은 젊은이들이 그렇듯이, 그런 성명을 내기가 쉬웠습니다. 왜냐하면 첫째, 제가 더 엄격한 정치적 신념을 가지고 있었기 때문이고, 둘째, 통찰력과 실전 경험이 부족했기 때문입니다.'[83]

하지만 이제 경험이 있는 허프먼은 '레딧의 임무'를 여전히 '공동체를 이루고 세상의 모든 사람에게 속하는 것'으로 묘사한다.

어쩌면 이것의 가장 심각한 측면은 '모든 사람을 연결하는 것'이 이타적인 목적이었던 척하는 것이다. 물론 진실은 일부 사람들, 특히 마크 저커버그가 모든 사람을 연결함으로써 엄청난 부자가 되었다는 사실이다. 그 이유는 그들이 감정을 상품화할 수 있었기 때문이다. 소셜 미디어 산업에서는 '참여'라고 부르지만 그것은 단지 감정을 의미한다. 소셜 미디어 플랫폼, 또는 어떤 발행인이 사람을 슬프게 하거나, 행복하게 하거나, 화나게 하거나, 평온하게 하는 등 감정을 더 많이 움직일수록, 그 사람을 더 오래 머무르게 할수록 그에게 물건을 팔 기회가 더 많아진다. 가끔 예외는 있지만(BBC가 그 예외 중 하나다) 모든 미디어는 상업적인 이유로 존재했고, 감정을 흥분시킨 다음 광고를 팔아 이익을 얻었다. 그러나 소셜 미디어 시대 이전에는 감정을 상품화하는 행위가 예술이었다(비록 매우 고결한 종류는 아니었지만). 이제 이것은 복잡한 과학이다. 인공 지능의 진화가 이것을 몹시 위험한 과학으로 만들 것이다. 그리고 이것은 모두 수익의 필요성으로 추진된다. 논리적 결론에 따라 우리 공동의 유대를 파괴할 것이다. 도널드 트럼프는, 진실을 말하는 규범이 무시될 때 소셜 미디어로 무엇을 '할 수 있는지' 보여줬고 무엇을 '하지 말아야 하는지'도 보여줬다. 우리는 진실성, 가치, 공정성을 판단하는 데 도움이 되는 실제 인간의 '연결' 중재 없이 너무 많은 연결, 너무 많은 '참여', 너무 많은 정보와 과장된 말, 너무 강렬한 감정을 다루려는 게 아니다.

우리는 좋든 나쁘든 지구상의 모든 사람을 다른 모든 사람과 연결시킬 수 있고, 세상이 회전하는 동안 일어나는 모든 사건의 진실에 대한 그들의 의견과 그들의 생각을 공유하게 '할 수 있다.'(그리고 익명으로 그렇게 하기 위해 악의와 숨겨진 의제들을 잘라낼 수 있다) 그러나 우리는, 그렇게 '해야 하는지'를 논의하기 위해 회전을 단 한 번이라도 멈춘 적이 있었던가?

10

정치와 정부에서의
공정성

정치는 공정성을 버렸나?

공정성은 정부의 비즈니스다. 모든 형태의 정부에서 그렇다. 공정성은, 기업이나 다른 강력한 기관(법 자체도 포함한다)이 자신을 스스로 보호할 수 없는 사람들을 억압하는 것을 제한하는 법을 설계하고 그들을 보호하는 데 작용할 수 있다. 또 공정성은 협력에서 나온 이익을 분배할 때 작용할 수 있다. 또는, 한 집단의 이익이 또 다른 집단의 이익에 어느 정도 포함되어야 하는지 결정할 때, 동등한 기회와 공정한 경쟁이 있는 상황을 만들 때, 모든 사람, 특히 다수의 편견으로 고통받는 사람들의 권리와 자유를 옹호할 때 작용할 수 있다. 바로 그럴 때 공정성은 많은 일을 한다.

공정성은 피통치자가 정부에 위임하기로 동의한 힘과 책임의 공정한 교환이다. 적어도 그것이 이론이다. 사회 계약론은 수백 년 전부터 있었다. 양쪽이 서명했던 문서에서의 현실은 아직 존재하지 않는다. 대중이 대표에게 행동의 자유를 위임한 일과 관련된 모든 것은 신뢰로 이뤄진 것이다.

2012년, 버락 오바마는 수개월 동안 하락세였던 그의 지지율을 고려하면 마지막이었을지도 모를 국정 연설을 하면서 공정성에 모든 것을 걸었다.

'우리는 둘 중 하나를 선택할 수 있습니다. 점점 더 많은 미국인이 근근이 살아가는 동안 점점 더 적은 사람들이 크게 성공하는 국가에 만족할 수 있습니다. 아니면 모든 사람이 공정한 기회를 얻고, 모든 사람이 공정한 몫을 하며, 모든 사람이 같은 규칙에서 경기하는 경제를 회복할 수 있습니다.'

이는 당시에 주목받았던 바와 같이, 공정성에 대한 세 가지 다른 해석이다. 하지만 우리가 지금까지 본 것처럼 뭔가가 공정한지 아닌지를 결정할 수 있는 방식은 최소한 다섯 가지가 있고, 의심할 여지 없이 더 많이 있다.

공정성 개념은 정치에서 주인공 역할을 하지만, 모든 배우들이 그렇듯 보이는 것과는 다른 측면이 있다. 일부 국가, 특히 데이비드 해킷 피셔가 지적했다시피, 뉴질랜드에서는 자신이 내놓은 정책이 얼마나 공정한지의 맥락에 놓이지 않으면 권력을 얻는 데 필요한 사람들의 관심조차 얻을 수 없다. 또 다른 국가들에서는 증명해야 하는 특별한 주장이 있을 때만 공정이라는 단어를 사용한다. 피셔는 미국이 분명 여기에 포함된다고 말했다. 둘 중 어느 쪽이든 공정성은 선거를 노리는 사람들의 화살통 안에 든 화살이 되었다. 공정성이 단순히 표를 얻는 데 필요하지 않으면, 그것을 정의하거나 그것에 무슨 일이 일어나는지 아무도 물을 필요성을 느끼지 못한다.

최근에 우리가 공정성에 대해 생각한 것은 아이들의 태도를 떠올리게 했다. '그건 공정하지 않아요!' 세상이 돌아가는 방식(엘리트를 위한 엘리트, 자유주의자를 위한 자유주의자, 노인과 부자를 위한… 더 쓰지 않아도 알 것이다)에 대한 불평은 운동장에 있는 억울한 아이가 느끼는 마음과 근본적으로 다르지 않다. 우리는 무시당하고 빈손으로 남겨지는데 엘리트, 자유주의자, 노인, 부자들이 장난감을 모두 가져가 버리는 건 공정하지 않다. 그러나 일단 열기가 발산하게 놔두면, 그 온도를 올리는 사람들이 폭동을 일으키는 사람들과 같다는 게 아주 분명해진다. 지난 십 년 동안 우리 대다수가 저항한 것들이 많았다. 나는 금융 위기가 가장 악랄하게 공정성을 파괴했다고 생각하지만 다른 것들도 마찬가지다. 대륙을 가로지르는 이주는 망명 신청자와 난민에 대한 반발을 야기했고, 미국과 유럽 연합 모두에서 민주주의 '프로젝트'에 필수적으로 보였던 이동의 자유가 나쁜 게 되었다.

대부분의 기준으로 볼 때 지금은 살기에 최악인 시대와는 거리가 멀다. 불평등은 더 심해졌다(요즘처럼 눈에 보이는 경우는 드물지만). 건강과 교육은 쥐어짠 서비스처럼 느껴질 수도 있지만 특히 유럽에서는 50년, 심지어 20년 전보다 오늘을 살고 있다는 것에 상당한 이점이 있다. 이주 거부는 고용 수준에 영향을 미칠 때는 이해할 만하다. 하지만 합법적이든 아니든 이민자들이 차지하는 많은 일자리는 기존의 노동력으로 채워지던 게 아니었다. 제로아워◆ 세상에서는 고용의 질은 나쁘지만, 고용량은 문제가 되지 않는다. 문제는

◆　0시간 계약은 정해진 노동 시간 없이 고용주가 요청할 때 업무를 할 수 있는 불공정 고용 계약이다.

더 나은 일자리에 대해 우월한 권리를 가져야 한다고 생각하는 사람들이 다른 사람들과의 경쟁에서 밀려난다는 것이다. 그리고 다른 사람들을 탓하기는 너무 쉽다.

하지만 가벼운 혁명의 형태로 터져나온 진짜 불공정은 들어주지 않는다는 불공정이다. 부모들은 대부분 알고 있다. 아이들의 입에서 터져나온 '그건 공정하지 않아요'의 내용은 무시할 수 있지만, '왜 내 말을 안 들어줘요?' 같은 종류의 말이 대화에서 나온다면 더 관심을 가지기 시작해야 한다. 우리는 한 지붕 아래 있기로 하든 한 하늘 아래 있기로 하든, 사회 계약을 구성할 때 협력과 경쟁 사이의 균형을 추구하기로 약속한다. 정치 기술은 사람들이 느끼는 균형이 공정한지 계산하는 것이다. 그리고 계산하기 위해서는 들어야 한다.

정부의 일은 행정, 입법, 사법에서 필요한 협력과 경쟁이 어떻게 균형을 이룰지 우리를 대신해 판단하는 것이다. 그리고 그렇게 하는 현대적인 방법은 동의하지 않는 사람들을 죽이는 게 아니라, 판단하는 방식에 충분한 지지를 얻어 권력에 오르기 위한 표를 얻는 것이다. 그 과정을 공정하게 거치면 권력을 얻은 후에 더 많은 사람들이 그 사고방식을 받아들이도록 설득할 수 있을지 모른다. 그러나 그 과정을 불공정하게 거치면 살아남기 위해 계속 속임수를 쓰거나, 총이 동원되는 나쁘고 낡은 통치 방식으로 되돌아가야 한다.

과정을 공정하게 거치기 위한 대본은 오랫동안 쓰였다. 아직도 다 안 쓰였을 수 있을까? 당연히 있다. 민주주의는 유의미하다고 보는 쪽에서는 매우 새로운 것이다. 일부 국가들에서는 유의미하지 않고 어쩌면 영원히 그럴지 모른다. 또 다른 국가들에서는 이 대본을 쓰고 있지만 다른 종류의 대본이 기록 보관소의 책꽂이에 꽂혀 있다. 예를 들어, 스페인은 46년 전에 다른 대본 중 하나를 따르고 있었지만, 지금은 민주주의 국가다. 그러나 공정성을 보호하고 국민의 이익을 증진하는 대본은, 인간이 신의 도움 없이 자신들을 통치하는 방법을 알아낸 이래 계속 작성되는 중이었다. 우리가 그 이익을 가장 잘 도모할 수 있는 방법으로 계속 수정하고 있었기 때문이다.

공정성, 공리주의, 핵 대재앙의 우스운 측면

비교적 최근까지 불평하는 인간들의 말에 아무도 귀를 기울이지 않았다. 정치가 종교 문제와 너무 뒤얽혀 있었기 때문이다. 오늘날의 세계를 돌아보라. 여전히 신의 말이 인류 공동의 말보다 더 강력한 국가를 많이 볼 수 있다.

종교는 인간이 큰 집단에서 함께 살기를 추구하는 동안 통치자의 옷에 꿰매져 있었다. 옷이 바뀌기 시작한 건 인간의 삶을 바라보는 다른 방식(과학)이 출현한 이후였다.

하지만 계몽주의 시대 이후에도 정치와 정부에서 종교적 믿음의 역할은 강력했다. 그 믿음은 물론 선과 악, 옳고 그름과 같이 절대적인 성질(언어학자들이 '분석할 수 없는 개념적 소수'라고 부르는 개념이다)에 대한 추정과 주장을 동반했다. 나는 누군가의 종교적 믿음을 절대 경시하고 싶지 않지만, 끊임없는 분석과 변화하는 상황과의 조화가 필요한 공정성 같은 것을 분석할 수 없는 뭔가와 조화시키는 일은 쉽지 않다고 생각한다.

그 대신 나는 농약을 살포하는 비행기처럼 광활한 학문과 역사 위를 날고 있음을 인정하기 때문에, 공정성으로 돌아갈 수 있는 경로를 찾기 위해 우리의 현재 정치적 담론의 역사적 뿌리에서 공정성이 나타나는 곳을 찾는다. 공정성을 찾을 가능성이 가장 큰 장소 중 하나는 공리주의라고 알려진 정신적인 영역이다. 이것은 로크, 데이비드 흄, 그리고 계몽된 생각이 무엇인지 정의한 사람들의 사상에 기원이 있다. 제러미 벤담Jeremy Bentham은 이 단어를 최초로 사용한 사람으로, 박식했던 존 스튜어트 밀John Stuart Mill과 함께 공리주의의 창시자로 여겨진다.

공리주의는 에피쿠로스Epicurus(기원전 341~270년)의 사상으로 대표되는 쾌락주의라는 그리스 철학을 토대로 한다. 쾌락주의에서 인간의 목적은 고통보다 즐거움을 추구하는 데서 찾을 수 있다. 이후 쾌락주의는 신은 모든 인간을 똑같이 사랑한다는 신약 사상과 혼합된다. 에피쿠로스는 사람들이 서로 정의를 빚고 있지만 남을 위해 자신의 행복을 희생할 의무는 없다고 생각했다. 따라서 비숍 버클리Bishop Berkeley, 조지프 프리스틀리Joseph Priestley, 리처드 컴벌랜드Richard Cumberland의 연구에서 나온 최초 형태의 공리주의는 '네 이웃을 네 몸과 같이 사랑하라'라는 계명을 포함함으로써, 정치 조직의 목적이 최대 다수의 최대 행복(또는 가치. 벤담과 밀은 '즐거움, 그리고 고통의 부재'라는 의미로 '공리utility'라는 단어를 사용했다)이라는 주장에 도달한다. 밀과 벤담은 성직자가 아니었기 때문에 이 윤리적 고찰을 신의 명령에서 분리해 사람들이 서로에게 갖는 의무로 만들었다. 그들은 계몽과 과학의 시대에 성장했기 때문에 공리주의의 목적을 특정 종교적 믿음의 연장이라기보다 보편적인 것으로 봤다. 특정 행동의 이로운 부분은 얼마나 많은 '공리'를 만드는지에 따라 측정되었다. 벤담은 사실 행복을 계산적인 형태로 측정할 수 있다고 생각했다. 예를 들면, 부자를 내버려 두는 것보다 부자의 재물을 빼앗아 가난한 사람에게 주는 것이 둘 사이의 균형을 이루어 더 큰 행복을 만드는 상황이 있을 수 있었다. 그러다 보니 종교의 계명(가령 '도둑질하지 말라')이 틀리는 상황들이 발생했다.

공리주의자는 윤리를 과학으로 바꾸고 싶어 했다. 그들은 변호사와 정치인이 사회 전체에 무엇이 좋은지 규정하기 위해 개인적 판단과 직관을 어떻게 활용하는지 관찰했다. 그들은 도덕적인 판단이 경험적 증거와 과학적 방법에 기초할 수 있다고 생각했다. 그러나 물론 행복과 공정성이 무엇인지 알아내는 것을 과학이 도울 수는 없다. 일부의 고통이, 다른 많은 사람들의 행복을 위한 대가가 되어서는 안 된다.

이러한 반대 때문에 공리주의는 절대 실제 국가의 기초가 될 수 없었다. 그러나 공리주의의 요소는 여전히 오늘날 우리가 사회를 어떻게 보는지를 알려준다. 그것은 함께 사는 공정한 방식이 무엇인지를 생각하는 틀이자 기여이지만, 우리가 지속적으로 내릴 수 없는 판단을 요구하므로 완벽하지 못하다. 벤담과 밀은 다른 사람들의 고통에서 기쁨을 얻는 사람들도 있다는 슬픈 사실을 받아들이는 데 문제가 있었다. 전체 공동체 안에서 무엇이 공정한지 계산할 때 경쟁행동의 범위를 멀리 벗어난 사람들을 포함할 수 있을까? 그리고 포함해야 할까? 정부의 역할이 된 공리주의자들은, 최대 다수의 최대 행복을 얻기 위해 규제와 장려를 어떻게 적용해야 하는지 우리 모두를 대신해 개입하고 결정을 내려야 했다.

벤담과 밀은 당시 정부의 부패와 이기심, 그리고 전체 인구 중 극히 일부에 의해 선출된 휘그당과 토리당 간의 양립할 수 없는 차이가 너무 불만족스러웠기 때문에 더 폭넓은 민주주의를 이에 대한 해답으로 보기 시작했다. 벤담은 대개혁법이 통과된 1832년에 죽었다. 그 해는 선거권을 모두에게 주는 80년 과정이 시작되는 해였다.

19세기의 뛰어난 정치 철학자들은 독일인들이었다(칸트, 헤겔 **Hegel**, 니체**Nietzsche**, 마르크스). 이들은 인간 본성을 연구하고, 야성을 규정하고 통제하려 했다. 그들 중 마지막 사람만이 협력적인 본성을 찾는 데 많은 시간을 보냈다. 우리는 19세기의 많은 시간을 인간의 불공정성에 대한 증거를 찾는 데 썼다. 하지만 점차 과학적 발견의 도움을 받아 우리가 찾는 것의 조건을 바꿨다. 다윈은 옳고 그름의 측면에서의 인간 본성에 대한 정의에서 벗어날 길을 열어줬다. 우리 자신을 어떤 우월한 존재가 아니라 자연의 원인과 결과 중 하나로 볼 수 있게 한 것이다.

진보를 가장 주도적으로 이끌었던 힘은 보수당 대 자유당이었다. 질서 유지는 자유화의 혼돈과 싸웠다. 미국 남북 전쟁은 변화를 원하는 사람들과 계속 그대로이길 원하는 사람들 사이의 싸움이 피비린내 나는 징후 중 하나로 나타났을 뿐이다. 18세기 말 프랑스와 19세기 유럽 전역에 걸친 혁명은 인간의 힘에 대한 구사상과 신사상의 충돌을 암시했다. 그리고 20세기에 접어들었을 때 영토와 무역을 통한 권력은 예전만큼 중요했다. 1914년부터 1989년 사이 인간의 악랄함은 수 세기 동안 점점 더 강력하게 지구를 지배했던 조류의 일부로서 밀려왔다 밀려갔다 하며 유지되었다.

하지만 마침내, 사람들이 대륙 간 협력을 통해 나쁜 본능을 억제하고 좋은 본능을 장려하며, 행동의 도덕적 문제를 해결하려 하는 징후들이 나타났다. 리버 규칙Lieber Code이 전쟁을 문명화하려는 노력의 첫 징후였다면, 한 세기 후의 참호전, 대량 학살, 민간인 학살, 강요된 기근과 홀로코스트Holocaust의 잔인성으로 판단하건대 효과는 별로 없었다. 그러나 리버 규칙부터 제네바, 헤이그 협약까지, 그리고 국제 연맹, 브레턴우즈 협정, 국제 연합까지, 또 인간 스스로의 파괴력이 너무 효과적이어서 더는 무시할 수 없어졌다고 말하는 게 가능한 시기까지 궤적을 추적하는 것은 가능하다. 인간은 핵으로 인한 멸망 직전에 뒤로 물러났다. 적어도 지금까지는 그렇다.

그리고 정치인들이 이 불확실성의 시기를 보내는 동안, 철학자와 경제학자, 행동 심리학자들은 협력에 기반한 공존 방법을 찾고 있었다. 존 롤스의 사상은 니체나 마르크스보다 인류의 미래를 위해 더 나은 모델이다. 사회, 그리고 공정으로서의 정의 모델을 위한 그의 레시피를 따르면 아무도 죽지 않을 것이다. 하지만 우리는 불공정성 모델과 같은 사회를 위한 레시피를 따랐기 때문에 많은 사람이 죽었다.[84]

나는 영국의 국립기록보존소에서 최근에 기밀 해제된 문서들을 살펴보는 데 많은 시간을 보내곤 했다. 얼마 전에 나는, 영국군 최고위 장교들이 국가의 핵 억지력이 어떤 형태를 취해야 하는지를 논의한 1952년부터 시작된 초기 기록 중 하나를 발견했다. 냉정한 실용주의 정신으로 쓰인 이 기록은, 읽는 사람의 가슴을 서늘하게 했다. 폭탄의 폭발 반경 도표들과 제3차 세계 대전 발발 이후 소비에트 연방을 평화 협상 테이블로 데려오는 데 필요한 사망자 및 부상자 수 계산들로 가득했기 때문이다.

그러나 일급비밀 보고서 모든 섹션의 상단에는 『이상한 나라의 앨리스』 또는 『거울 나라의 앨리스』에서 인용한 문구가 있었다. 각각의 문구는 이어지는 페이지에서 파멸에 이르는 논의와 관련이 있었다. 익숙한 인용문 중 하나는 하얀 여왕이 앨리스에게 하는 말이었다. 난센스 표현에 항상 합리적인 두 가지 뜻을 담았던 루이스 캐럴Lewis Carroll의 마음속에서, 그 둘은 믿음과 종교에 대해 논하고 있었다. 단 아홉 부만 만들어진 문서에 누군지 알 수 없는 이가 70년 전 타자기로 입력한 이 인용문을 보면서, 나는 사악한 생각에서 좋은 결과가 나올 수도 있는 거울 세계를 믿고 싶었던 이들의 욕구를 느낄 수 있었다.

'"못 믿겠어요!" 앨리스가 말했다.

"못 믿겠어?" 여왕이 동정 어린 말투로 말했다. "노력해 봐. 숨을 크게 내쉬고 눈을 감으렴."

앨리스가 웃었다. "노력해도 소용없어요." 앨리스가 말했다. "불가능한 것을 믿을 순 없어요."

"넌 연습을 많이 안 한 것 같구나." 여왕이 말했다. "내가 네 나이였을 땐 매일매일 하루에 30분씩 연습했단다. 그래서 어쩔 땐 아

침 식사도 하기 전에 불가능한 걸 여섯 개나 믿을 수 있었지.' '**85**

그리고 나는 그들의 애거티즘을 공유한다.

공정성과 전체주의

1973년, 제이콥 브로노우스키Jacob Bronowski는 영국에서 자신의 이름이 늘 사람들 입에 오르내리게 만들어 준 TV 시리즈인 「인간 등정의 발자취The Ascent of Man」 일부를 촬영하기 위해 아우슈비츠를 방문했다. 그런데 한 장면에서 프로그램의 제목과 제작 이유에 이의를 제기했다.**86** 그 장면엔 정장을 차려입고 넥타이를 매고 검은 가죽 구두를 신은 철학자가 축축한 들판을 걷는 모습이 찍혀 있었다. 새 지저귀는 소리조차 없이, 그는 연못의 가장자리를 걷는다. 연못은 별 특징도 없고, 관리되지 않은 모습이라 웅덩이 같기도 하며, 지저분한 목초지가 폭풍우로 물에 잠긴 것 같기도 하다. 브로노우스키는 설명하지 않았지만, 그가 말하는 동안 뒤에 보이는 벽돌들은 모두 아우슈비츠 가스실의 잔재다. 그는 시청자에게 엄격하면서도 명확한 목소리로, 앞에 있는 연못의 검은 물속으로 강제 수용소에서 살해되고 화장된 수십만 명의 재가 씻겨 내려갔다고 말한다.

'그 학살은 가스에 의한 것이 아니라 오만에 의한 것이었습니다. 또 교리에 의한 것이 아니라 무지에 의한 것이었습니다.' 그는 말하면서 왼손을 정장 바지의 허리 밴드에 불편하게 끼우고, 오른손은 마치 지휘하는 듯한 손동작으로, 그의 말에 한층 힘이 실리게 한다.

그는 숨을 약간 더 깊게 쉬고 나서 말한다.

'사람들이 현실에서 시험해 보지도 않고 절대 지식을 가졌다고
믿을 때 이렇게 행동합니다. 이것은 신의 지식을 열망할 때 인간
이 하는 일입니다.'

이 시점에서 브로노우스키는 극적인 연출 없이 검고 불쾌해 보
이는 물속으로 들어간다. 그의 신발과 바지 아랫부분이 잠긴다. 그
의 위치는 보는 이들을 비명을 지르게 하지만 브로노우스키는 계속
이야기한다. 그는 말한다.

'우리는 절대적인 지식과 힘을 가지려고 안달이 나는 것을 스스
로 치유해야 합니다. 누름단추식의 명령과 인간의 행동 사이의
거리를 좁혀야 합니다.'

그는 아우슈비츠의 가련한 사람들이 잠긴 연못 안에 서서 바지
가 아직 젖거나 더럽혀지지 않은 것처럼 의미심장하게 바지를 당겨
올리며 허리를 구부린다.

'우리는 사람들을 만져야 합니다.'

그리고 그는 오른손으로 뚝뚝 떨어지는 진흙 덩어리와 풀과 인

간의 DNA를 퍼 올린다. 그 순간의 힘은 내가 어렸을 때 그걸 처음 봤던 순간부터 나와 함께 살았다. 브로노우스키는 공감에 대해 이야기하려고 신발을 엉망으로 만든 천재였다.

다른 사람들을 배제하거나 파괴하는 자신이 옳다고 믿는 생각에는 공정성이 없다. 옳기 위해서는 다른 사람들이 자신의 잘못을 인정해야 할 뿐만 아니라, 그에 대한 대가를 치러야 하고, 대가를 치르는 모습까지 보여야 한다. 단순히 다른 사람들과 경쟁하는 게 아니라 다른 사람들을 파괴하려는 목적을 띤 협력은 인간의 여정을 거꾸로 되돌린다. 히틀러나 스탈린Stalin, 마오쩌둥Mao에 대해서는 거의 할 말이 없다. 그 후, 잘못 지어진 교리의 성을 복제하려 했던 가짜 독재자들에 대해서도 그렇다. 우리가 절대주의에 대해 말할 때는 동시에 공정성에 대해 말할 수 없다. 하나가 다른 하나를 파괴하기 때문이다.

공정성에 대한 모든 정의에 따라, 어떤 개인이나 단체를 통치할 때, 제한이 없거나 공동의 이익에 대한 단 하나의 정의에 따른다면 그 통치는 불공정하다. 현대의 비종교적인 시대에는 그러한 체제가 혼돈 속에서 질서를 찾기 위한 하나의 방법으로 출현했다. 20세기 그러한 통치는 대안들(우리가 민주적 대안이라고 부르는 것이다)이 역사가 짧고 온전히 신뢰받지 못하는 곳에서 발생했다. 독일에서 베르사유의 수치스러운 평화가 도입되었을 때는 국가 자체의 역사가 47년밖에 되지 않았을 때였다. 러시아에서는 개혁을 시도하려는 움직임 속에 혁명이 일어났지만, 그보다 130년 전 루이 16세 때의 프랑스에서처럼 그러한 시도가 분노의 물결을 저지하기에는 너무 늦고 불충분했다. 변화하려는 의지가 외세의 침략, 강대국 지위 상실 위험과 같은 전장에서의 국가적 굴욕에 대한 두려움으로 약화되었다. 중국의 이야기도 비슷하게 전쟁, 기근, 일본 군사 국가의 파시즘적인 움직임에 대한 수십 년의 체면 손상에 의한 시간이었다. 강력한 기업 조직(일본의 '재벌 zaibatsu', 1932년에 파산한 나치당을 구제한 독일 염색 공업 주식회사 I.G. Farben, 구스타프 크루프 Gustav Krupp 등)이 있었던 국가들은 민족주의자들이 강렬한 사익 구호를 중심으로 힘을 합쳤다. 그러한 산업 기반이 없었던 국가에서의 반란은 국가 주도의 경제를 창조하는 데 초점을 맞췄다. 한편으로는 순수한 자본주의적 경쟁의 승리였고, 다른 한편으로는 제한 없는 협력의 승리였다. 그러나 양쪽 다 숨은 동기가 있었다.

왜 1939~45년 전쟁의 결말은 1914~18년 전쟁의 결말과 달랐을까? 주된 이유는, 승리한 동맹이 패자에게 국가적 굴욕을 상기시키지 않기로 했지만, 틀림없이 그들 자신의 사유로 전체를 대표하지 않는 집단에 전쟁 발발의 책임을 물었기 때문이다. 그것은 공정한 재판이었다. 그 전쟁에서 살아남은 악당들은 공개적으로, 그리고 공정하게 재판을 받고, 리버 규칙에서 유래를 찾을 수 있는 새로운 국제 사법 제도 아래에서 제기된 기소에 대응해야 했다. 국가는 재판을 받지 않았고 국가의 역사적 흐름을 바꾼 이들만 재판을 받았다. 단체가 아니라 개인에게만 책임을 물은 것이다. 세상은, 우리가 전체 국가에 대해 공정한 판단을 할 수 없고 대표에 대해서만 판단할 수 있다고 말하고 있었다. 국가들은 혼돈보다 질서를 향할 때 더 잘 협력할 수 있었다. 그들의 공통점은 표면적인 차이를 능가했다.

21세기에, 우리는 다시 한번 인간을 해결책이 아닌 문제로 만들고 있을지도 모른다. 물론 보통 문제가 되는 건 체제다. 인간은 종종 질서로 가는 길이라고 배운 것을 따라간다.

역사와 자연이 우리에게 어떤 질병을 던지든 인간이 치료되는 기적을 믿는 것은 당연하다. 앞으로도 언제나 그럴 것이다. 하지만 그 대신 치유책을 찾기 위해 우리 자신의 내면과 본성을 들여다봐야 한다. 치유책은 다른 사람들 안에서, 그들을 믿는 데서, 그들이 우리를 믿게 하는 데서 발견된다. 브로노우스키가 말한 것처럼, 우리는 사람들을 만져야 한다.

공정성과 민주주의

> 그렇다면 국가 안에서 가장 좋은 동반자 관계는
> 중간의 사람들을 통해 작용하는 관계임이 분명하다.
> 중간 집단이 크고, 가능하다면 나머지 두 집단을 합친 것보다
> 더 강하거나, 적어도 둘 중 하나보다 더 강한 국가들은
> 잘 운영될 수 있는 구조를 가질 가능성이 크다.
> — 아리스토텔레스, 『정치학』

다른 많은 사람들 중 존 로크와 존 롤스가 생각한 방식에서 사람들 사이의 공정성은, 대규모 공동 사업체를 관리하는 경영진에게 개인의 권한 위임을 어떻게 조직해야 하느냐는 핵심 문제를 중점적으로 다룬다. 누군가 답을 안다면 내게 알려줄 수 있을까? 지금까지의

노력은 제한적인 성공을 거두었다.

하지만 핵심 문제의 요소들을 살펴보자. 권한 위임을 어떻게 조직하는가? 현대 민주주의는 선거와 국민 투표(둘 중 더 나중에 나온 것이다)로 조직하고, 사람들에게 우리를 대신해 공동 사업체를 관리할 '권한'을 주는 데 동의했다. 교구회나 들개 포획자에게 위임한다면 권한이 매우 제한적이지만, 관리도 필요성도 제한적이다. 공동 사업체의 직원이 아니라 당신이 선출한 바로 그 사람들이 관리할 가능성이 크다. 당신이 선출한 의원들이 쓰레기 수거를 조직하거나 거리를 청소하거나 개를 포획할 수 있다. 당신은 자원봉사자로서 그들을 도울 수 있다. 인구가 17,000명에 달하는 서머싯의 프롬이라는 소도시만큼 큰 공동체 내에서도 투표로 결정할 만큼 화나게 하거나 행복하게 하는 문제에 유권자를 참여시켜 해결하는 것이 그곳을 더 평등하게 만드는 데 성공적이라고 실험을 통해 판명되었다.[87] 그러나 보통 수천 명 이상의 인구는 위임된 권한을 관리할 몇 명의 직원이 필요하다.

민주주의에서 공무원 조직은 우리의 직원들이다(엄밀히 말하면 우리가 실제로 급여를 주는 정치인들도 그렇지만, 때로는 그 이유를 생각하기 어려운 것 같다). 관료는 채찍을 많이 맞지만 수 세기에 걸쳐 많은 것을 성취했다. 공무원 조직이 제한적이거나 없는 사회를 보면 금방 비교할 수 있다. 예를 들어 아프가니스탄은 이 작은 결함으로 인해 현대 국가보다 중세 유럽 국가에 훨씬 더 가깝다. 하지만 최근 몇 년간 서양에서 공정성 훼손이 가장 분명하게 드러난 징후 중 하나는, 정치 세력의 정상적인 기능을 향한 분노였다. 놀랄 것도 없이 정치인들은 금융 위기와 그 후유증이 자신들의 잘못이었다는 사실을 받아들이지 않았다. 그래서 오늘날의 '포퓰리스트populist' 리더들(내가 최대한 생각해 본 '포퓰리스트'의 정의는 '엘리트'에 대항하는 '국민'을 옹호하는 사람이다)은 자신이 정치인이 되었을 때, 유토피아를 가져오는 데 계속 실패하는 경우 다른 사람들을 탓하는 것이 편하다고 생각한다. 이 '민중의 적'은 장소와 시기에 따라 다양하다. 도널드 트럼프는 자신의 능력과 진실성을 보도하는 기자에게 손가락질하기를 좋아한다. 보리스 존슨(출신 성분을 드러내지 않는 것이 선거에 더 유용하다는 사실을 깨닫기 전까지는 엘리트 중의 엘리트였다)은 공무원에게 실패에 대한 책임을 미뤘다. 모든 포퓰리스트에게는 맞서는 사람들을 옹호할 수 있도록 적이 있어야 한다. 헝가리와 폴란드의 포퓰리스트 리더들은 사법부를 표적으로 만들었다.

리더들이 상황을 바꾸는 권한을 가지고 상황을 바꾸려고 노력하는 것은 공정하다. 하지만 그들이 가장 먼저 공격하는 대상들이 자신의 권력 행사에 전통적으로 제약을 가하는 것들이라면 확실한 불공정 신호다. 수 세기 동안 우리가 아는 민주주의는 우여곡절을 겪으면서 미국인들이 '견제와 균형'이라고 부르는 것들을 발달시켜 왔다. 미국에서는 조지 3세와 그의 영국병과 관료가 행하는 폭정이 재발되지 않도록 하기 위해 이러한 발달이 이뤄졌다. 또한 부유한 미국인들이 세금 납부를 회피하고 소수 민족과 여성을 노예로 만들고 그들의 재산을 빼앗고 권리를 박탈하는 행위들을 막기 위한 것이었다. 내게도 그런 권한이 있었던가? 어쩌면 '자유' 그리고 '국민'과 관련이 있었을지도 모르지만 정확하게 표현하기는 어렵다. 그때는 상황이 달랐다.

영국에서 의회 자체는 군주제에 대한 견제와 균형으로 진화했다. 19세기에는 놀라운 효율성을 가진 관료 체제가 진화해, 1860년대 역사상 가장 컸던 제국을 영국에 있는 약 13,000명의 노동 인구로 관리했다. 그리고 거의 같은 수가 광대한 점령지 곳곳에 흩어져 있었다. 당시 제국의 인구는 정점에 달했을 때 4억 명이 넘었다. 관료들은 보통 특정 분야의 전문가가 아니라 다재다능한 사람으로 선발되었다. 1963년이 되어서야 영국재무성에 훈련된 경제학자 19명이 있게 되었다. 오늘날에는 6천 8백만 명의 인구에 45만 명의 공무원이 있다. 이것이 개혁의 이유로 보일 수도 있지만, 1970년대 80만 명에 근접하면서 최고치를 찍고, 공공 부문의 총 인력이 2009년 전체 일자리의 약 22%였던 것에 비해 현재는 약 16%다. 개혁은 한동안 지속될 것이다.

미국, 영국, 프랑스와 같이 핵무기 보유국인 경우를 포함해 국가가 극소수의 사람들에게 권한을 위임한다면, 이들이 어리석거나 파괴적인 뭔가를 하려고 할 때, 조언하고 제지할 수도 있는 비정치적인 사람들이 반드시 있어야만 공정하다. 공정한 사회에서 우리는 권한을 위임할 필요성은 인정해야 하지만, 권한을 버릴 필요는 없다. 권력 억제력을 유지하기 위해, 그리고 대표들이 자신들에게 투표한 사람들과 자신들을 위해, 규범을 깨고 건물을 파괴할 사람들뿐만 아니라 우리 모두의 이해관계를 고려해 통치하도록 만들기 위해서는, 위임은 절대적인 위임이 아니라 미묘한 위임이어야 한다.

이것이 국민 투표가 공정성에 그다지 좋지 않은 이유다. '예/아니오'로 대답하는 질문에는 균형적이고 공정한 게 아무것도 없다. 또한 '국민의 의사'를 어떻게 적용할지에 대한 뉘앙스가 들어 있지 않다. 절대적인 선택을 하도록 국민을 끌어들이고 그들의 선택을 깎아내리거나 뒤집으려고 하는 것에도 공정하거나 균형적인 것이 없다. 민주주의는 흑백 사진처럼 검거나 희지 않고 다양한 회색이다. 그러니 당신의 문제에 간단한 답이 있다고 말하는 사람은 절대 믿지 말라. 다양한 색을 누릴 수 있는 시대에 흑백을 추구할 이유가 무엇인가?

공정성은 정치를 버렸나?

마지막으로 투표했을 때가 언제인가? 선거 때였는가? 국회 의원 또는 시장이나 대통령을 뽑는 선거였는가? 아니면 선거 제도 자체에 대한 국민 투표였는가? 또는 정부 정책에 대한 온라인 인기도 조사에 참여했는가? 지역의 제한 속도를 낮추는 것에 대한 견해를 묻는 지자체의 의회가 보낸 이메일에 응답했는가? 페이스북 게시글에 있는 투표에 참여했거나 좋아하는 정치인의 트윗에 '좋아요'를 눌렀는가?

2020년, 우리에게는 우리 생활 방식의 외부 요인에 영향을 미칠 더 많은 기회가 있다. 아마 사바나, 숲, 정글에 살거나 동굴을 옮겨 다니며 평등주의 무리에 있던, 증조부모에서 천 세대쯤 거슬러 올라간 조상 이후로 그 어느 때보다도 그렇다.

이것은 우리가 더 큰… 더 큰 무엇을 가졌음을 의미하는가? 자유? 기회? 부? 건강? 안전? 지식? 행복? 민주주의에서 사는 것은 무엇을 의미하는가? 민주주의는 본질적으로 공정한가? 의문이 끝없이 줄을 잇는다. 지면이 부족하다.

공정성이라는 말이 의미하는 바가 무엇인지 떠올리는 것부터 시작해 보자. 이 책의 앞부분에서 공정성은 정의될 수 없다고 주장하면서 동시에 다섯 가지 정의[88]를 제시했다. 이 역설적인 상황은 내가 실수를 할 수 있는 인간이고 책을 쓰고 있으므로, 따라서 규칙을 만들 수 있기 때문에 발생한다.

그러나 우리가 현재 유행하는 정부 체제인 민주주의가 정말로 공정한 정부 체제인지 알아내려면, 그 다섯 가지 정의에 부합하는지 살펴봐야 한다.

민주주의가 공정하기 위한 조건은 다음과 같다.

첫째, 민주주의는 개인이나 집단이 복지에서의 교환에 동의하고 한쪽이 다른 한쪽의 비용으로 혜택을 입을 수 있도록, 서로를 신뢰하는 국가를 창조해야 한다. 민주주의가 하려는 것은 매우 분명하다. 모든 사람이, 국가 또는 우리가 속하고 기여하는 어떤 다른 실체의 공동 자원으로부터 똑같은 혜택을 얻어야 하는 건 아니라는 사실을 받아들이게 한다. 하지만 민주주의가 장점과 상관없이 지속적으로 한 집단에만 더 많은 이익을 주는 것으로 보이면 불공정해진다. 다른 사람이 보기에, 생활 방식이 아니라 예외적인 조치로 생각되는 복지 혜택을 악용하는 사람들은 민주주의를 불공정성으로 기울어지게 할 확률이 높다. (내가 앞에서 주장한 것처럼) 법에서 그들의 공정한 몫으로 규정한 것보다 사회에 덜 기여하기 위해 과세 제도를 악용하는 사람들도 같은 결과를 가져올 것이다. 이 두 집단은 불공정하게 행동하고 공정성과 같은 민주주의의 중요한 정의를 깨뜨린다.

둘째, 민주주의는 권력자가 힘이 약한 사람들을 더 약하게 하는 것을 막기 위해, 권력자들을 제한해야 한다. 일반적으로 민주 국가는 법을 정함으로써 목적을 이루지만, 여기에 법의 중요한 보조 수단이 있다. 사람들은 기록되지 않은 협력 규칙에도 동의한다는 사실이다. 아마 이 규칙 중 가장 중요한 건, 입법 기관에서 다수 의석을 차지하면, 다수 의석을 준 사람들뿐만 아니라 그 과정에 참여한 모두를 위한 통치를 해야 한다는 점이다. 그리고 선거에서 졌다고 해서 정치 조직을 파괴하려 하면 안 된다.

셋째, 민주주의는 사회적 실체 안에서 협력하는 모든 사람이 노력에 따라 성공을 거둘 수 있도록, 동등하고 적절한 기회를 누리는 환경을 만들어야 한다. 또는 적어도 그 협력의 일부인 집단들이 그러한 기회를 갖지 못하게 하는 환경을 만들면 안 된다. 민주주의는 한쪽으로 치우치지 않고 독립적인 입법 및 사법 기관을 강화하고 지지해야 하며, 그 기관들에 의해 강화되고 지지되어야 한다.

넷째, 민주주의는 공동체 내에서 협력하는 사람들이 다른 사람들의 행동에 편견을 갖거나 비난하는 것을 멈추도록 해야 하고 격려해야 한다. 인류의 번영과 관련된 권리와 자유를 찾고 허용함으로써 다원적인 사회의 이해관계들이 공동의 목표에 가능한 한 반영될 수 있도록 하기 위해서다.

다섯째, 민주주의는 다원적인 사회를 위한 행복의 최대 공약수를 구성하는 것이 무엇인지 합의하기 위해, 협력자들이 '옳고 그름'이라는 절대적 개념을 추구하는 것을 멈추도록 해야 하고 격려해야 한다.

민주 국가가 해야 하는 것은 이 밖에도 많은 것들이 있다. 우선 구성원을 지키고, 교육하고, 단속하고, 부양하고, 주거를 제공하고, 치료해야 한다. 그러나 공정성의 다섯 가지 정의 내에서 목표를 향해 나아갈 준비가 되면, 민주주의는 적어도 모두를 위한 공정성을 향하는 경향이 있을 것이다. 각 민주 국가의 각 구성원은 국가가 공정한지 아닌지 생각을 정리해야 하고, 자신의 의견을 투표용지에 반영하거나 벽보를 쓰거나 선거에 직접 출마해야 한다. 소셜 미디어 플랫폼에서 익명이라는 비겁함 뒤에서 공정성에 대해 불평하는 것은 공정하지도 않고, 협력적인 집단의 구성원이라고 주장할 만큼 충분히 협력적이지도 않다. 의견이 맞지 않을 때 타인에 대한 증오를 조장하는 건 괜찮다. 단 자기 이름을 밝히며 공개적으로 해야 하고 괴롭힘, 위협, 명예 훼손에 대해 법 앞에서 대답할 준비가 되어 있어야 한다.

처칠은 말했다.

'세상의 모든 역사는 다음과 같은 사실로 요약된다. 국가가 강할 때 항상 올바르지는 않고, 국가가 올바르길 바랄 때는 더는 강하지 않을 때가 많다.'

국민 집단에 대해서도 비슷하게 말할 수 있다. 국민이 강할 때는 항상 투표에 관심이 있는 게 아니고, 투표에 관심이 있을 때는 항상 강한 게 아니다. 우리 조상들이 권리를 위해 목숨을 바칠 수 있을 정도였다는 점에 대해 우리가 심드렁해지는 이유는 만족하는 성질 때문이다. 일부 국가에서는 선거 투표율이 거의 90%다. 다른 국가에서는 민주주의의 투사임을 주장하는 사람들만 참여하는 듯 보인다. 100명 중 60명 미만이, 자신의 삶에 대해 불평하거나 더 나은 거래를 제공할 것으로 생각되는 사람들을 옹호하는 권리를 행사한다. (2014년 벨기에 87%, 2016년 미국 56%)

부인할 수 없는 사실은, 정부가 여론에 거의 영향을 받지 않는 국가에서는 정치적인 논쟁이 억제되고, 다른 사람들이 무슨 생각을 하는지 아무도 진정으로 알지 못한다는 것이다. 정부가 민의를 따르는 곳에서는 정치적 논쟁이 히스테리를 일으킬 만큼 활발하다. 그 주장들 사이에 보통 안정된 민주주의가 있다. 민주주의의 추가 부드럽게 흔들리면서 정책 변화의 좁은 선들 사이로 정치가 이뤄진 셈이다. 적어도, 냉전 종식 이후 지난 30년 동안의 패턴이 그러했다.

어쩌면 정치가 너무 쉬워졌다.

많은 사람들의 눈에 정치, 즉 민주주의의 실행은 비즈니스 쇼와 너무 비슷해졌다. 무대 위 연기자들은 마치 쇼처럼 자신들이 '제4의 벽'으로 보호되고 있다고 믿게 되었다. 그것은 관중에게 규제할 수 있는 진정한 힘이 없음을 의미한다. 많은 국가에서 '포퓰리스트'가 권력자인 이유 중 하나다. 정치인들은 제4의 벽을 무너뜨리고 관중에게 직접 말하는 사람들이다. 하지만 공정성을 촉구하는 행동을 하지 않으면, 그 행동은 더 이상 공정하지 않다. 그리고 지금, 21세기에 자신을 무대에 올려주는 사람들만을 위한 공정성에 관심을 두는 게 아니라, 사회 전체를 위한 공정성에 진정으로 관심이 있는 포퓰리스트 리더를 찾기는 어려울 것이다. 포퓰리스트는 자신의 기반을 위해 통치한다. 공정한 정치인은 모두를 위해 통치한다.[89]

민주주의는 무대에 오르기 위해 자신의 기반만이 아닌, 많은 사람에게 충성해야 한다는 사실에 그 뿌리를 두고 있다. 제임스 볼드윈 James Baldwin의 말을 인용하면 다음과 같다.

'충성은 결국 양방향으로 작용해야 한다. 상호 간이 아닌 충성에는 지칠 수 있다.'

일방적인 충성 때문에 손상되는 것은, 충성이라는 개념이 아니라 충성을 권력으로 바꾸는 통치라는 개념이다. 과거에 통치가 간접적으로 민주적일 가능성이 있기 전에는 그 개념이 종교적이거나 독재적이었다. 가장 최근에는 포퓰리스트가 '민의'에 호소해서 더 직접적으로 민주적이 되었다. 그러나 가장 최근의 움직임은 퇴보도 아니고 진보도 아니다. 국가의 이익이 그들 자신의 이익이 되게 하는 하나의 사고방식으로 되돌아가는 것이다. 그 사고방식은 한 사람으로 상징되기도 한다. 그들은 우리가 그들의 생각이 유일하게 중요하다고 여기길 바라고, 그들이 '민의'를 추구하면서 하는 일은 무엇이든 정당하다는 신화를 믿길 바란다. 결국 실패에 대해 설명하거나 변명하거나 심지어 인정할 필요가 없다. 그들은 단지 신화일 뿐이고, 그들의 지지자들은 그들이 새로운 현실을 이해하는 모든 사람들에게 받아들여질 거라는 생각에 의존한다.

하라리가 주장하는 바와 같이, 우리는 사회를 포함해 존재하지 않는 것들이 어떻게 기능할 수 있는지 이해할 수 있도록 신화를 만든다. 공정성을 신화로 생각하더라도(과학적 증거에 따르면 이것이 하라리가 상상한 현실보다 훨씬 더 현실적이다) 그것은 정치를 퇴보시키려는 독재자 리더들이 생각해낸 것들보다 더 신화는 아니다. 그리고 누구도 더 큰 공정성을 추구하다가 감금되거나 '사라지지' 않는다는 점에서도 더 낫다.

물론 포퓰리스트들의 코로나바이러스(능력과 준비보다 허세와 자신감이 이길 여지가 적은 질병이다) 대응 참패로 유권자의 측면 눈가리개가 제거되었다. 그러나 바이러스가 경제에 미친 영향만큼 이것이 2020년 11월 도널드 트럼프의 패배 원인은 아니었던 것 같다. 어떤 곳에서, 어떤 것들은 절대 바뀌지 않는다.

공정성과 바이러스

모든 것이 무너져 내리고 중심을 유지할 수 없다
세상에는 무질서만 남았다
핏빛의 조류가 흘러와 모든 곳으로 퍼지고
결백의 의식을 삼켜 버렸다
가장 좋은 사람들은 신념이 없고 가장 나쁜 사람들은
격정적인 열정으로 가득하다
— 윌리엄 버틀러 예이츠(William Butler Yeats, 「재림The Second Coming」)

코로나바이러스가 전 세계적으로 사회에 명백한 위협이 되었을 때, 억압받는 사람들을 해방시키겠다는 약속으로 정권을 잡은 정치 지도자 중 일부는, 갑자기 전례 없는 방식으로 사람들의 자유를 축소해야 한다는 사실을 깨달았다. 물론 일부는 브라질의 자이르 보우소나루Jair Bolsonaro처럼 의료계가 충고하는 대로 행동하기를 거부했다. 코로나19의 세계적 대유행으로 브라질에서 얼마나 많은 사람이 죽었는지 여전히 알 수 없다. 하지만 수천 명 이상이 필요 이상으로 죽었다. 우리가 확실히 알게 된 한 가지는 사람들이 '초과 사망' 개념을 받아들이기 힘들어한다는 사실이다(우리는 동시대 시민 또는 우리 자신의 '정상적인' 사망률도 생각하고 싶지 않다). 하지만 우리는 코로나 성적표에서 1위라는 의미가 무엇인지 이해하고 있다.

도널드 트럼프의 미국, 보리스 존슨의 영국, 마테오 살비니Matteo Salvini의 이탈리아, 보우소나루의 브라질처럼 포퓰리스트 정권 국가는 모두 불행한 왕관을 차지하기 위해 경쟁했다. 더 전통적이고 조심스러운 행정부가 있는 국가들, 즉, 앙겔라 메르켈의 독일, 문재인의 남한은 그들 국민에게는 다행스럽게도 코로나 사망자 순위표의 아래쪽에 있었다. 공정성의 고향 뉴질랜드는 바이러스를 성공적으로 억제해 2020년 12월 초까지 코로나 사망자가 21명에 불과했다. 이 이전의 식민지보다 인구가 14배 많은 영국은 사망자 수가 그 2,240배에 달했다. 미국은 뉴질랜드 인구의 67배지만 희생자 수는 10,000배 이상 많았다.

미국과 영국의 미디어는(다른 문제에 대해서는 개와 같은 충성심을 보였던 일부 미디어까지도) 재난 대응에 있어 존슨과 트럼프의 무능력을 비난했다. 보우소나루의 경우에는, 국가의 가난과 사회적 불평등도 일부 영향을 미쳤겠지만, 논평자들이 불균형적으로 많은 사망자 수에 대해 비판한 이유는, 국민의 격리가 필요하다는 사실을 그가 고집스럽게 받아들이지 않았기 때문이다. 선동적인 미사여구로 권력을 손에 쥔 지도자들은 말이 바이러스는 죽일 수 없음을 깨달았다.

모든 사람이 세계화를 좋아하지는 않는다. 해외여행이 쉬워진 건 분명 코로나바이러스의 세계 관광을 도왔다. 그러나 협력적으로 운영된 세계는 전 세계적 유행병 초기에 예측했던 것보다 초기 백신과 질병 치료제를 더 잘 생산했다.

코로나19는 수십 개 국가에서 많은 인명을 앗아가기 시작했다. 〈파이낸셜 타임스〉의 필립 스티븐스 Philip Stephens 는 말했다.

'국가가 돌아왔다. 세계화 만세. 코로나바이러스는 민주 정치를 새롭게 쓰는 중이다. 위기에서 벗어나는 길은 자유 민주주의에게 선택권을 제시할 것이다. 권위주의적 민족주의와 국가 간 협력에 기반한 열린 세계 질서 사이에서 무엇을 선택할 것인가.
코로나바이러스 타도에 대한 최종 청구서는 엄청난 금액을 요구할 것이다. 언젠가는 그 부채를 갚아야 할 것이다. 하지만 다행스럽게도, 정부, 사기업, 시민 각각의 책임에 대해 합리적으로 논의하고 균형 재조정을 거칠 것이다.'[90]

스티븐스는 대응 과정에서 인간을 통합시킨 우리의 마지막 대규모 재난과의 유사성을 지적했다.

'2008년의 금융 시장 붕괴는 변화의 기회를 잃어버렸음을 보여 줬다. 결과는, 거세지는 대중의 불만과 우파와 좌파의 성난 포퓰리즘의 확산이었다. 코로나바이러스는 두 번 망설일 여지를 남기지 않는다. 가장 진보된 민주 국가의 유권자들은 취약한 의료 제도 안에서 작은 국가, 낮은 세율을 지향하는 경제학에 이념적으로 귀의한 대가를 치르고 있다. 자유 시장은 정치적 합의에 기초할 때만 장기적 미래가 있다.'

이 질병은 우리가 수많은 방법 중 어떤 방법으로 서로 관계를 맺는지 재평가할 기회를 제공했다.

봉쇄 조치에 들어가고 심각한 경제적 피해의 결과를 감수하겠다고 자처함으로써, 우리는 질병에 가장 취약한 사람들을 보호하기 위해 막대한 희생을 치를 준비가 되어 있다고 말했다. 하지만 그들이 심각한 질병으로 고통 받는 노인들과, 임상적으로 비만한 사람들로 밝혀졌을 때, 덜 관대한 세계관을 가진 사람들은 그런 사람들은 어쨌든 오래 살아남지는 못했을지 몰라도 스스로 관리할 기회는 있었다고 말할 것이다. 또는 좋지 않은 식습관이 건강을 위협한다는 경고를 무시하지 말고 더 잘 알았어야 했다고 말할 것이다. 세계가 그런 세계관을 선택하지 않은 건 우리의 공정성 감각이 생명을 금전적 가치 이상으로 중시한다는 사실을 시사한다. 미래의 역사가들은 어쩌면 이를 나약함과 쇠퇴의 징후로 볼 수도 있다. 이 대응을 얼마나 오래 기억하는지는 두고 볼 일이다. 식당에서 청구서 금액이 예산을 초과할 때는 가장 맛있었던 식사의 맛을 기억하기 어려울 수 있다.

하지만 코로나바이러스에는 훨씬 더 중요한 뭔가를 상기시켜 주는 게 내재되어 있다. 그래서 우리가 보려고만 하면 기념비적으로 유용한 도구다. 우리는 그 영리함에도 불구하고 앞날이 희미한 종이다. 종종 우리는 우리가 무엇이고 어디에 있는지에 대해 물리적, 화학적, 생물학적 현실을 능가했다고 생각한다. 협력과 경쟁을 동력원으로 삼아 공정성이라는 윤활유를 바르고 기계를 돌려서 우리는 우리 조상들이 상상도 할 수 없던 것들을 성취했다. 우리는 해야 하기 때문이 아니라, 할 수 있기 때문에 불가능한 일을 한다. 결과적으로 우리는 마치 생명의 위대한 경쟁 규칙이 이제는 우리에게 적용되지 않는 것처럼, 우리 자신을 어떤 것에도 제한받지 않는 존재로 본다.

우리는 우리만 가치가 있다고 생각하기 시작했다. 과거에는 종교가 우리보다 큰 무엇, 즉, 자연(물론 인간은 인간이기 때문에 그에 대한 이야기를 만들어 신 또는 신'들'로서 인간의 형태를 부여해야 했지만)이 있다는 사실을 일깨워 줬다. 그러나 우리는 이제 자연을 이해하고, 물리학과 화학과 생물학 법칙(기록하고 종종 개정한)이 있기 때문에 자연이 우리에게 압력을 가한다고 생각하지 않는다. 수렵 채집인일 때 우리는 다른 구성단위에 맞서는 구성단위로 존재했고 나머지와는 협력하기 시작했다. 또 도시 국가로 존재하면서 다른 구성단위에 맞서는 구성단위로서 나머지와 협력하기 시작했다. 민족 국가 때도 마찬가지였다. 우리는 이 시점 이후 경쟁자를 찾지 못했지만(비록 우리는 여전히 경쟁할 의향이 있지만) 그게 문제다. 우리는 '다른 구성단위'보다 항상 더 큰 위협이 있음을 잊었다. 이것은 다른 구성단위(지구상의 다른 모든 종)도 똑같이 직면하는 위협이다. 우리는 물리적으로 위협이 되는 거의 모든 존재들을 죽이거나 길들였고(종 차원에서 호랑이와 곰과 악어는 이제 위협이 아니다) 많은 생물학적 위협을 길들이는 데 화학을 사용했다. 그러나 모두에게 그러진 않았다.

코로나바이러스는, 우리보다 훨씬 더 작긴 하지만 우리보다 더 큰 뭔가가 있다는 사실을 상기시킨다. 또 불공정성에 대한 혐오와 공정한 행동에 대한 보상 시스템을 발달시킨 이유를 상기시킨다. 그 이유는 생존을 위한 싸움에서 중요한 게 바로 협력자이기 때문이다. 그래서 우리는 경쟁하면서도 나머지 존재와는 협력해야 한다. 그리고 진짜 적을 기억하고 인식해야 하듯이 우리의 협력자도 기억하고 인식해야 한다.

세계 보건 기구의 코로나바이러스 특별 조사 위원 데이비드 나바로David Nabarro 박사는 이렇게 말했다.

'저는 우리가 이 사실을 기억하길 바랍니다. 우리는 힘을 합쳐야만, 경쟁하지 않고 협력해야만 어려운 순간을 이겨낼 수 있습니다.'

인간관계에서의 공정성

저는 평등을 바랄 뿐입니다, 우리 모두를 위한 평등을요.

지금의 저울은 균형을 잃고 불공정하게 맞춰져 있습니다.

내 아이들과 손주들에게는 공정한 상황이 주어지길 바랄 뿐입니다.

— 패트릭 허치슨(Patrick Hutchison,

'흑인의 생명도 소중하다' 시위 참여자.

2020년 6월 런던 시위에서 맞아 죽을 위기에 처했던

반대편 극우 시위자를 왜 구했냐는 질문에 대한 답변)

공정성과 타인

이 책의 첫머리에서, 우리가 우리 자신에 대해 알 수 있는 가장 중요한 것은 다른 사람들과의 관계에서 서 있는 위치라고 말했다. 우리는 생존을 위해 피와 유전자로 묶인 사람들에게 의지한다. 또한 여전히 우리의 수렵 채집인 조상들처럼 살고 있는 몇천 명의 사람들을 제외하고, 함께 집단이나 국가를 구성하는 사람들에게도 의지한다. 우리는 국가를 좋아하지 않을 수도 있다. 국가를 좋아하지 않는 사람들은 많다. 그들 중 많은 수는 그 밖에 다른 사람들도 좋아하지 않으며 심지어 가족도 좋아하지 않는다. 그러나 유감스럽게도 국가를 싫어한다고 해서 국가에 의지하지 않고 살아갈 수는 없다. 우리는 국가에 의존적이기 때문에, 국가가 우리와 우리가 더 직접적으로 의존하는 다른 사람들을 향한 공정성에 책임을 지게 해야 한다. 작은 집단은 단순히 친척일 수도 있지만 우리가 사랑, 돈, 차 열쇠 찾기 외에도 여러 가지 이유로 의존하는 집단을 의미할 수 있다. 독창성까지 주장하지는 않겠지만, 우리의 관계가 거시적, 미시적으로 변할 때 가족과 국가 그리고 이 중간의 관계가 더 중요해진다는 것이 내 견해다. 이것이 우리가 전례 없는 시대를 사는 이유 중 하나다. 우리는 의견과 취미, 성적 취향을 공유하는 더 많은 사람에게 의지할 수 있다. 왜냐하면 그들은 우리의 대의를 위해 더 쉽게 동일시하고 결집하기 때문이다. 그러나 생각이 비슷한 사람들을 포용하는 것의 필연적인 결과는 생각이 다른 사람들을 멀리하는 것이다. 공정성은 우리가 다른 사람들의 이익을 고려할 것을 요구한다. 하지만 그렇게 한 기간이 너무 길어져서, 이제 다른 방향으로 가고 있는 듯하다.[91]

세상에는 많은 '타인'이 있고 언제나 있었다. 우리 종의 신중한 성질('타인'에 관해서라면 모든 종 중에서 특히 그렇다)은 타인이 스스로 적이 아님을 입증할 때까지 의심한다. 겉으로 환영하는 의심(1620년 메이플라워호를 타고 미국으로 간 영국인들이 케이프 코드의 포카노켓 사람들로부터 겪었던 것처럼)부터 노골적인 적대감까지 타인에게 보이는 반응은 다양하다. 폭력적이고 비우호적인 인도양의 노스센티널 섬 거주자들은 해안 가까이 접근하는 모든 사람에게 노골적인 적대감을 드러냈고, 아주 오랜 기간 그들의 석기 시대 무기 반경 안으로 들어온 거의 모든 사람들을 죽이거나 다치게 했다.

인류가 점점 이동하기 쉬워짐에 따라 우리는 경험 공유를 통한 공통점이 많지 않은 사람들과 국가와의 관계를 공유한다. 그 경험에는 문화(무엇을 의미하든), 즉 종교적 신앙, 정치적 신념, 가족, 공동체, 사회 내의 행동 규범, 스포츠에 대한 충성심, 예술 선호도, 음식이나 음악, 가정용 직물 제품에 대한 취향 등이 있다. 이 모든 것들은 수십 개의 다른 민족적 배경 출신인 국민들이 있는 국가에서 다르기 쉽다. 그러나 공유된 경험만이 사람들의 공통점을 나타내는 게 아니다. 예를 들면, 우리는 모두 전방 뇌섬엽을 갖고 있다. 우리에게는 모두 불공정성을 느끼는 감각이 있다. 공정성이 느껴지는 뇌 부위도 있다. 그것이 인간의 공통 요소라면 어떤 인간 집단이든 손가락과 발가락 수를 공유하듯 그 감각을 공유한다. 그렇지 않은가?

2015년 미국 심리학자들의 연구에 따르면, 공정성(불공정성과 달리)은 국가적 또는 문화적 차이가 있다. 심리학자들은 캐나다, 인도, 멕시코, 페루, 세네갈, 우간다, 미국 출신의 아이들을 대상으로 최후통첩 게임과 유사한 실험을 실시했다. 아이들이 불공정한 거래에 반대하기 시작하는 나이는 4세에서 15세 사이로 다양했다. 하지만 캐나다, 미국, 우간다에서는 더 나이 많은 아이들이 자신에게 '유리한 불공정'에도 반발했다. 실험에서 파트너보다 더 달콤한 것을 제공하는 거래 제안을 거절했던 것이다. 과학자들은 향후에 일어날 일을 우려해서 왜 국가 간에 차이가 있을 수 있는지에 대해서는 설명하기를 거부했다.

그러나 이것은 과학일 뿐이다. 본능은 어떤가? 본능은 우리가 자주 불공정성을 느끼는 지점이다. 우리 자신을 위해 느끼는 것만큼 갈수록 타인을 위해 느끼는 듯 보인다. 젊은 세대는 특히 정의와 공정성의 렌즈로 문제를 바라보고 있고, 일터에서도 점점 더 그런 태도를 보이고 있다. 나는 젊은 기자들이 일에 쏟는 열정이 감격스러우면서도 무섭다고 말하는 언론계 고위급 인사들을 셀 수 없을 정도로 많이 봤다.

영국에서 가장 큰 지역 신문 중 하나의 편집자는 작년에 내게 이런 말을 했다.

'젊은이들은 기후나 인종 같은 문제에 사적인 입장과 공적인 입장을 구분하지 않아요. 세상을 좌우가 아니라 옳고 그름의 관점에서 봅니다.'

'흑인의 생명도 소중하다' 운동은 조지 플로이드의 죽음이 그 사안을 펄펄 끓이기 전부터 이미 서서히 끓고 있었다. 흡사 코로나바이러스처럼 세계 민주주의 국가의 모든 정부는 이제 인종적 요소가 있을 수 있는 정책에 내포된 의미를 열심히 생각해야 한다. 새로운 세대의 시위자들은 과거조차 질서를 위협하는 것으로 본다. 세부 사항에 집착하지 않고 상황을 점점 더 모호하지 않게 보는 듯한 세대에 의해, 역사는 수정되는 것으로부터 안전하지 않고, 미래는 발생하는 대로 쓰일 것이다.

공정성을 위해 싸우고 혐오 없는 담론이 가능한 세상을 이끌고 싶은 사람들에게 이 현상은 좋은 것인가, 나쁜 것인가? 사실 확인자와 사실 기록자의 역할을 시작할 때, 그리고 그 사실에 대한 논쟁 중일 때 편견과 이념을 버릴 수 있는 기자가 필요한가? 아마 사안에 따라 다를 것이다. 인종 차별은 불공정성이 정제된 본질이다. 특히 제도적이고 아무 의심 없이 받아들여지거나, 더 나쁘게는 우생학과 같은 사이비 과학에 뒷받침될 때 그렇다. 당신은 외모나 속해 있는 집단을 기준으로 다른 사람에게 어떤 마음을 부여하거나, 다른 사람들의 나쁜 의도를 추정하는 사고방식에서 공정성을 찾기를 바랄 수 없다. 편견의 어깨에는 무지와 증오가 있고 그 뒤에는 폭력이 있다. 그 모두의 뒤에는 정말 나쁜 사람들이 있다. 질서의 붕괴에서 이익을 추구하기 위해 사람들의 마음을 뒤흔들고 앞에서 폭력을 가하게 한다. 혼돈을 설계하는 자들에게 있어서 공정한 사고를 하는 사람들은 적이다. 따라서 인종 차별에 맞서는 모든 것은 공정성의 편이다.

그렇지만 공정하다는 것의 의미는 상호 간 경쟁뿐만 아니라 협력하는(그리고 같이 사는) 방법을 찾는 것이지, 다른 집단에 그들이 틀렸다고(또는 실제로는 그렇게 생각하지 않으면서 그들이 옳다고) 말하는 게 아니다. 공정성을 고취하는 방법은 불공정을 물리치는 게 아니라 공통된 의견에 도달하는 것이다. 우리를 가장 달라지게 하는 행동은 언쟁 대신 이념과 문화가 만나는 지점을 보여주고 이야기하는 것이다. '꽃의 힘 Flower Power'을 생각해 보라. 그 사진은 퓰리처상 후보에 오른 것으로, 베트남 전쟁을 반대하는 시위자가 주 방위군 병사의 M-14 소총 총구에 꽃을 꽂는 모습이 담겨 있다. 아일랜드공화국군의 총잡이이자 신페인당의 활동가 마틴 맥기니스 Martin McGuinness를 생각해 보라. 북아일랜드 합병을 지지하는 테러의 편협한 후원자, 이언 페이즐리 Ian Paisley 목사와 함께 북아일랜드 의회의 위원으로 선출되었을 때, 두 사람은 서로의 크리켓에 대한 애정을 공유했다. 천안문 광장 근처에서 자신의 쇼핑백으로 탱크 행렬을 막은 외로운 시위자를 생각해 보라. 이 장의 맨 앞에서 인용한 패트릭 허치슨의 시위 현장 사진을 보라. 그는 2020년 여름 런던 중심부에서 인종 폭동 도중 극우 활동가를 안전한 곳까지 데려다줬다.

공정성은 적개심이 관용이 되는 곳에 있다. 그리고 다른 사람들 속에 있다.

사랑, 증오, 성별에서의 공정성

> '행복한 가정은 모두 비슷하지만, 불행한 가정은 저마다의 이유
> 로 불행하다.'
>
> — 레오 톨스토이 Leo Tolstoy, 『안나 카레니나』

안나 카레니나의 첫 문장은 세계 문학에서 가장 많이 인용되는 문장 중 하나다. 하지만 사람들이 문장의 앞부분보다 뒷부분에 훨씬 더 관심을 기울이는 것이 이상해 보인다. 물론 나는 신문사 출신이므로, 나쁜 뉴스가 좋은 뉴스보다 신문을 더 잘 팔리게 하고 소설에서도 분명 그럴 거라는 사실을 알고 있다.

그러나 우리가 잠시 상업적인 측면은 무시하고 '행복한 가정은 모두 비슷하지만'에 대해 생각해 본다면 왜 그럴까? 단일 패턴을 따르는 행복의 역학은 무엇일까?

처음 이야기하는 건 아니지만, 우리 종이 처음 출현했을 때부터, 어떻게 행동했는지를 상세히 아는 시점까지 어떻게 진화했는지 알면 엄청나게 도움이 된다. 현존하는 수렵 채집인 부족을 연구하고 그들의 행동으로 인간의 역사를 추정하는 것을 모든 인류학자가 유용하게 여기지는 않는다. 하지만 나미비아 사막의 산족이나 오스트레일리아 미개간지의 토착민, 베네수엘라 아열대 사바나의 시리코노메푸메 Ciri Khonome Pumé 부족과 같은 집단들은 주거 환경이 다르더라도 일부 공통된 요소가 있다. 그 요소들의 공통성은 그들이 오늘날 발견되는 곳에 사람들이 각각 도착(푸메는 아마 10,000~15,000년

전, 오스트레일리아 토착민은 약 65,000년 전, 산족은 27,000~30,000년 전이다)하기 전에 먼저 형성되었을 가능성이 있음을 의미한다.

공통 요소는, 수렵과 채집을 할 때 함께 움직이는 작은 가족 단위의 무리가 많이 존재한다는 것이다(인구가 더 많은 지역에서 이 가족 무리들은 씨족, 즉 한 남성이나 여성의 자손이라고 주장하는 사람들이나 씨족의 집합체처럼 더 큰 집단으로 합쳐질 수 있다). 그리고 세습과 혈통을 주장하는 근거로서 어느 한 성을 선호하는 쪽으로 편향된다는 것도 공통 요소다. 그렇게 주장하는 이유는 번식(근친상간 기피)과 유산(땅) 때문이다(예를 들어 산족은 '모계'에 가깝고 오스트레일리아 토착민은 부계인 경향이 있다). 또 성별에 따라 노동을 구분한다. 대개 여성은 정착지 더 가까이에서 식량을 채집하며 아이를 돌봤고(공동 활동인 경우가 많았다) 남성은 사냥에 참여하고 더 먼 거리까지 고기를 찾아다녔다. 논란의 여지는 분명 있지만, 이것은 노동 구분에서 나온 전문화로, '호모 사피엔스'가 네안데르탈인을 포함한 '호모'의 다른 종보다 우위에 설 수 있게 했다는 강력한 학설이 있다.

가능성은 적어 보이지만, 우리 조상들이 모두 평등주의적 성향을 보였다면 이 공통 요소 각각은 그들이 엄격한 평등보다는 의무, 권리, 세습의 공정한 할당 성향을 보였음을 시사한다. 일부 씨족 또는 심지어 가족이 자손에게 재산이나 땅을 물려줬다는 증거가 있고 이것은 시간이 흐르면서 신분 차이가 생길 수 있음을 뜻하지만, 그런 일이 일어났더라도 작은 범위의 '부' 또는 신분에 국한되었다. 먼 조상들 사이의 가장 중요한 관계(번식 및 식량 공급)는 분배와 성질 측면에서 본질적으로 동등하게 유지된 것으로 보인다.

요컨대 우리 종의 역사 중 95% 기간 동안 우리가 명백하게 평등주의적으로 행동했다는 흔적이 있다(우리가 아마도 현재의 관계 형태보다는 초기 호미닌의 훨씬 더 오래된 본성에 가깝게 행동한 시기다). 우리는 우리 종의 명백하게 둘로 나뉜 성질의 균형을 이루는 방법을 찾았다. X 염색체 두 개를 가진 사람들과 X, Y 염색체를 가진 사람들 사이, 많은 자식의 아버지가 될 수 있었던 사람들과 비교적 소수의 자식에게만 어머니가 될 수 있었던 사람들의 이익 사이의 균형이다.

그때부터 지금까지 수천 년 동안 인간은 다양한 의식, 신념, 법을 도입했다. 그 과정에서 거의 항상 남성에게 유리한 쪽으로 이익의 균형이 서서히 무너졌다. 협력은 더 복잡해졌고 경쟁도 마찬가지였으며, 가족 내에서의 협력이 외부 압력의 지배를 받게 되었다. 그런 흐름 속에서 최근 몇 세대에 이르러서야 비로소 개인이 각자의 권리를 누릴 수 있게 되었고, 이는 수렵 채집인식 평등주의 본능의 후퇴로 볼 수 있다. 그러나 일단 그런 일이 일어나자 사람들이 동반자를 선택할 때, 짝짓기 상대와 더 폭넓은 '씨족'에 자신이 어떻게 기여할지 선택할 때, 개인의 권리가 적용되기 시작하기까지는 시간문제일 뿐이었다. 동시에 우리는, 보편적이지는 않지만 관계가 내부적인 압력(예를 들어 사랑)을 희생하며 외부 압력(예를 들어 결혼, 이성애)의 지배를 받아야 한다는 생각을 차츰 깨부숴 갔다. 그렇게 우리는 옳고 그름의 생각에서 벗어나 선택의 자유를 공정하게 적용하는 쪽으로 조금씩 나아갔다.

일부 서구 사회에서 이 현상이 일어난 속도는 믿기 어려울 정도였다. 예를 들어 아일랜드에서는 가톨릭교회에 의한 사회 규제의 통제력이 4년 동안 무너졌다. 과반수 득표로 동성 결혼이 허용되었고(2015), 국가 헌법에서 낙태 반대 조항이 폐지되었으며(2018), 1995년이 되어서야 합법화된 이혼에 관한 법률이 완화되었다(2019). 이러한 사고방식의 변화는 권력 기관에 의한 제약의 댐 뒤에 쌓인 압력이 반영된 것이었다. 더블린의 대주교조차 2015년 투표를 '사회 혁명'의 징후라고 묘사했다.

그러나 그것은 서로에 대한 태도의 급격한 변화를 상징한다. 이 많은 변화는 보수적인 생각을 가진 사람들뿐만 아니라 그 변화들을 따라잡으려는 우리의 본능이 느끼기에도 너무 빨리 일어나고 있는 것 같다. 따라서 모든 사람이 개인적인 양심, 자유, 사랑을 원하는 대로 표현하도록 허용하는 것에 타고난 공정성을 칭송해야 하지만, 본능이 더 먼 과거와 계속 연결되어 있는 사람들에 대해서도 생각해야 한다. 수백 년에 걸쳐 발달한 인간관계에의 접근법을 여전히 편안하게 느끼는 사람들에게도 공정성이 확대되는가? 영국과 미국 같은 국가들에서는 그렇지 않다는 느낌이 커지고 있다. 사회의 일부 구성원을 불쾌하게 하는 행위를 피하기 위해 성별을 묘사하는 언어 사용을 조정하라는 사회에 대한 압력도 커지고 있다. 이것은 합의와 이성에 의한 담론의 공급이 극도로 부족한 분야다. 언어를 검열하는 수고보다 공감을 끌어내는 것이 더 인간적인 접근법이 아닐까? 이 문제에 대한 비결은 당연히 공정성의 가까운 사촌, 관용이다. 이 '사회 혁명'이 뭔가를 의미한다면, 개인의 자유를 더 엄격하게 제한하는 사회 안에서 살아온 사람들이 관용과 이해의 균형을 찾으려고 노력하고 있음을 의미할 것이다. 그리고 한 세대가 지나는 사이에 그들 자신의 믿음이 '잘못된' 것처럼 느끼지 않도록 하는 것이다. 설득력 있는 충분한 교육과 왜 '그래야 하는지' 설명하는 의사소통만 있다면 사람들이 사고의 변혁을 받아들일 거라고 기대해도 좋다.

모든 사람에게 공정성이 적용된다고 말할 필요는 없지만, 사람들이 자기 자신을 어떻게 생각하든 누구도 성별 또는 성적 취향, 또는 표현 때문에 괴롭힘을 당해서는 안 된다. 이런 점에서도 우리는 12,500년 전 농업 혁명 이후에 살았던 사람들보다 수렵 채집인 조상에 더 가깝다. 선사 시대의 조상들이 서로에게 어떻게 행동했는지는 알 수 없지만, 한 성별을 다른 성별이 억압하는 행동은 우리가 아는 그들의 근본적으로 평등주의적인 생활 방식과는 맞지 않았을 것이다. 또 실용적이지도 않았을 것이다.

공정성의 균형은 일반적인 관계부터 사적인 관계까지 인간관계에 대단히 중요하다. 한쪽은 사랑이 과도하고 다른 쪽은 부족하면, 또는 양쪽 다 부족하면 관계가 잘못되기 쉽다. 경제적으로든 감정적으로든 성적으로든, 한 사람은 너무 많이 기여하고 다른 사람은 너무 적게 기여하면 관계가 약화된다. 가족의 구성원 중 하나가 다른 구성원들에게 진실을 숨길 때(또는 때때로 눈치 없이 너무 솔직할 때) 관계는 실패한다. 행복의 스펙트럼에서 균형을 잃을 때 일이 잘못된다. 사람들은 너무 열심히 하거나 충분히 열심히 하지 않을지 모른다. 배우자나 자녀가 숨이 막힐 정도로 너무 충실하거나, 불안정하고 취약하다고 느낄 정도로 충실하지 않을지 모른다. 많은 아이가 부모가 제공하는 친절함이나 불친절함, 관심의 양과 성질에 놀랍도록 민감하고, 그것은 아이의 삶 전반에서 정신을 훼손하거나 강화하기에 충분하다. 삶에서 중도를 찾는 데 어려움이 없다면 심리학자들은 일자리를 잃을 것이다.

가족도 공장이다. 생산량은 주거, 행복, 건강, 유머 등 백만 가지 다른 생산물 측면에서 측정된다. 투입량은 거의 시간으로 측정된다. 나는 누군가 행복한 가족과 불행한 가족의 비율을 측정하려 했을 거라고 생각하지 않는다. 특히 행복은 경우에 따라 다르기 때문이다. 그러나 관계에서 사람들을 행복하게 하는 것을 연구함으로써 그만큼, 어쩌면 훨씬 더 많이 배울 수 있음에도, 사람들을 불행하게 하는 것에 집중하는 것은 이상하다는 점을 인정해야 한다.

처음으로 이 생각을 건강에 적용한 전 미국심리학회 회장, 마틴 셀리그먼 Martin Seligman은 물었다. 왜 우리는 건강한 사람이 아니라 아픈 사람을 연구해야 하는가? 셀리그먼은 사람들을 건강하게 하는 것 중 하나가 낙관론임을 알아냈다. 낙관론자는 더 많은 친구, 더 건강한 면역 체계, 훨씬 더 낮은 스트레스 수준을 가지는 경향이 있다. 중세의 의사들은 셀리그먼의 행복 진단에서 공통점을 많이 찾았을 것이다. 우리 조상들 중 건강하고 행복한 사람은 우리의 생리를 지배한다고 생각했던 '기분' 사이에 균형이 있는 사람이었다. 앞에서 본 것처럼 공정한 대우를 받는 것은 우리를 행복하게 할 가능성이 크다. 불공정한 대우는 그 반대다.

가족은 중세 정신이 개인에게서 발견한 것과 비슷한 성질을 가질 수 있다. 실용성과 경솔함, 남성성과 여성성, 유치함과 성숙함, 절약과 사치, 재미와 야망 사이의 균형이 그들을 행복으로 이끈다. 무엇보다도 사람들 사이의 관계에는 자신과 타인의 균형이 필요하다.

가족이 인생의 다른 측면과 다를 수 있는 부분은, 적어도 경쟁하는 힘 사이의 조화를 추구할 필요성에 따른 경쟁과 협력의 균형에 있다. 젊은 세대가 더 나이 많은 사람들과 경쟁하는 건 분명 자연스럽고 필요한 일이지만(이집트 창조 신화의 근본적인 교훈은 젊음의 에너지와 노년의 지혜가 균형을 이룰 필요성에 대한 것이다) 동반자 사이의 경쟁은 보통 비정상적이다. 유전자를 물려주는 것을 포함하는 관계에서, 가족 단위를 개인보다 '단위로서' 더 중요하게 생각하는 건 유전적으로 영향을 받아서일지도 모른다. 이는 우리가 담 안보다 담 밖의 세계와 맺는 관계에서 협력과 경쟁의 균형이 발견되어야 함을 의미한다.

그러나 그것은 현대 사회, 특히 서양에서 부부간의 가사일 분담 문제로 계속되는 공정성 논쟁을 무시하는 것이다. 한 성별만 노동 행위와 출산을 할 수 있을 때 행동에 대한 책임과 권한의 균형을 어떻게 이룰 수 있을까? 고용 권리 법률 제정으로 부부가 부모의 역할에서 기회와 의무를 나누는 것이 더 쉬워졌다. 그러나 자연이 우리를 흐릿한 선으로 나눌 때 성별 간에 적용했던, 인간으로서 우리 사이의 분배를 공정하게 조화시키는 방법을 알아낼 필요가 있다.

신앙에서의 공정성

'이 땅 위에 사는 인간에게 현재의 삶이란, 아 왕이시여, 우리가
알지 못하는 때와 비교하게 되며, 언젠가 왕께서 겨울에 저녁을

먹기 위해 벌꿀술 연회장 **mead-hall**에 들더면, 근시 무사들과 앉아 계실 때 연회장을 가로질러 빠르게 날아가는 참새와 같습니다. 불이 한창 타오르고 연회장이 따뜻해지는 동안 밖에는 비나 눈을 퍼붓는 겨울 폭풍이 맹위를 떨치고 있습니다. 참새는 한 문으로 날아들어 즉시 또 다른 문으로 나가는데, 안에 있는 동안은 겨울 폭풍에서 안전하지만 잠시 맑은 날씨인 곳에 있다가 곧바로 시야에서 사라집니다. 겨울에서 다시 겨울로 이동합니다. 따라서 인간의 이런 삶은 잠시 보일 뿐, 무엇이 올 것이고 무엇이 갔는지 보이지도 않고 알 수도 없는 것입니다.'

— 가경자 비드 **Venerable Bede**, 『영국민의 교회사』

기독교의 비전을 찬미하며 나날을 보낸 수도사인 비드는 우리에게 삶이 무엇인지, 그리고 삶에서 무엇을 기대할 수 있는지 우울한 이미지를 공정하게 제공한다. 알 수 없는 이전과 알 수 없는 이후의 삶이다. 하지만 소설가 줄리언 반스 **Julian Barnes**가 지적한 것처럼 자존감 있는 참새라면 가능한 한 오래 벌꿀술 연회장의 서까래에 머물 것이다. 어쩌면 그게 우리가 하는 일일지도 모른다. 쫓겨날 때까지 주위의 광경과 냄새를 즐기며 따뜻한 곳에 앉아 있을 것이다.

종교는 특정 방식으로 행동하도록 하는 여러 가지 장려책을 제공한다. 물론 신앙마다 우리에게 원하는 행동('자신을 억제'하는) 방식에 차이들이 있다. 그러나 결국 조직화된 종교는 대부분 우리가 시키는 대로 하기를 원한다. 가끔 어떤 교리가 갑자기 튀어나와 사람들이 그들의 종교가 무엇인지 끊임없이 스스로 알아내야 한다고 암시하지만, 일반적으로는 일부 규칙이 정해져 있고 일종의 개입이 의무적이다.

앞에서 봤듯이 다양한 종류의 신앙은 어렴풋한 공정성을 제공하며, 옳은 일을 하는 것을 지지한다. 하지만 옳은 일이 무엇인지 세부 사항이 일반적이지는 않다. 문제는 좋고 큰 생각에 대한 인간의 해석에 굉장함을 칭찬하기보다 선량함을 방해하는 습성이 있다는 것이다. 기독교와 이슬람교는, 좋고 큰 생각이 항상 그렇듯 정치와 뒤얽혀 있다. 이 두 종교에 전통과 유산을 빚지고 있는 오늘날 세계의 큰 띠 모양의 구역을 보면, 큰 생각의 실행과 정부의 실행이 분리된 곳을 찾기가 어렵다. 신정 국가가 많다고 말하는 건 아니다. 사실이 아니기 때문이다. 그러나 우리가 우리 자신을 어떻게 보는지 많은 부분이 믿음의 언어로 표현된다. 예를 들어 스페인, 이탈리아, 아일랜드 같은 국가들에서 특정한 자유의 행사에 가톨릭교회의 영향력이 느슨해진 것은 최근의 일이다. 대표적인 자유주의 국가 중 하나인 영국에서 두 남자가 성관계를 맺는 게 합법화된 지 53년밖에 되지 않았다. 53년 안에 다른 어떤 공화정이 도덕적 열정으로 그걸 다시 불법화하기로 결정하지 않을 거라고 장담할 수 있을까? 우리는 가령 미국에서 종교가 정치 도구로 사용되는 방식을 보며 그런 일이 일어날 수 없다고 확신할 수 있을까?[92] 역사에서 배울 수 있는 한 가지는 우리에게 공정해 보이는 게 우리 조상에게 반드시 공정해 보인 건 아니라는 사실이다. 그들의 눈에 공정이었던 것들이 우리 눈에는 불공정처럼 보인다. 오늘날의 인권과 이전의 노예 제도를 생각해 보라.

내가 1970년대와 80년대 영국에서 자랄 때 당연하게 생각했던 한 가지는 내가 점점 더 비종교적인 나라에서 살게 될 거라는 사실이었다. 요즈음 나는 그렇게 확신할 수 없다. 덜 기독교적인 것은 맞지만 종교에 관심이 적어진 것은 아니다. 1989년 처음 방문했던 미국에 대해서도 한때는 같은 생각을 했다. 그러나 미국 정치의 장터 호객꾼이 손쉽게 국가의 급진적 과거(편협한 종교, 병정놀이에 대한 집착)의 씨앗을 주웠다는 사실이 지금은 그것을 의심하게 한다. 미국인들은 여러 측면에서 공정한 사람들이지만, 그들의 신이나 국가[93]에 관해 이야기할 때, 양보와 협력이 증발한 것 같을 때는 그렇지 않다.

영국 작가, 마틴 에이미스Martin Amis는 1995년 아버지 킹슬리Kingsley가 죽은 후 이렇게 썼다.

'중재하는 사람, 아버지, 아들과 죽음 사이에 서 있던 남자는 이제 여기에 없다. 더는 예전 같지 않을 것이다.'

종교는 수천 년 동안 인간을 위해 아버지 역할을 했다. 종교는 사람들과 그들의 최후 사이에서 중재하고, 의식하지 못하는 상태의 완전한 공백을 없앴으며, 그것을 무엇인가의 가능성, 아무것도 아닌 건 아닌 모든 것의 가능성으로 대체하겠다고 말한다. 나쁜 사람들을 좋게 만들려고 영원한 형벌로 협박한다. 좋은 사람들을 좋게 유지하려고 영원한 보상을 제안한다. 종교는 마케팅이 무엇인지 보여주는 기념비적인 것이다. 앞에서 언급했듯이 연옥과 지옥 개념은 그리스도의 가르침에 등장하지 않는다. 단지 영혼이 아닌 신체의 파괴에 대한 은유로만 나온다. 영원이라는 마케팅은 공정한 교환일 수 있지만 여전히 공정성으로 간주되지 않는다. 삶에 있어 공정한 접근법은, 모든 사람이 삶을 견디는 게 아니라 가장 잘 누릴 수 있도록 보장하는 것이다. 그래야 종교가 많은 사람을 위해 본질적이고 필수적인 역할을 할 수 있다. 공정성은 또한 상황이나 생각, 또는 말이 좋거나 나쁘거나, 둘 중 하나라는 주장을 제한하는 것도 포함한다. 빛, 색깔, 전파 송신, 인간의 행동, 인간 두뇌의 활동까지 모든 것은 스펙트럼 위에 있다. 가시적이고, 훌륭하고, 효과적이고, 유익하고, 생산적인 것은 양극단이 아니라 중간에서 발견되기 쉽다. 우리의 믿음은, 특히 중재자에 의해 만들어진 믿음은, 우리에게 일어날지 모르는 가장 나쁜 일과 가장 좋은 일을 바라본다. 하지만 우리에게 가장 가능성 있는 운명은 참새들과 함께 저 위의 서까래에 앉아 있다.

삶에 대한 우리의 기대에서의 공정성

우리는 모두 죽음에 대해 공정한 경기를 펼치고 있다. 우리 중 일부는 몇 분 동안 살고 일부는 백 년 넘게 살지만 우리는 서로의 차이를 삶의 양이 아니라 질에서 본다. 어쨌든 양의 척도인 기대 수명은 다양한 국가가 성공을 측정하는 방법이 되었다. 기대 수명은 제2차 세계 대전이 끝난 이래로 거의 모든 국가에서 증가하고 있다. 1950년 세계 평균 기대 수명은 47세였다. 70년이 지난 후에는 73세보다 약간 더 길어졌다. 이것은 한 인간의 일생을 추가 수명으로 더

한 것과 거의 같다. 물론 나라마다 엄청난 차이가 있다. 오늘날 중앙 아프리카 공화국의 남자아이는 52세 생일을 맞을 때까지 사는 것을 예상할 수 있고 홍콩에서 태어난 여자아이는 88세까지 사는 것을 기대할 수 있다.

대부분의 나라에서 삶의 양은 증가해 왔다. 그러나 모두 그렇지는 않았다. 2015년 미국에서 평균 수명이 줄어들기 시작했기 때문이다.[94] 1959년 69.9년에서 2016년 78.9년으로 증가했던 미국 기대 수명은 2017년 78.6년으로 떨어졌다. 이러한 하락은 인간 사회에서 가장 생산적인 그룹인 25세에서 64세까지의 미국 성인 사망률이 증가한 탓으로 여겨졌다. 이는 약물 과다 복용, 알코올 중독, 자살, 당뇨병과 같은 기관계 질환 등 복합적인 요인 때문이었다. 삶의 양 감소는 잊어버리더라도, 이러한 원인들 중 어느 것도 더 높은 삶의 질을 말하지 않는다.

이 결과를 발표한 연구의 저자는 이유에 관한 질문을 받자 즉시 삶의 기초가 되는 가정과 더 넓은 국가 사이의 관계를 지적했다. 버지니아코먼웰스대학교 사회건강센터의 명예 이사 스티브 울프Steven Woolf 박사는 이렇게 말했다. '다른 국가에는 힘든 시기를 겪는 사람들을 위한 더 많은 지원 시스템이 있습니다. 그러나 미국에서는 가정이 어떻게든 알아서 버티도록 방치됩니다.'

하지만 지난 10년 동안 취약한 사람들을 위한 지원 시스템이 있는 사회가 꼭 더 잘한 건 아니라는 표지도 있었다. 2010년 영국은 세계 금융 위기의 경제적 피해를 회복하기 위해 '긴축' 기간에 들어갔다. 대응의 불공정성을 측정한 적나라한 통계가 있다면 이것이다.

2020년 영국의 기대 수명에 대한 결정적인 연구는 다음과 같은 사실을 보여줬다. 잉글랜드에서 가장 가난한 10개 지역에서 여성의 기대 수명은 2010년에서 2019년 사이에 실제로 0.3년 감소했다. 가장 부유한 10개 지역에서는 0.5년 증가했다. 저자인 마이클 마멋Michael Marmot 교수는 인터뷰에서 이렇게 말했다.

'20세기 초기부터 잉글랜드에서는 기대 수명이 계속 향상되었지만 2011년부터 이 향상이 현저하게 느려졌고 거의 멈췄습니다. 건강 개선이 멈췄다면 그것은 사회가 개선을 멈췄음을 의미하고, 건강 격차가 지속되고 사실상 증가했다면 그것은 사회에서의 격차가 증가하고 있었음을 의미합니다.'[95]

삶의 질은 수량화하기가 당연히 어렵지만 가장 많이 인용되는 척도는 아마 아마르티아 센Amartya Sen과 파키스탄의 경제학자 마붑 울 하크Mahbub ul Haq가 만든 UN의 인간개발지수Human Development Index 이다. 이것은 기대 수명, 교육, 1인당 소득 통계를 결합한다. 맨 위에 있는 국가 노르웨이는 0.95를 기록했다. 이는 맨 아래에 있는 국가 니제르, 0.40의 2.4배다.[96] 이 지수의 역사적인 버전은 약간 다른 관점을 제공한다. 1960년 노르웨이는 0.50을 기록했고 2019년까지 1.9배 증가했다. 그러나 니제르의 지수 점수는 1960년에 겨우 0.04였으므로 지수가 10배 증가했다.[97] 이 측정 기준은 현실을 반영하기에는 너무 어려울지도 모르지만 그 이동 방향은 확실하게 알 수 있다. 세계의 가난한 국가들이 믿을 수 없을 만큼 낮은 바닥에서 시작하고,

물론 여전히 엄청난 차이가 있지만 일부 건강, 부, 교육의 평준화가 이루어진다는 것이다.

이 수치들은 양을 나타낸다. 그렇다면 기대 수명의 질은 어떤가? 이 모든 것을 감안해 우리는 '호모 사피엔스'의 행동 방식과 그것이 모두에게 더 좋을 수 있는 방법에 대해 무슨 말을 할 수 있을까? 타인과 그들이 우리에게 하는 행동에 대해 우리는 본능적으로 어떻게 느끼는가?

공정성에 대한 정의와 심리학을 살펴봤을 때를 돌이켜 본다면, 내가 특히 공정성은 평등과 같지 않다는 사실을 보여주고 싶어 했던 게 떠오를지 모른다.[98]

그것을 위해 나는 예일대학교 심리학부의 크리스티나 스타먼스 교수 팀의 연구에 많이 의지했다. 그들의 입장은 '불평등 혐오'를 시사하는 이전의 연구가 감춰진 사실을 알아내는 데 실패했다는 것이었다. 그 사실은 아이와 어른을 대상으로 했던 이전의 공유 게임 실험에서, 피실험자가 경제적 불평등을 싫어하는 게 아니라 경제적 불공정성을 싫어한다는 내용이었다. 실험실에서 했던 간단한 실험은 실제 상황을 가져오는 데 실패한다. 실제 상황에서는 사람들이 다른 본능을 느끼고 그로 인해 다른 판단을 내린다. 예를 들어, 실험에서 여섯 살짜리 아이에게 방을 정리한 보상으로 사탕 6개를 다른 두 아이에게 나눠주라고 한다면, 거의 모든 피실험자가 두 아이에게 각각 3개씩 줄 것이고, 한 아이에게 4개를 주고 다른 아이에게 2개를 주도록 하는 식의 선택은 거부할 것이다. 하지만 시나리오의 세부 사항에 미묘한 차이를 주면 상황이 바뀐다. 사탕을 주는 아이에게 사탕을 받아야 할 아이 두 명 중 한 아이가 훨씬 더 오래 일했다고 말하면, 주는 아이 대부분은 기꺼이 다른 개수로 나누는 쪽을 선택한다. 본능적으로 같은 일에 대해 더 많이 노력한 사람에게 더 보상을 해야 공정하다고 판단하는 것이다. 사탕을 주는 아이에게 사탕을 받아야 할 아이 두 명 중 한 아이가 한동안 사탕을 하나도 받지 못했다고 말하면, 주는 아이는 또 다르게 나눠줌으로써 인지한 '필요'에 따라 보상할 것이다. 스타먼스는 이타적으로 행동하는 사람을 편들고 협력하지 않는 사람을 벌주는 인간의 본능을 더 어린 아이들에게서도 발견할 수 있음을 알아냈다. 또 연구자들은 인형을 이용해 세 살 정도 된 아이들이 다른 사람에게 착하게 행동하는 사람보다 폭력적인 사람에게 덜 관대한 반응을 보인다는 사실을 알아냈다.

나이와 상관없이 사람들은 자원을 균등하지 않게 분배할 준비가 되어 있다. 초콜릿 한 조각 또는 50파운드짜리 지폐를 누가 받을지 결정하기 위해 동전을 던지는 식의 무작위 선택 방식이 도입되면, 한 사람이 아무것도 받지 못하게 되더라도 공정한 기회를 도입했다는 사실이 전체 과정을 공정하게 만들기 때문이다. 사람들은 대부분 모든 사람에게 같은 결과를 얻을 수 있는 공정한 기회가 있다고 믿으면 불평등을 견딜 수 있다. 하지만 그러한 공정성이 없다는 사실을 깨닫는 순간 앞에 놓인 모든 일을 거부하기 시작한다.

공정성은 진화의 측면에서 협력하는 능력을 대단히 중요하게 여기고, 다른 사람들을 재단하지 않도록 한다. 남을 재단하는 행동은 우리가 협력적이려고 노력하는 집단에서 편파적인 사람으로 보이게 할 수 있다. 또 공정성은 세계의 세푸들이 유발한 문제를 해결하게 한다. 우리는 본능적으로 이기적인 사람들을 피하고 협력하는 사람들을 포함시키고 보상한다. 그러나 지나치게 협력적인 사람들은 세푸들에게 이용당할 수 있다는 사실도 기억해야 한다. 스타먼스에 따르면, 평등보다 공정성을 선호하는 건 협력적인 생산의 결실을 비례적으로 나눌 수 있음을 의미한다.

나는 이것이 공정성의 본질적 특성을 완전히 가지는 건 아니라고 말하고 싶다. 나는 핵심이 생산성의 '본질'이라고 생각하기 때문이다. 반면 이것은 생산성의 '규모'가 중요한 거라고 암시한다. 사회나 집단, 팀에 대한 기여를 단순히 양적으로 측정하는 것에 야구 용어를 쓰자면 머니볼이다. 미래 가치를 예측하기 위해 과거의 실적에 의존하는 것이다. 스포츠 팬들은 숫자와 득점보다 훨씬 더 많은 것들에서 나타나는 선수의 자질을 이야기한다. 까마귀는 수를 셀 수 있다. 원숭이나 유인원은 뭔가를 먹어도 되는지 냄새로 알아낼 수 있다. 생존을 위해서는 누구나 양이나 질을 구별할 수 있지만, 공정한 교환에서 사방에서 볼 수 있는 뭔가 혹은 누군가의 질, 공정성 가치의 질을 알아내는 건 명백하게 인간의 역량이다. 재키 로빈슨Jackie Robinson에게 물어보라.

재키 로빈슨과 로이 프랜시스

> 그러나 지금 이 글을 쓰고 있을 때
> 나는 서서 국가를 부를 수 없다.
> 나는 백인의 세상에선 언제까지나
> 흑인으로 남는다는 사실을 알게 되었다.
>
> ― 재키 로빈슨(Jackie Robinson, 야구 선수)

인간의 활동 영역 중에서, 사람들을 공정하게 대하는 대의를 증진시켜야 하는 영역은 단연코 스포츠다. 합의된 규칙에 따른 공정한 협력이 그 영역에서 경쟁을 가능하게 하기 때문이다. 나는 이미 스포츠에서의 공정성에 관해 썼지만 지금은 인간관계에서의 공정성을 다루고 있고, 우리가 다른 사람들과 관계를 맺는 가장 효과적인 방식을 경쟁적인 협력에서 발견한 것으로 보이기 때문에, 또 공정성에 대한 내 관심이 스포츠에 대한 관심으로 시작되었기 때문에 스포츠에서 이 이야기를 끝내고 싶었다. 스포츠와 인종, 협력하려는 의지, 이기려는 의지를 이야기하며 마무리하고 싶다.

1944년 젊은 미국 중위 한 명이 직접 명령에 복종하지 않아 군사재판에 회부되었다. 그 명령은, 그는 흑인이기 때문에 다른 흑인들과 함께 군용버스의 뒷좌석에 앉아야 한다는 것이었다. 그러나 군용버스들은 인종을 구분하지 않는다는 게 군의 공식 방침이었다. 중위는 무죄를 선고받았지만 군 경력은 곧 끝이 났다. 대신 프로 스포츠 선수가 되어 역사에 이름을 남겼다. 재키 로빈슨은 UCLA의 학생이었을 때 미식축구와 육상 경기에 뛰어나 1942년 입대했을 때 이미 유명 인사였다. 그는 헤비급 권투 세계 챔피언으로 이름을 날린 또다른 흑인 슈퍼스타 조 루이스Joe Louis와 같은 베이스캠프에 있었고, 그와 한 팀이 된 후 훈련의 길(이 또한 원론적으로는 흑인 지원자에게 열려 있었지만 실제로는 그렇지 않았다)로 들어섰다.

전쟁 후 로빈슨은 야구에서 인종 차별 정책을 철폐하는 유서 깊은 운동의 등대 같은 존재가 되었다. 그 운동은 1930년대 초부터 좌익 기자, 협회 활동가, 시민 평등권 운동가가 주도해 온 것이다. 그는 브루클린 다저스의 구단주, 브랜치 리키Branch Rickey와도 입단 서명을 했다. 뉴욕으로 오는 부유한 아프리카계 미국인 계층이 증가하고 있었으므로, 브랜치 리키는 자신의 신념대로 행동하는 동시에 더 표를 많이 팔 기회를 노린 것이었다. 반대하는 백인들에게 보이콧 위협을 받았을 뿐만 아니라 언어적, 육체적 폭력을 당해 몹시 힘들었던 첫 번째 시즌이 끝난 후에도, 로빈슨은 뛰어난 야구 실력 덕분에 무시당하지 않았다. 그의 선전은 다른 흑인 선수들을 서서히 다저스에 합류하게 했고 다저스는 1950년대 가장 뛰어난 야구팀이 되었다. 미국 스포츠가 인종 차별을 다시 부활시킬 가능성은 전혀 없었다. 백인 선수들은 인종에 상관없이 최고의 경쟁 상대를 직면하기 두려워한다는 비난을 듣기 싫었기 때문이다. 먼저 스포츠의 경쟁적 성질, 그다음엔 협력적 성질에 호소함으로써 스포츠는 이제 흑인 또는 백인이 아닌 선수들이 승리 기회에서 배제될 수 있는 상황을 상상도할 수 없는 수준에 도달했다. 이것은 1936년 베를린 올림픽에서 제시 오언스Jesse Owens가, 아돌프 히틀러Adolf Hitler가 직접 엄선한 아리아인 슈퍼맨 선수를 굴복시켰을 때 배운 교훈이었다. 업신여긴 사람에게 지고 나면 다시는 그들과의 경쟁을 거절할 수 없다.

혹인 선수들이 이후 스포츠에서 곤란을 겪지 않았다거나 겪지 않고 있다고 말하려는 게 아니다. 최근 일어나는 일들은 그들이 여전히 매일 인종 차별과 싸우고 있음을 보여준다. 그러나 그들은 적어도 경쟁을 할 수 있고 역량을 보여줄 수 있다. 최근 수치를 보면 2018년 메이저 리그 야구 선수의 42%가 유색 인종이고, 라틴계(32%)가 혹인(8%)보다 훨씬 많다. 농구에서는 선수의 81%가 백인이 아니고 미국 프로 미식축구 연맹은 그 수치가 70%다. 하지만 무대 뒤 관리직과 코치직에서는 그 수가 훨씬 더 작다. 예를 들어 2018년 미국 프로 미식축구 연맹 관리 직원은 1996년 14%가 백인이 아니었던 것에서 더 감소해 9%만이 백인이 아니었다. 미국의 프로 스포츠 구단의 소유주가 라틴계나 혹인인 경우는 소수에 불과했다. 재키 로빈슨은 문의 일부를 억지로 열어 수천 명이 합류하게 했지만, '잘못된' 피부색을 가진 사람들이 통과하기 어렵거나 불가능한 문들은 여전히 있었다.

미국을 방문하는 많은 영국인에게(미국에 4년 동안 살았고 미국의 최고와 최악의 모습을 목격한 사람으로서 말하자면) 인종은 미국을 정의하는 문제다. 미국인들은 자유가 미국을 규정짓는 특성이라고 말하기 좋아하지만 영화 「파이트 클럽」에서 브래드 피트^{Brad Pitt}가 연기한 인물은 이렇게 말한다. '그래서 잘된 게 있소?^{How's that working out for you?}'

공정성보다 자유를 우선시하는 건 미국인 대다수를 위한 게 아니다. 특히 유색 인종 미국인을 위한 게 아니다. 자유는 각기 다른 미국인들에게 각기 다른 것들을 의미한다.

많은 미국 도시의 '실제' 인종 차별은 그것을 접하는 유럽인들에게 충격을 준다. 유럽의 모든 주요 도시에 그 영향이 있지만, 그렇다고 해도 인종에 따라 살아야 하는 곳을 지시하는 법은 거의 없었다. 내가 워싱턴 DC에 살면서 가장 이질적으로 느낀 것 중 하나는, 부유한 아프리카계 미국인들이 도시의 가장 부유한 지역에 살기보다 도시의 가장 부유한 '흑인' 구역에 살고자 한다는 사실을 발견한 것이었다. 부동산 중개인은 이 은밀한 인종 차별에 일조했다. 아마 여전히 그럴 것이다.

미국의 남북 전쟁은 미국 흑인에게 '자유'를 주고 그들을 시민으로 만들었다. 그러나 전쟁이 끝난 이래로 166년 동안 노예 해방이 미국 흑인에게 공정성을 가져다주지는 않았다. 단지 노예제를 인종 차별, 법으로 정한 차별로 대체했고 사회의 가장 억압받는 사람들의 경제적, 사회적 곤경에 눈을 감았다.[99] 동료 시민과 같은 기회와 권리를 여전히 누릴 수 없게 하는 법의 지배를 받는다면 자유는 의미가 없다. 흑인 차별법 Jim Crow laws(아프리카계 미국인의 자유에 대한 지역 제한으로, 1861년 다른 인간들을 동산으로 유지하는 권리를 위해 무기를 들었던 미국의 주들뿐만이 아니라 대부분의 지역에서 제정되었다)은 분명 불공정하다. 그러나 그 법이 유럽인의 눈에는 충격적이게도, 남북 전쟁이 끝난 이후에도 1세기 이상 존재했다.

현재 '흑인의 생명도 소중하다' 운동이 보여주는 힘은, 미국의 흑인에게 형사 사법에서뿐만이 아니라 사회 모든 분야에서 공정성이 아직 멀었다는 사실에 대한 충분한 증언이다. 강력한 세력이 그 사회의 모든 사람들에게 불공정한 방식으로 미국인을 분열시키려 하고 있다(이것은 미국만의 문제가 아니다). 많은 미국의 평론가들은 가난한 백인 유권자 사이에서 도널드 트럼프의 성공이, 트럼프가 그들의 원하는 대로 살 '자유'에 가해지는 어떠한 제한에도 반대한다는 생각과 연관이 있다고 주장한다. 항상 그들의 자유에 방점이 찍힌다. 트럼프가 불공정성을 말할 때는 보통 미디어나 야당 정치인, 개표기, 또는 전반적인 삶이 유권자가 아닌 그 자신에게 얼마나 불공정한지의 맥락이다. 그는 자신에게 충성스러운 이들의 자유를 자신에게 주어져야 한다고 느끼거나 느끼는 척하는 '공정한' 결과와 맞바꾸려는 것 같다. 지지자 중에서도 헌신적인 핵심 집단은 트럼프에게만 유리한 거래에 기꺼이 참여하고 있다. 그러면 자유를 높이 평가하는 게 적어도 '백인' 미국인에게는 좋은 일인가? 그들은 원하는 것을 먹고, 원하는 대로 투표하며, 원하는 시간에 원하는 장소에서 일하는 자유를 얻을 확률이 높다. 백인 미국인이 피부색 때문에 사회적 이동의 경계에 부딪히는 일은 드물다. 그러나 다른 방식으로, 가난한 미국은 다른 종류의 자유, '부자 미국'이 원하는 대로 하는 자유에 의해 나쁜 대우를 받아왔다. 앞에서 본 것처럼 가난한 백인 미국인의 삶은 비만, 오피오이드 중독(의사와 제약 회사 공동의 배임 행위로 심화되었다), 정신 건강 문제로 망가지고 있다. 이 문제들은 인종보다 가난의 문제다.

그리고 덧붙이자면, 공정성을 우선하기 위해서 티끌만큼의 자유도 포기할 필요가 없다. 재키 로빈슨의 이야기를 다시 떠올려 보자. 그가 미국에서 겪은 상황이 불공정성과 차별 정책에 맞선 투쟁을 상징했다는 점에서 영국이 더 진보되었다고 생각할지 모른다.

그러나 스포츠 측면에서 말하자면 사실은 그렇지 않다. 영국이 페어플레이 전통과 인종 차별에 대한 덜 뿌리 깊고 덜 합법화된 태도 덕분에 스포츠에서 유리한 출발을 했다고 생각할 수도 있다. 어쨌든 미국 또는 남아프리카 공화국에서 유색 인종을 대하는 태도가 차별적인 '흑인 차별법' 또는 아파르트헤이트apartheid 법에 그대로 명시되지는 않았다.

그러나 위대한 로이 프랜시스Roy Fransis의 이야기를 알게 된다면 당신은 다시 생각하게 될 것이다. 로이 누구라고? 사람들의 이러한 반응을 예상할 수 있다. 로이 프랜시스는 누가 뭐래도 당대의 가장 훌륭한 럭비 선수였고 20세기의 가장 위대하고 가장 혁신적인 코치였다. 많은 독자들은 여전히 내가 누구 이야기를 하는지 몰라서 머리를 긁적일 거라는 사실은, 럭비 리그가 종종 이전의 럭비 유니언의 아마추어 코드를 지지하는 더 요란하고 영향력이 큰 무리에게 무시 받고 있음을 말해준다. 럭비 리그는 영국 북부에서 우세한 축구 규범이자 최초로 프로페셔널리즘을 받아들인 집단이었다. 로이 프랜시스는 럭비 리그 역사에서 거의 모든 선수들보다 빠른 트라이를 기록했다. 흑인이 아니었다면 잉글랜드와 영국을 위해 훨씬 더 오래 뛰었을 것이다.

그는 재키 로빈슨보다 5년 늦은 1919년에 다양한 민족이 섞여 있는 카디프의 부두 지역, 타이거 베이에서 태어났다. 놀라운 재능에도 불구하고 지역의 럭비 유니언 팀에서 이기기 위해 고군분투했다. 그는 위건의 외부 전문 코치에 의해 스카우트되어 평범하지 않은 경력을 시작했고 제2차 세계 대전으로 그만두었다. 356번의 경기에서

229번의 트라이를 기록하고, 은퇴한 후에는 스포츠 역사상 가장 성공적인 코치 중 한 명이 되었다. 1960년대와 1970년대 헐, 리즈, 브래드퍼드 북부 팀에서 챌린지 컵 2회 우승, 리그 우승을 거뒀다. 그는 다른 누구보다 20년 빠르게 영국 스포츠에 스포츠 심리학과 영양학 개념을 도입해서 동료들과 선수들에게 존경받았다.

하지만 그가 선수로 뛰고 코치를 맡았던 구단에 관련이 있는 어느 누구도 로이 프랜시스에 대해 들어본 적이 없었다. 그의 뒤를 따른 웨일스의 흑인 선수 빌리 보스턴 Billy Boston 도 그랬고, 클라이브 설리번 Clive Sullivan 도 그랬다. 1971년에 클라이브 설리번이 영국을 대표하는 스포츠 팀의 첫 흑인 주장이 된 것은, 축구가 흑인을 주장으로 임명한 것보다 22년 빠르고, 잉글랜드의 럭비 연합이 그렇게 한 것보다 32년 빠른 기록이었다.

어찌 보면 영국이 미국보다 이런 점에 있어서, 정확히는 흑인 차별법이 없었으므로 더 나빴다고 주장할 수도 있다. 역사적인 구실이 없었고 백인이 아닌 선수가 영국 스포츠의 정상에 등극하는 것을 저지하려는 고유한 우월 의식과 편견이 있었을 뿐이다.

오늘날 우리가 당연하게 여기는 많은 위대한 스포츠 스타들은 과거의 편협함 아래에서는 선수 생활이 허용되지 않았을 사람들이었다. 펠레 Pelé, 세리나 윌리엄스 Serena Williams, 우사인 볼트 Usain Bolt, 마이클 조던 Michael Jordan, 루이스 해밀턴 Lewis Hamilton 을 떠올려 보라. 지난 럭비 월드컵에서 우승한 남아프리카 공화국 팀의 주장은 1960년대와 1970년대 그들을 열등한 인종으로 생각했던 사람들에게 맞서서, 경쟁의 장으로 나아가기보다 스포츠에서 배제되는 것을 선호했던 국가를 이끌었다. 그는 흑인, 시아 콜리시 Siya Kolisi였다.

전부 재키 로빈슨 덕분일까? 아니다. 전부는 아니다. 편견보다 스포츠를 더 좋아하는 사람들, 그리고 경쟁과 협력에서 중요한 건 당신이 누구인지가 아니라 당신이 무엇을 하고 왜 그걸 하는지라는 사실을 깨달은 사람들 덕분이기도 하다. 이제는 서양의 모든 국가에서 백인과 백인이 아닌 선수들이 같은 색깔의 유니폼을 입고 경쟁하고 협력하고 있다.

가장 위대한 스타에게 그가 입었던 유니폼 번호를 은퇴시킴으로써 경의를 표하는 것이 미국 스포츠 팀들의 관습이다(큰 선수단이 있으므로 가능한 일이다). 물론 그 스타가 뛰었던 팀의 범위를 넘어서서는 적용될 수 없다. 다른 팀들은 그 팀의 승리를 축하하고 싶지 않을 것이기 때문이다. 그러나 야구에서 딱 한 번 실제로 그런 일이 일어났다. 1997년 로빈슨의 상징성과 용기를 인정해 전 프로팀이 그가 브루클린 다저스에서 달았던 번호를 쓰지 않기로 동의한 것이다. 그리고 하루만 예외로 됐다. 재키 로빈슨의 날, 4월 15일에는 모든 야구 선수가 같은 번호의 유니폼을 입는다. 스포츠가 페어플레이를 가장 중시하려고 할 때, 인간이 갖고 있는 불공정성의 최악의 측면에서 자유로워질 수 있음을 인식할 수 있게 한 선수에게 연대를 표하고 지지를 보내기 위해서다.

거의 모든 미국인은 스포츠를 그렇게 좋아하지 않더라도 그 번호가 무엇인지 안다. 그리고 이 책을 여기까지 읽었으니 여러분에게도 떠오르는 숫자가 있으리라 짐작해 본다.

그 번호는 바로 42다.

TO BE FAIR

42

페어플레이가
궁극적 질문의 해답일까?

공정한 세상에 얼마나 가까이 갈 수 있을까?

공정성은 타고나는 것이다. 불공정한 대우에 대한 우리의 반응은 프란스 드 발의 우리 속 원숭이에서 알 수 있듯이 학습한 것이 아니라 느끼는 것이다. 불공정성은 뇌 속 더 깊은 곳에 자리 잡고 있을 수도 있지만, 다른 사람들에게 적용되는 공정성 감각은 우리 정신의 보상 중추를 차지한다. 그래서 공정한 것이 이기는 것이다. 공정성은 인간이 할 수 있는 가장 높은 차원의 행위인 이타주의, 관대함, 친절함과도 연결되어 있다.[100]

공정성은 우리가 다른 사람들과 어떻게 관계를 맺고 있는지를 이해하게 한다. 이는 우리가 우리 자신에 대해 알 수 있는 가장 중요한 것이다. 우리가 인간 존재라는 점점 더 복잡해지는 기계의 다른 톱니와 어떻게 맞물리는지 아는 건 우리의 행동을 형성하는 데 불가피한 일이다. 공정성은 우리를 위해 중재에 나선다. 시간이 흐름에 따라 인간 진보의 기계에 윤활유를 바르고, 다른 인간과 싸워야 할 필요성과 협력하려는 본능 사이의 균형을 잡도록 한다. 공정성은 우리에게 권리뿐만 아니라 의무를 가르치고, 권력뿐만 아니라 책임을 가르친다.

사람들 사이에 공정성이 없으면 경쟁과 협력의 균형이 무너지고 모든 당사자들이 자신의 삶에서 뭔가가 잘못되었다고 느끼게 된다.

공정성은 합의에 이르는 절차고 과정이며, 세상 사람들과 거래하는 것이다. 우리는 공정성이라는 개념이 우리 본성의 너무 많은 부분을 차지하고 있음을 알기 때문에 신뢰를 잃을 수 없다. 따라서 공정성이 실패한 것처럼 보일 때 절차를 탓한다.

생존을 위한 절차적인 접근법이 우리를 실망하게 한다면 돌아설 수 있는 길은 하나뿐이다. 공정성이 무엇인지 묻지 않고 무엇이 옳은지만 물으며, 공정성이 없는 절대적인 길을 따라가는 것이다. 우리가 다른 사람들과 무엇을 함께 할 수 있을지 묻는 대신 그들에게 무엇을 할 수 있는지 묻는 것이다.

이런 생각은 우리가 수백만 년 동안 유전적으로 물려받은 것을 거스를 뿐만 아니라 1939~45년 전쟁이 끝난 이후부터 따르던 지적, 도덕적 방향성에도 어긋난다.

그리고 기술적 변화의 나쁘고 어두운 측면이 처음엔 확실성의 상실(9/11의 결과로서), 그다음엔 세계 금융 위기에 뒤따른 심판에서 공정성의 상실에 촉매제로 작용했다는 것을 우리는 모두 알고 있다.

동시에 우리는 공정성을 요구하는 사람들의 절박함을 봤다. 그 절박함은 인간의 계층 간에 공정성이 작동하지 않게 한 인간 변화의 흐름에 뒤섞여 왔다. 그러나 요구가 있다. 요구가 점점 더 커지고 있다. '#미투MeToo 운동', '흑인의 생명도 소중하다' 등 정체성 정치Identity politics의 증가는 사람들이 자신이 권한을 위임한 사람과 기관으로부터 공정성 또는 불공정성을 받는 방식을 어떻게 바꾸고 싶어

하는지가 발현되는 것이다.

　대체로 우리는 상당히, 어쩌면 위험한 정도까지 경쟁과 협력의 균형에서 벗어나 있다. 경쟁은 너무 심하고 협력은 어떤 때보다 흔적을 찾기 어렵다. 사람들은 자기 자신만 생각하고 다른 사람들과 합의하는 것에는 별 관심이 없다. 탐욕과 불균형이 월스트리트와 런던시를 점령한다. 헤아릴 수 없을 정도로 부유해지는 사람들과 점점 더 커지는 '다르다'는 느낌과 함께 분리된 사람들을 바라본다. 규제는 사라지고 있다. 많은 사람이 과거 75년의 질서와 사고에서 신뢰를 잃기 시작하면서, 냉소적인 정치 지도자가 사람들을 더 그 길로 몰아넣고 속임수가 넘쳐나는 논쟁의 장으로 보낸다. 모두 소셜 미디어의 알고리즘에 의해 우연히 모인 것이다. 나는 최근의 권위주의자, 이기주의자, 소위 포퓰리스트 무리가 질병이 아니라 질병의 증상이라는 점이 두렵다. 사람들이 귀기울여주길 바라는 열망과 인정받고 싶은 열망이 끄집어내졌지만, 트럼프나 브렉시트에 의해 충족되지 않은 사람들의 실망과 좌절을 먹고 그들의 뒤를 잇는 것들이 두렵다.

　코로나바이러스는 재난이 보통 그러하듯이 부자들에게는 유리했고 가난한 사람들에게는 불리했다. 바이러스는 마음이 없기 때문에 고지를 향한 우리의 하찮은 분투를 신경 쓰지 않기 때문이다. 그러나 그것에서 공통의 위협에 직면했을 때 경쟁이나 강권보다 협력이 더 효과적인 반응임을 배울 수 있다.

　역사는 우리가 언제나 진보한다는 사실을 보여준다. 우리가 처음에 점점 더 많은 수로 무리를 이뤘을 때는 공정성을 점점 잃어갔다. 하지만 우리는 변화하고 있고 시간이 흐를수록 공정성에 더 가까이 가고 있다. 우리는 공정성이 추구하게 한 균형을 회복할 수 있다. 그 방법은 적어도 두 가지 있다. 우선 첫 번째는 집단의 사회적 행위와 시장 주도 자본주의 행위의 협력과 경쟁의 본질을 갈기갈기 찢고 모든 것을 파괴하는 것이다. 우리는 어느 시점부터 다시 시작할 수 있다. 아마도 컴퓨터 프로그램이 우리가 다시 시작할 수 있도록 도울 것이다. 하지만 그게 오히려 우리를 파괴할 확률이 더 높은 것 같다. 인공 지능은 1과 0, 참과 거짓, 예와 아니오, 이렇게 2항 선택을 다루고 해석이나 합의, 공정성을 허용하지 않는다. 종종 우리의 추진력을 형성하는 실리콘밸리의 천재들도 2항 선택 기능을 가진 듯이 느껴진다. 만약 다시 시작하는 게 고통스럽게 들린다면, 사회가 아닌 노트북 컴퓨터에나 적용해야 한다는 생각이 든다면, 그 이유는 실제로 고통스럽기 때문이다. 앞에 놓인 진보의 길이 우리를 공익으로 인도한다고 느꼈던 순간으로 되돌아가리라는 보장이 없다.

그러나 우리는 두 번째 길을 선택할 수 있다. 무엇이 공정하고 공정하지 않은지 타고난 감각을 이용해서 이 마지막, 디지털, 혁명이 시작될 때 향하던 곳으로 되돌아갈 수 있다. 우리는 더 나은 사회를 찾기 위한 균형을 바꿀 수 있고 바꿔야 한다.

그것이 우리가 공정성을 추구하는 이유이자 내가 아는 모든 것이다. 그렇게 하는 것 외에 다른 선택권이 없다고 한다면 옳기만을 위한 노력을 멈추자. 그리고 즉시 힘차게 공정하기 위한 노력을 시작하자.

후기, 그리고 더 읽을거리

나는 기자다. 내가 할 수 있는 가치로운 일은, 그동안 일어난 일들과 기록된 말들에 여러분이 관심을 가지게 하는 것이다. 내가 제공할 수 있는 독창성만큼, 사실과 이론과 관찰을 결합해 물줄기를 만들고 개울로 흘려보냄으로써 그렇게 할 수 있다. 격렬한 논쟁을 불러일으키는 일은 내 천성에 맞지 않지만, 이 주제에 관심이 많았기 때문에 물줄기를 만들 수 있었다.

내 물줄기에는 출처가 있다.

많은 참고 문헌을 포함했지만, 그 출처 중 일부를 특별히 공정성의 다른 측면에 대한 더 읽을거리로 권하고 싶다.

공정성의 과학을 다룬 리싱 쑨의 『공정성 본능: 로빈 후드 정신과 우리의 생물학적 특성 The Fairness Instinct – The Robin Hood Mentality And Our Biological Nature』(Prometheus Books, New York, 2013)은 내가 이 책에 포함할 수 있었던 것보다 뇌의 구조를 더 자세히 설명하는 종합적이고

후기, 그리고 더 읽을거리

읽기 쉬운 연구다. 나는 이 역사학자가 월터 스콧Walter Scott, 그다음엔 할리우드가 표현하기 전에는 도덕적으로 다소 애매한 인물이었던 로빈 후드의 성격에 매료된 것에 공감하는지는 잘 모르겠다. 사실 로빈 후드는 19세기에 더 낭만적으로 묘사되기 전까지 설화에서 약간 악인이었다.

역사학자들에 관해서 말하자면, 데이비드 해킷 피셔가 공정성에 관하여 쓴 최초 역사서라고 말하고 나도 이의를 제기하지 않는 그의 저서『공정과 자유: 뉴질랜드와 미국, 두 개방 사회의 역사Fairness and Freedom: A History of Two Open Societies: New Zealand and the United States』(OUP, 2011) 가 있다. 책의 첫머리에서 그는 공정성에 대한 우리의 이해와 그 언어학적 기원에 대해 많은 질문을 다룬다. 부록의 500~501쪽에 협력과 경쟁의 균형에 대한 내 생각과 같은 생각이 나온다.

'페어플레이 개념은 경쟁을 촉진하는 협력적인 방법으로 이해될 수 있고, 반대로 협력을 촉진하는 경쟁적인 방법으로도 이해될 수 있다. 여기에서 핵심은 경쟁이나 협력 중 하나가 아니라, 둘의 역학적 상호 작용이라는 가설에 따라 탐구를 또 다른 차원으로 이끌 수 있다는 것이다. 이것은 시스템이 더 복잡해질수록 공정성 개념이 더 중요해지는 이유를 이해하는 데 도움이 될 것이다.'

이 책의 집필을 시작하기 전에 피셔의 책을 읽어본 적은 없지만, 그가 여기에 표현한 생각을 제안하고 확장하는 방식으로 내가 탐구했기를 바란다.

사실 피셔도 그의 부록에서 다른 사람들의 연구를 탐구하고 있었다. 그 연구들이 그가 뉴질랜드와 미국의 역사를 비교한 일에 영향을 미쳤기 때문이다. 피셔는 특히 하버드의 수리 생물학자 마틴 노왁(내가 앞에서 여러 번 언급했던 인물이다)과 『초협력자: 세상을 지배하는 다섯 가지 협력의 법칙』(사이언스북스, 2012)에서 그의 주장에 초점을 맞췄다. 마틴 노왁은 내 전 〈데일리 텔레그래프〉 동료인 로저 하이필드와 함께 이 책을 썼다. 로저 하이필드는 과학을 설명할 수 있는 것으로 만들기 위해 누구보다 많은 일을 했다. 피셔가 말하듯이, 노왁과 하이필드는 공정성에 연연하지 않지만 경쟁과 협력에 대해서는 할 이야기가 많았다. 그중에서도 도덕은 호모 사피엔스 같은 사회적 종들이 점점 더 복잡한 협력 유형으로 진화하는 과정에서 파생되었다고 주장한다. 인식과 언어도 마찬가지다. 노왁의 전제 일부와 전체적인 진화의 성질에 대해 엄청난 논쟁이 있다. 기자임에도 논쟁을 다른 사람들에게 미루는 사치를 부려야 할 것 같다.

그들 중에는 최근 혼란스러운 세상에서 넋이 나간 시민들의 안심 욕구를 충족시키는 과학 작가들이 있다. 그들은 모든 사람이 잘못 판단할 만큼 나쁘거나 미쳤거나 위험하지 않다고 안심시킨다. 그 과학 작가들이 쓴 도서 목록을 소개하겠다. 마이클 맥컬러프의 『타인의 친절: 이기적인 인간은 어떻게 타인에게 친절을 베풀 수 있게 되었는가?』(비잉, 2021), 리처드 랭엄의 『한없이 사악하고 더없이 관대한』(을유문화사, 2020), 브라이언 헤어와 버네사 우즈의 『다정한 것이 살아남는다: 친화력으로 세상을 바꾸는 인류의 진화에 관하여』(디플롯, 2021), 뤼트허르 브레흐만Rutger Bregman의 『휴먼카인드 — 감취진 인간 본성에서 찾은 희망의 연대기』(인플루엔셜, 2021).

개울에서 갈라진 물줄기를 따라가고 싶을 때 흥미롭게 읽을 수 있는 책들은 다음과 같다.

언어학

애나 비어즈비스카, 『영어: 의미와 문화 English: Meaning and culture』(OUP, 2006)

영어의 역사

로버트 툼스, 『잉글랜드와 그 역사 The English and Their History』(Penguin, 2014)

철학

존 롤스, 『정의론』(Harvard University Press, 1971)

존 롤스, 『공정으로서의 정의』(Harvard, 2001)

크리스토퍼 맥마흔, 『합리성과 공정성 Reasonableness and Fairness』 (Cambridge University Press, 2016)

미디어

매슈 엥겔, 『대중을 즐겁게 하라: 대중지의 100년 Tickle the Public: One Hundred Years of the Popular Press』(Gollancz, 1996)

감사의 글

이 책은 언젠가 내가 분통을 터뜨렸던 일에서 시작되었다. 그다음에 그 분통은 공정성을 회복시키기 위한 새로운 사회 운동을 일으키자는 생각으로 바뀌었다. 세상에 하나뿐인 리처드 찰킨이 그 생각을 지나치지 않았고, 그 생각은 결국 여러분이 보고 있는 바로 이 책이 되었다. 감사하다.

내가 온전한 정신과 감각을 잃지 않을 수 있었던 이유는 인내심이 강하고 뛰어난 편집자인 미란다 본 존스 덕분이다. 정말 감사하다.

의도하지 않았더라도 아이디어를 제공해 주고 길잡이가 되어준 사람들에게도 이 지면을 빌어 감사를 전하고 싶다. 매슈 엥겔, 헬레 토르닝슈미트, 이언 데이, 사이먼 올스왕, 에이드리언 마틴, 엠란 미안, 로버트 툼스, 닉 험프리, 마크 톰프슨, 제임스 커크업, 다이앤 코일에게 감사하다.

우리 아이들 앨릭스, 소피, 줄리어스를 포함해, 공정성에 대한 나의 집착을 변함없이 놀려주고 현실에서 멀어지지 않을 수 있게 도와준 사람들에게도 감사를 전한다.

내가 더 공정한 사상가, 기자, 인간이 될 수 있도록 변함없이 이끌어 준 사람이 아내 라일라다. 고맙다는 말로는 다 표현할 수 없을 만큼 고맙다.

후주

1 마틴 노왁, 로저 하이필드, 2012,『초협력자: 세상을 지배하는 다섯 가지 협력의 법칙』, 사이언스북스

2 프랜시스 후쿠야마, 1992,『역사의 종말: 역사의 종점에 선 최후의 인간』, 한마음사

3 사도 바울이 갈라디아인들에게 보낸 편지, 6장 7절

4 조너선 하이트 Haidt, J., 토비아스 로즈-스톡웰 Rose-Stockwell, T., 2019, 〈애틀랜틱 Atlantic: 소셜 네트워크의 어둠의 심리학〉, https://www.theatlantic.com/magazine/archive/2019/12/social-media-democracy/600763/

5 찰스 다윈, 1871,『인간의 유래와 성선택』, 지식을만드는지식, 5장

6 애나 비어즈비스카, 2006,『영어: 의미와 문화 English: Meaning and culture』, New York: Oxford University Press

7 존 롤스, 2001,『공정으로서의 정의: 재서술』, 이학사

8 실험 사례는 크리스티나 스타먼스 Starmans, C., 셰스킨 Sheskin, M., 블룸 Bloom, P., 2017,「사람들은 왜 불평등한 사회를 선호하는가 Why people prefer unequal societies」, 네이처 인간 행동 Nature Human Behaviour, 4월 7일, 2장 C섹션 참조

9 이때가 탄생이었다면 임신은 수십 년 전에 이뤄졌다. 논의가 시작된 시점은 영국 내전이 시작된 날이었다. 공교롭게도 1642년이었다.

10 유발 하라리, 2015,『사피엔스: 유인원에서 사이보그까지, 인간 역사의 대담하고 위대한 질문』, 김영사

11 롤스의 고향과 군 복무에 관한 정보는 데이비드 해킷 피셔의 책『공정과 자유 Fairness and Freedom』(2012, New York: Oxford University Press)를 참고했다.

12 존 롤스, 2001,『공정으로서의 정의: 재서술』, 이학사

13 크리스토퍼 맥마흔, 2016,『합리성과 공정성 Reasonableness and Fairness』,

Cambridge: Cambridge University Press, 5쪽

14 나딘Nadin, E., 2008, 〈공정성은 뇌에 어떻게 연결되어 있는가〉, https://www.caltech.edu/about/news/how-fairness-wired-brain-1423

15 소네트 137 '그토록 반칙인 얼굴에 공정한 진실을 바르는 것To put faire truth upon so foule a face'

16 유튜브, 〈다른 보상을 받은 두 원숭이〉, 프란스 드 발의 TED 강의에서 발췌, https://www.youtube.com/watch?v=meiU6TxysCg

17 호미닌은 호미니드hominid의 일부다. 호미니드는 고등 유인원도 포함하고, 호미니드에서 호모 사피엔스(우리 인간)가 유래한다. 모든 호미닌이 호미니드지만 그 반대는 아니다.

18 영화 「뷰티풀 마인드」에서 러셀 크로Russell Crowe가 연기한 존 내시John Nash는 궁극적으로 개인에게 더 많은 혜택을 가져오는 집단의 성공을 위해 많은 사람의 개인 목표를 희생시키는 이론을 개발한다. 그는 이 이론을 기반으로 나중에 노벨 경제학상을 수상했다.

19 인간이 가지는 상호 간의 본능을 가지는 것으로 보이는 몇 안 되는 동물 종 중 하나가 흡혈박쥐다. 사냥 여행에서 모은 피를 특별한 보상 없이, 사냥에 성공하지 못한 동료들을 위해 게워내는 모습이 관찰되었다.

20 여키스는 생각을 탐구하는 '진화적 경로'가 자신을 위험한 영역으로 데려간 사람의 예이기도 하다. 그의 연구는 우생학 및 아주 위험한 결과를 가져온 다른 생각들과 연관을 가지게 되었다.

21 복측 전전두피질ventrolateral prefrontal cortex과 상측두 고랑superior temporal sulcus, 리싱 쑨, 2013, 『공정성 본능: 로빈 후드 정신과 우리의 생물학적 특성 The Fairness Instinct: The Robin Hood mentality and our biological nature』, New York: Prometheus Books, 60~61쪽 참조

22 전대상피질Anterior cingulate cortex, 전방 뇌섬엽, 배외측 전전두피질dorsolateral prefrontal cortex, 리싱 쑨의 같은 책 참조

23 이것은 당연히 의미론이다. 어쩌면 나는 다른 유인원의 후손들처럼 내 구역을 방어하는 중인지도 모른다.

24 추가적인 참고 도서는 마틴 노왁, 로저 하이필드, 2011, 『초협력자』, 사이언스북스

25 행동 과학자들은 장난감 돈이나 가상의 계산을 이용하면 이 게임이 합리적인 결과를 내놓는다고 말한다. 그러나 정말 정확하고 확실한 결과를 얻으려면 참여자들이 집으로 가져갈 수 있는 현금을 이용하는 게 가장 좋다.

26 크리스티나 스타먼스Starmans, C., 셰스킨Sheskin, M., 블룸Bloom, P., 2017, 「사람들은 왜 불평등한 사회를 선호하는가Why people prefer unequal societies」, 네이처 인간 행동Nature Human Behaviour, 4월 7일

27 마이클 노턴Norton, M., 2015, 〈데이터는 우리가 불평등을 끝내고 싶어 한다는 사실을 보여준다. 시작하는 방법은 다음과 같다…〉, https://ideas.ted.com/the-data-shows-we-want-to-end-inequality-heres-how-to-start/

28 리싱 쑨, 2013, 『공정성 본능: 로빈 후드 정신과 우리의 생물학적 특성The Fairness Instinct: The Robin Hood mentality and our biological nature』, New York: Prometheus Books, 48쪽 참조

29 로렌 부아소노Boissoneault, L., 2018, 〈채료와 복잡한 도구는 이전에 생각했던 것보다 10만 년 이른 시기에 인간이 거래하고 있었음을 시사한다〉, https://www.smithsonianmag.com/science-nature/colored-pigments-and-complex-toolssuggest-human-trade-100000-years-earlier-previously-believed-180968499/

30 에릭 마이클 존슨Johnson, E. M., 2012, 〈아인 랜드Ayn Rand 대 피그미족: 인류 진화는 개인주의자와 이타주의자 중 어느 쪽에 유리했는가?〉, https://slate.com/technology/2012/10/groups-and-gossip-drove-the-evolution-of-human-nature.html

31 제임스 우드번Woodburn, J., 1982, 『평등한 사회Egalitarian Societies』(영국·아일랜

드의 왕립 인류학 연구소), 17(3), 431~452쪽

32 리처드 랭엄, 2020, 『한없이 사악하고 더없이 관대한』, 을유문화사. 에머리대학교 교수 멜빈 케너Melvin Kenner의 대안적 또는 상호 보완적인 이론에 따르면 그 이후의 역사보다 여성이 더 동등한 지위를 가졌던 수렵 채집 사회에서는 의도적으로 덜 공격적인 짝을 고름으로써 인류를 무해하게 만들었다. 보노보가 이것의 원형이다.

33 리처드 랭엄, 2020, 『한없이 사악하고 더없이 관대한』

34 우리는 이것을 기억하는 데까지 끔찍하게 오랜 시간이 걸렸고 다시 잊어버릴 위기에 처해 있다.

35 더 자세한 내용은 조너선 하이트Haidt, J., 2014, 『바른 마음: 나의 옳음과 그들의 옳음은 왜 다른가』, 웅진지식하우스, 6장 참조

36 〈TED: 인류가 성공할 수 있었던 이유는?〉, https://www.ted.com/talks/yuval_noah_harari_what_explains_the_rise_of_humans/transcript?language=en

37 라이트Wright, K. I., 2014, 「사육과 불평등? 신석기 시대 차탈회위크의 가정, 집단, 조리 도구 Domestication and inequality? Households, corporate groups and food processing tools at Neolithic Çatalhöyük」, 인류 고고학 저널Journal of Anthropological Archaeology, 33권, 1~33쪽

38 석비는 중요한 문서들이 새겨진 돌로 된 판 또는 기둥이었다.

39 로즈Rhodes, P., 2017, 「정체Stasis」, 옥스퍼드 고전 사전Oxford Classical Dictionary, 3월 7일

40 딘 해머, 2014, 『로마 정치 사상Roman Political Thought』, Cambridge: Cambridge University Press

41 마그나 카르타는 위탄의 전통적인 회의 장소 중 하나인 서리의 러니미드에서 서명되었다. 앵글로색슨인의 과두 정치 전통, 즉 모두(특정 소득 계층 이상)를 위한 공정성을 일깨우려는 의도였다.

42 '방갈로bungalow'라는 단어는 '벵골로부터, 벵골의'를 의미하는 'bangla'의 변형이다. 17세기 말에 인도의 그 지역에 영국인 이주자를 위해 지어진 저층 주택을 지칭하기 위해 만들어진 말이다.

43 엄격한 영국의 법률 용어로서 이것은 거의 정확한 말이다. 아득한 옛날은 마그나 카르타 서명보다 불과 16년 전인 1199년, 리처드 1세의 통치 기간이 끝나는 시점으로 규정되었기 때문이다.

44 데이비드 해킷 피셔, 2012, 『공정과 자유Fairness and Freedom』, New York: Oxford University Press, 493쪽

45 로버트 툼스Tombs, R., 2015, 『잉글랜드와 그 역사The English and Their History』, London: Penguin Books Ltd.

46 존 롤스, 2001, 『공정으로서의 정의: 재서술』, 이학사

47 로버트 툼스Tombs, R., 2015, 『잉글랜드와 그 역사The English and Their History』, London: Penguin Books Ltd., 99쪽

48 로버트 툼스Tombs, R., 『잉글랜드와 그 역사The English and Their History』, 26쪽

49 스페인과 비교하면 스페인은 엄격한 가톨릭교가 인간의 환경이나 사회 계약에 대한 논의를 억압했고, 잔혹한 제국이 붕괴될 때까지 제국의 전리품으로 존재했던 고립된 국가였다. 정치 체제는 너무 협력적이어서 활기가 없었고 19세기 말과 20세기 초까지 "우파"와 "좌파"라는 경쟁하는 양극단이 없었다. 내전은 360년이 아니라 불과 85년 전에 일어났고 1975년 프랑코Franco가 사망할 때까지 독재 국가였다.

50 로버트 툼스Tombs, R., 『잉글랜드와 그 역사The English and Their History』, London: Penguin Books Ltd.

51 나는 이 책에서 특별히 독창성을 추구하지는 않았지만, 이 문장의 독특함에 대해서는 자부심을 느낀다.

52 고대 그리스의 코린트 시민들은 아마추어 정신을 옹호하지 않았다. 18세기 영국의 '코린티안'은 고대 그리스인의 요란한 쾌락주의를 의미하는 것이었

다. 하지만 1세기 후 이 특성 묘사에 부합하는 유일한 요소는 재미를 위해 모인다는 것이었다.

53 헌터 데이비스, 2005, 〈팬 – 헌터 데이비스는 코린티안 정신을 동경한다〉, https://www.newstatesman.com/node/161818

54 보니페이스Boniface, P., 2002, 〈국제 정치의 요소(와 반영)로서의 축구Football as a factor (and a reflection) of International Politics〉, https://www.sciencespo.fr/ceri/sites/sciencespo.fr.ceri/files/artpb.pdf

55 아이러니한 것은 잉글랜드에서 조직화된 스포츠의 규칙으로 처음 알려진 것이 크리켓 경기 전에 양쪽 팀이 동의하는 합의 조건이라는 사실이다. 1729년 두 영국 신사에 의해 엄선된 것이다. 이 경기는 많은 돈이 걸려 있던 완전히 직업적인 경기였다. 그러나 이 '규칙'은 대체로 '코린티안' 정신을 받아들인다. 특히 '내기에 참여한' 선수가 부상을 입어서 뛸 수 없을 때는 대타 선수를 이용하거나 '상대팀에서도 한 선수를 뺀다'는 규칙이 있었다.

56 잭슨의 유죄에 대한 논쟁은 한 세기 이상 지난 지금까지도 계속되고 있다.

57 400미터 결승에서 미국 육상 선수는 유일한 영국 선수의 진로를 방해했다는 이유로 자격을 박탈당했다.

58 커Kerr, J., 2013, 『유산Legacy』, London: Constable&Robinson Ltd.

59 내셔널 퍼블릭 라디오National Public Radio와의 인터뷰, 유발 하라리, 2016, 〈왜 인간이 지구에서 가장 성공적인 종이 되었나?〉 [인터뷰] (2016년 3월 4일)

60 바트 어만Ehrman, B., 2020, 『두렵고 황홀한 역사: 죽음의 심판, 천국과 지옥은 어떻게 만들어졌나』, 갈라파고스

61 마크 카니Mark Carney, 「우리가 소중히 여기는 것을 얻는 방법How We Get What We Value」(BBC 리스 강의Reith Lectures 2020 – 강의 II)

62 예를 들어 세계 금융 위기 이후 노벨상을 수상한 경제학자, 폴 크루그먼Paul Krugman의 〈뉴욕 타임스〉 칼럼, 〈경제학자들은 어떻게 그렇게 틀렸을까?〉, 2009년 9월 2일

63 매슈 사이드Syed, M., 2020, 〈오래전에 배운 신뢰에 대한 중대한 교훈이 잘못된 조언자와 부정한 의원들에 의해 짓밟히고 있다〉, https://www.thetimes.co.uk/article/avital-lesson-in-trust-learnt-long-ago-is-being-trampled-by-errant-advisers-andambitious-mps-5m6fd2q2l

64 애덤 스미스, 1759, 『도덕감정론』 II, ii, iii. London, 125쪽

65 에지클리프-존슨Edgecliffe-Johnson, A., 2020, 〈적은 연봉을 희생하고 엄청난 주식을 받는 CEO〉, https://www.ft.com/content/f6f61677-745a-4afc-b3de-3c68fd45a50e

66 플러드Flood, C., 2020, 〈275조의 수수료로 부를 쌓는 사모 펀드 부호들〉, https://www.ft.com/content/803cff77-42f7-4859-aff1-afa5c149023c

67 우리그Uhrig, N., 2016, 〈잉글랜드·웨일스의 형사 사법 제도에서 흑인, 아시아인, 소수 민족에 대한 불평등Black, Asian and Minority Ethnic disproportionalty in the Criminal Justice System in England and Wales〉, 런던: 법무부 분석 서비스London: Ministry of Justice Analytical Services

68 인덱스 먼디Index Mundi, 2020, 〈영국 인구 개요〉, https://www.indexmundi.com/united_kingdom/demographics_profile.html

69 홉킨스Hopkins, K., 우리그Uhrig, N., 콜라한Colahan, M., 2015, 〈2015년 잉글랜드·웨일스 형사 재판소의 민족적 배경과 징역형 선고의 연관성 Associations between ethnic background and being sentenced to prison in the Crown Court in England and Wales in 2015〉, 런던: 법무부 분석 서비스London: Ministry of Justice Analytical Services

70 〈이코노미스트The Economist〉, 2020, 〈미국 법원의 인종 편견에 대한 명백한 증거가 나오다〉, https://www.economist.com/graphic-detail/2020/01/18/smoking-gun-evidence-emerges-for-racial-bias-in-american-courts

71 터틀Tuttle, C., 2019, 〈연방 형량 선고에서의 인종 차별: 약물 최소 형량에서 나온 증거〉, http://econweb.umd.edu/~tuttle/files/tuttle_mandatory_minimums.pdf

72 애나 비어즈비스카, 2006, 『영어: 의미와 문화English: Meaning and culture』, New York: Oxford University Press, 155쪽

73 마틴 울프, 2020, '우리가 시민으로서 생각하지 않으면 민주주의는 실패할 것이다', https://www.ft.com/content/36abf9a6-b838-4ca2-ba35-2836bd0b62e2

74 OECD, 2020, 〈기업 이익에 대한 세금〉, https://data.oecd.org/tax/tax-on-corporate-profits.htm; OECD, 2020, 〈개인의 소득세〉, https://data.oecd.org/tax/tax-on-personal-income.htm#indicator-chart

75 영어에만 공정을 의미하는 단일 단어가 있다는 내 주장을 아직 믿지 못하는 분들을 위해 내 전 〈파이낸셜 타임스〉 동료 알렉스 바커Alex Barker에게 확인한 이야기를 전하고 싶다. 르메르M Le Maire 장관을 인터뷰했던 알렉스 바커는 장관이 fair를 완벽한 영어 발음으로 말하는 것을 들을 수 있었다.

76 나는 머독이 이 말을 했을 때 3미터 정도 떨어진 자리에 앉아 있었다. 곧바로 한 시위자가 면도용 거품이 잔뜩 담긴 종이 접시를 머독의 얼굴로 던지며 "탐욕스러운 억만장자"라고 소리쳤다. 거품이 내 바지에도 조금 떨어졌지만, 사람들이 뒤엉키는 바람에 증거를 남길 수 없었다.

77 매슈 엥겔, 1996, 『대중을 즐겁게 하라: 대중지의 100년Tickle the Public: One Hundred Years of the Popular Press』, London: Orion

78 매슈 엥겔, 2020, 〈공정성에 관한 논의A Discussion of Fairness〉 [인터뷰] (2020년 6월 10일)

79 골드버그Goldberg, M., 2020, 〈톰 코튼의 파시스트 논평〉, https://www.nytimes.com/2020/06/04/opinion/tom-cotton-oped-new-york-times.html

80 톰프슨Thompson, M., 2020, 〈작가에게 보내는 편지〉 [인터뷰] (2020년 6월 16일)

81 톰 스탠디지, 2018, 「소셜 미디어는 역사를 리트윗한다Social Media Retweets History」, 어커트P. Urquhart · 헤이어P. Heyer 편집, 『의사소통의 역사: 석기 시대 기호부터 소셜 미디어까지Communication in History: Stone age symbols to social media』, Oxford: Routledge

82 모든 데이터의 출처는 로이터 연구소다. 로이터 연구소, 2020, 〈디지털 뉴스 리포트 2020〉, Oxford: 옥스퍼드대학교

83 루스^Roose, K., 2020, 〈레딧의 CEO가 '도널드' 서브레딧을 금지한 이유〉, https://www.nytimes.com/2020/06/30/us/politics/reddit-bans-steve-huffman.html

84 더 공정한 사회, 또는 적어도 더 정의로운 사회를 실현하는 방법에 관한 롤스의 이론은 특히 그의 고국에서, 현실과 충돌할 때 어려움을 겪는 경향이 있었다. 매니토바대학교, 메릴랜드대학교, 플로리다주립대학교의 노먼 프롤리치^Norman Frohlich, 조 오펜하이머^Joe Oppenheimer, 셰릴 에비^Cheryl Eavey의 연구에서 미국인 피실험자들은 롤스의 '원초적 입장'을 조금도 받아들이지 않았고, 특히 그의 '맥시민 원리^maximin principle('무지의 장막' 뒤에 있는 사람들은 가상적인 사회에서 가능한 한 가난의 바닥을 높이는 선택을 할 것이다)'는 44개 그룹이 모두 거부했다(프롤리치 외, 1987)(다른 문화도 가능하지만 내가 알기로는 아직 이와 같은 실험을 거치지 않았다).

85 루이스 캐럴, 1865, 『거울 나라의 앨리스』, 5장

86 유튜브, 「인간 등정의 발자취」 11화 – 지식 또는 확실성, 2011, https://www.youtube.com/watch?v=ltjI3BXKBgY

87 퍼디^Purdy, L., 2019, 〈프롬의 혁명: 플랫팩(납작하게 포장한 조립식 가구 부품-옮긴이) 민주주의〉, https://www.positive.news/society/revolution-in-frome-flatpack-democracy/

88 2장, '공정한 것이 정당한 것, 평등한 것, 선한 것, 중립을 지키는 것과 다른 (그리고 그 이상인) 이유' 참조

89 현실에서 여기에 속하는 정치인을 발견하는 사람은 트위터의 @benfenton으로 연락해 주길 바란다. 소식을 빠르게 퍼뜨릴 수 있도록 돕겠다.

90 필립 스티븐스, 2020, 〈코로나바이러스는 어떻게 민주 정치를 재창조하

고 있는가〉, https://www.ft.com/content/0e83bc62-6e98-11ea-89df-41bea055720b

91 이제 멈춰보자.

92 미국에서 사법의 정치화(나는 그것을 '의견화'라고 부르기를 선호한다)는 낙태할 수 있는 권리가 더는 권리에 머물지 않는 것을 가능하게 한다. 어쩌면 당신 이 이 책을 읽기 전에 그렇게 될 수도 있다.

93 또는 총.

94 울프Woolf, S., 슈메이커Schoomaker, H., 2019, 〈미국의 기대 수명과 사망률Life Expectancy and Mortality Rates in the United States〉, 1959~2017., JAMA, 322(20)

95 스카이 뉴스Sky News; 마멋, 마이클Marmot, Michael, 2020, 〈남북의 건강 격차 가 확대되는 동안 영국의 가장 가난한 지역에서 여성의 기대 수명 감소〉, https://news.sky.com/story/womens-life-expectancy-falls-in-englands-poorest-areaswhile-the-north-south-health-gap-grows-11942639

96 UNDP, 2019, 〈2019 인간개발지수 순위〉, https://hdr.undp.org/data-center/human-development-index#/indicies/HDI

97 데이터로 보는 세계, 〈인간개발역사지수, 1960~2015〉, https://ourworldindata.org/grapher/human-development-index-escosura?time=1960.latest&facet=none&country=NER~NOR

98 2장과 3장, 크리스티나 스타먼스Starmans, C., 셰스킨Sheskin, M., 블룸Bloom, P., 2017, 「사람들은 왜 불평등한 사회를 선호하는가Why people prefer unequal societies」, 네이처 인간 행동Nature Human Behaviour, 4월 7일

99 균형을 도모하기 위해 이야기하자면 영국 내전 166년 후 스튜어트 왕의 가 톨릭 지지자에 의한 반란이 있었다. 인신보호법은 집행이 유예되었고 마지 막 전투는 프레스턴의 영국령에서 일어났다.

100 마틴 노왁, 로저 하이필드, 2011, 『초협력자』, 사이언스북스 참조